Otto Brusatti

Wien.
Musik   Eros und Thanatos. 18 Wege

Mit Photographien von Sepp Dreissinger

Böhlau Verlag Wien · Köln · Weimar

Coverabbildung:
Arnold Schönberg, „Der blaue Blick" (Ausschnitt)/© VBK, Wien, 2002
Hans Makart, „Gehör", © Österreichische Galerie Belvedere, Wien

Bibliografische Information Der Deutschen Bibliothek

Die Deutsche Bibliothek verzeichnet diese Publikation in der
Deutschen Nationalbibliografie; detaillierte bibliografische Angaben
sind im Internet über http://dnb.ddb.de abrufbar.

ISBN 3-205-77098-6

Umschlaggestaltung: Andreas Burghardt

© 2003 by Böhlau Verlag Ges.m.b.H. und Co. KG, Wien · Köln · Weimar
http://www.boehlau.at

Gedruckt auf umweltfreundlichem, chlor- und säurefreiem Papier

Druck: Imprint, Slowenien

Inhalt

Einleitend

Einleitend

Angeblich ist sie so süß, wie sie gefährlich ist.
Sie verbirgt Schrecken hinter klassischem Wohlklang.
Es kommen aus ihr die höchste Expression und deren
strukturelle Brechungen zugleich.
D i e Musik in und aus Wien.
Mit all den Nachtseiten, den Grautönen, dem Hintergründigen.
Den Abgründen.
18 „Spaziergänge" – woanders hin, aber im scheinbar gut Bekannten.
Im Feld allerhöchster künstlerischer Strenge.
Und im Klang des Bösen.
Wienmusik – eigentliche Weltmusik in Dutzenden an Facetten.
Über 1000 Jahre alt.
Schöne, herrliche, verstörende, gemeine Musikwelt.
Eine Warnung auch.

Apollinisch – Eros – Wiener Blut

Wiener Blut?

in der Vogelschau über die seltsamste und
dichteste Musikstadt der Welt

Gravitätisch und feist hockt sie da, die Maria Theresia, zwischen den Hauptverkehrsadern und zwischen den Groß-Museen (eines heißt ganz ordentlich „Kunsthistorisches" und besitzt einen Haufen der tollsten Bilder dieser Erde, das andere, mit Sauriern und Schmetterlingen und mindestens einer Million an sonstigen toten Sachen bestückt, heißt „Naturhistorisches", so, als hätte hierorts die Natur tatsächlich eine eigene Historie); aber – nicht abschweifen –, die Frau Kaiserin sitzt also da, aus massenhaft Bronze geformt, umgeben von ihren Regierungs-Stars zu Pferde, allesamt weiland Grafen und Fürsten, sowie von Gluck, Haydn und Mozart, auch in Bronze. Sie hat den jüngsten Stolz der Stadt, das Museumsquartier, im fetten Rücken und die alten Hofburggebäude gut kontrollierbar vor sich.

Unter dieser Ikone und einem Erinnerungs-Monster zugleich trifft man sich gern in Wien. Egal, ob es zum Shopping gehen soll, ob man gemeinsam in die Opern, in die Theater, in die Konzertsäle will. Egal, ob „Zwei", wie im Wienerlied so zärtlich ausgedrückt, „sich als Verliebte dort Rendezvous geben" möchten. Egal, ob man vorhat, sich vor der (Achtung: Wienerisch!) *Bladen* (= vor dieser Dicken, vor der fetten Frau) zusammenzurotten (die Regierungs-Gebäude sind ja nahe), oder ob nur ein Spaziergang durch ein Wien der besonderen Art intendiert ist. Am Weg als ein staunender und skeptischer Telemach.

Der Ort wurde auf jeden Fall gut gewählt. Das über weite Strecken tatsächlich ziemlich gute öffentliche Verkehrsnetz der Haupt- und Residenz-Stadt eignet sich nämlich vorzüglich für rasche Passagier-Transporte, von beinahe überall her ins Zentrum hinein, unter der Stundendauer, und dann weiter rundum und locker auch hinaus …?

Wiener Blut, so heißt zunächst einmal ein Walzer von Johann Strauß, dem Sohn. Später hat man mit dieser Komposition als Basis und Zentrum sowie aufgefettet durch weitere Reißerstücke und durchaus mit der Billigung des Jean/Schani eine Operette gleichen Titels zusammengestellt. Schon im 19. und flott weiter im 20. Jahrhundert bekam damit seine Musik dann nicht nur untergelegte und gelegentlich recht seltsame Texte (wo das *Wiener Blut* als ein angeblich ganz hervorragend „schmeckendes" geschildert wird, „voller Saft, voller Kraft, voller Gluth!"), sondern auch Topos- und Volksliedcharakter. Aber – so ein *Wiener Blut*: Es ist doch auch die musikalisch hintergründige, die gefährliche, die hypertrophe Seite des Wienertums in einer Stadt mit ihrer 2000-jährigen Geschichte, in der Stadt mit mehr Musik aus allen Epochen und Genres in sich drinnen, als so etwas, zusammengenommen, sonst höchstens noch in ganzen Kontinenten vorkommt.

Machen wir uns auf den Weg, auf viele Wege, und, was hilft es?, zu einem *Wiener Blut*? Die Klänge schicken sich an, uns begleitend zu umgeben.

Zuhören! Und die Klänge mitnehmen, die echten und die eingebildeten Schallglocken zulassen, welche wie aus einem großen Walkman kommen, die wir mittragen, die in uns hineinwirken und denen wir gestatten, uns auch fürderhin zu accompagnieren.

Schon die Einleitung jenes genialen *Wienerblut*-Opus von Strauß (sein op. 354, 1873 geschrieben, und, gleich dazu gesagt, wo wenn jetzt nicht hier ist dieses gern allzu rasch verwendete Wort vom „Genie" rechtens anwendbar?), schon die Einleitung also bloß, schon die Musik vor dem ersten janus-köpfigen Walzer-Jauchzen, hat es in sich. Zwei Minuten Vorspiel, wenn's hoch kommt, und doch erklingt in diesen zwei Minuten quasi die Kurzform desjenigen, was ein Wien-Klang sein mag und was er vor allem auslöst: Dionysos und Apoll machen sich da kurzfristig selbstständig, Eros und Thanatos gehen wieder einmal ineinander auf,

Geist und Seelen-List und Gemüts-Tücken existieren nebeneinander, alle wild und toll geworden. In hellen Bläser-Gängen heben süchtige Seufzerfiguren an, aber hinauf wird geseufzt!, das ganze Orchester antwortet, scheint sofort fesch einen scheppernden Groß-Tanz vorbereiten und ankündigen zu wollen. Los! Doch dann? Plötzlich Kammermusik, man nimmt im Streichquartett das spätere Walzerthema vorweg, variiert es schon, bevor es noch ganz ausgesprochen und zu Ende formuliert worden ist, die vier Solo-Streicher spiegeln eine immer süßer und gleichzeitig atemabschlagend werdende Musik durch mehrere scheinbar fremde, (Wienerisch) *das Hemd in die Oaschfaltn hineinziehende* Akkordverbindungen und suggerieren Haydn und Mozart, nein, doch Schubert, so etwas aus seinen langsamen Streichquartett-Sätzen, geschrieben mit 16 oder 17 oder kurz vor seinem Tod. Die Musik ist jetzt stehen geblieben. Einen Moment lang. Dann bricht sie von neuem los aus allen Instrumenten zusammen im Orchester, wegwischend die Reize in soeben noch heftigst gekitzelten Tränendrüsen, alles klatscht imaginär, aber begeistert in die Hände, hält lachend inne und erlaubt erst jetzt dem Walzer-Originalthema sich auszubreiten, sich aufzutürmen, sich ganz ordentlich hineinzusteigern in Auftakt-, Seufzer- und Terzen-Sexten-Schwünge. Solch eine hintergründige Herrlichkeit wurde natürlich dann oft kopiert und sogar im Jahrzehnte später geschriebenen *Rosenkavalier* (verfasst vom Gentleman Hofmannsthal und auskomponiert vom etwas erdigeren Strauß-Namensvetter, von dem mit den beiden Schluss-*ss*) versuchsweise zum Leitmotiv für eine ganze Oper aus Süße und abgefeimtem zwischenmenschlichem Betrug gemacht, spielend übrigens auch in Wien, hier in der Inneren Stadt und drüben, im „Vierten Hieb" (so die etwas lässige Bezeichnung der Einheimischen für ihre Stadt-Bezirke), sich ereignend dort jenseits des Flusses, auf und in der Wieden.

13

Und einer solchen musikalischen Einleitungs-Einladung sollte man nicht folgen?

Wien ist anders.

Die Kaiserin aus Stein aber, mit dienernd sie umgebenden Metall-Höflingen, und die Museen im Ringstraßen-Protz des 19. Jahrhunderts, allesamt Rom- und Florenz-Kopien, stehen schon im Rücken. Ein paar Schritte nur und wir haben diesen uns später noch oft begleitenden und gleichviel bremsenden Ring-Boulevard überquert, sind durch das so falsch sich selber dramatisierende Burgtor hindurchgeschlüpft und auf dem Heldenplatz gelandet. Der sonst geläufige Ärger über den Platz-Namen wird ausnahmsweise einmal hinuntergeschluckt. Autosuggestion: Nicht daran denken!, an diese verwehten „Helden", die sowieso keiner braucht, auch nicht an die ein wenig verzweifelten und hilflosen Demos hier überall, an segnende Besuche von Gottes Stellvertreter auf diesem Platz und an's 1000-jährige Reich und auch nicht an den Protz der Regierenden und an die heute in den begrenzenden Hofburg-Gebäuden untergebrachten Zeugnisse des Geistes, der Kunst, des Imperialismus und – viel öfter als vermutet oder befürchtet – an die Beispiele dort für die Irrungen und Wirrungen in Geist und Kunst; ja, weg damit. Denn da vorn, auf einem der großen Rasenrabatteln, wird soeben etwas aufgerichtet! Hochgeblasen steht ein bunter Riese dort. Noch immer Autosuggestion? Oder? So ein Heißluftballon sollte tatsächlich einen Wien-Überblick ermöglichen? Al fresco über die Stadt zunächst einmal drüberwischen helfen? Hinein!

Wiener Blut dreht sich soeben in den stereotypen Folgeteilen der Einzelwalzer und hebt ja doch in jedem Takt die scheinbar starren Bewegungs-Schemata auf. Denn *Wiener Blut* ist schon eine nicht mehr existierende Tanz-, sondern vielmehr nur noch eine Hör-Musik. Und während langsam nach gelösten Tauen der Korb sich hebt, spielen (imaginär oder vielleicht doch nicht?) die Musikerinnen und Musiker soeben und als Zugabe die parallele Schnell-Polka *Leichtes Blut*, fetzen mit dem Schani die Tonarten ohrenaufreizend hindurch; man tanzt (imaginär oder vielleicht doch nicht?) durch die Zimmer, bis man – Mann und Weib ineinander verkrallt – an die Wände knallt. Währenddessen (aus der Vogelschau im Korb unterm Ballon) werden die Außenbezirke Wiens einladend sichtbar. Und wir vermeinen schon, die dazugehörigen (faktenhistorisch vollkommen falschen) „leichtblütigen" Werbe-, Aufreißer- und Aufgeil-Zeilen unter der Strauß-Musik zu hören.

Draust in Hietzing gibt's a Ramasuri
dui dui duri dui dui duri,
Volksfest, Hetz auch ein Kreuzer-Tanz
all's is g'richt am höchsten Glanz
Harfinist'n Dudlerlei
Picksüss' Hölzl a dabei.

Über dem Heldenplatz, er selbst ja begrenzt von den entscheidenden und irgendwie einschneidenden Prunk- und Pracht- und Protz-Gebäuden für das ganze Land Österreich, gibt es vor allem viel Himmel. Jeder Musiker, jeder Komponist von Graden, jeder Formulierende revolutionärer und damit zunächst einmal alle voll verstörender Ideen oder Klänge hat diesen Platz gekreuzt. Da unten, jetzt schon, verlieren sich endlich die Protz-Burgen vor allem der Habsburger und der sie umgebenden oder hofierenden Nobilitäten und Schranzen. Ein angenehmes Gefühl. Auch wenn wir bescheiden und anerkennend den Hute vor so manchen Kaisern und Herzögen und sonstigen Adelstypen ziehen. Ferdinand III., Leopold I., er ganz besonders, und Joseph I. schrieben selbst Musik, gar nicht schlecht und ziemlich viel, Barock-Schematismen zwar, aber immerhin, volle Hochachtung vor deren Beherrschung von Form, Inhalt und Stil. Karl VI. konnte noch Geige spielen; die von hier oben bereits zur Spielzeugfigur mutierende Maria Theresia hat sich angeblich den kleinen Wolferl Mozart auf den Schoß gesetzt, sonst aber eher altjüngferlich Sittengesetze ausgegeben; der Herr Sohn Joseph, der Zweite schon als Kaiser, ein Klavier- und Tonsatzdilettant, er versuchte Strenge und Liberalität zu vereinen, scheiterte im Religiösen eher grandios, in anderen Bereichen eher kläglich, im bloßen Akzeptieren des Künstlerischen oder gar des Avantgardistischen grandios-kläglich. Er war, als so ein Kaiser doch und rangmäßig überhaupt als der höchste Kaiser der Welt, offenbar auf alle tatsächlich Innovativen oder verstörend Genialen (und solche gab's in der 2. Hälfte des 18. Jahrhunderts in und um Wien einen ganzen Haufen) einfach eifersüchtig. Schließlich sind noch nach ihm – als politisch Prägende und Scheiternde – der Franz der Zweite und zugleich der Erste und dann jener schlicht solitäre Franz Joseph zu nennen. Beide hatten mit der tatsächlichen neuen Kunst ihrer langen Epochen nichts gemein oder auch nur diesbezüglich irgendwas im eigenen Empfindungsbereich angesiedelt. Man ließ die Genies halt gewähren. (Wienerisch) *Die Kaisa hoben a fades Aug auf die Künstler g'schmissen* (= sich vor/bei/mit der tatsächlich innovativen Musik gelangweilt oder gar gefürchtet). Vor und bei diesen harmlosen Dummerln und Träumern im Klang. (Aber ein Schubert, ein Mahler, ein Wolf, ein Schönberg, ein Joseph Drechsler und ein Adolf Müller sen., sie alle Zeitgenossen solcher Super-Würden-Wunderwuzzis einst, sind heute, nach unserem christlich-gezählten Datum 2003, ungemein wichtiger geblieben, berührender und folgenreicher geworden als – nimmt man einmal die von ihnen angezettelten aber nie auch verantworteten Kriege aus – solche hohen Herren.)

Wien ist anders.
Der leichte Frühjahrswind hat sich unter Ballonhaube und Korb geschoben. Wir fahren nach dem Norden. Die Arbeiter- und Nobelbezirke unter uns lösen einander ab. Die dunklen Striche werden zu den begrenzenden Bergrücken, zu den Ausläufern des Wienerwaldes, ja zu den nach ein paar tausend Kilometern in hoch- und mittelalpiner Großartigkeit nun sanft ausplätschernden Alpen.

Was ist „Wien und Musik"?

Eine unstatthafte Frage, eine Tautologie, etwas, das sowieso nicht aufgelöst werden kann, auch nicht in vielbändigen Lexika oder in riesigen schriftstellerischen oder faktensammelnden Lebenswerken?

Ja, natürlich, man kann schon fleißig alles zusammentragen. So 50.000 bis 60.000 Namen werden schlussendlich überbleiben, deren Träger neuschöpfend oder nachschaffend oder auch nur interpretierend in Wien von irgendeiner Bedeutung gewesen sind. Einzelwerke wollen

und sollen gar nicht mehr gezählt sein. Und wichtige und von Wien aus gestaltete Musikepochen sind schwer in Tabellen zu fassen, die Gefahr, dabei eine welthistorische zu vergessen, ist nämlich groß. Schließlich geht's in solchen Fällen nicht nur um Sachen, wo der Name der Stadt von vornherein schon drinnen ist und so Geltung macht, also etwa die sattsam bekannten *Wiener Klassik* und *Zweite Wiener Schule* und *Wiener Operette* und gar *Wienerlied* oder *Wiener Barockoper*, sondern auch um Hochromantik oder Mittelalter oder um Volkskomödien und Tanzmusik als Vorläufer und Formulierende für alles, was heute U-Musik und Musik-Entertainment heißt, oder um den Musikfilm in seinen Anfängen, um noch immer weiterformulierte Musikavantgarde jenseits aller harten Stil-Verpflichtungen, um Fanverhalten und Verrücktheiten den aktuellen Opern- und Pult- und Stadthallen-Stars gegenüber, um so manche Schleich- und Irrwege im Austro-Pop, auch um eine hierorts immer wieder postulierte Musikästhetik, formuliert in einer allen sonstigen Philosophien geradezu absurd vorkommenden Art, um die Aufhebung von Orthodoxien in selbst wieder allerstrengster Form und Vorgangsweise, um das höchste diesbezügliche Kulturbudget gespeist aus dem Topf für öffentliche Gelder, um … Und es geht doch hinter allem und vor allem um die verstörende Kraft der Musik. Im Machen, im Anhören, im Neu-Formulieren.

Dort unten nun: Die Volksoper zuerst mit dem Schiller-Zitat in Riesenaufschrift außen draufgepinselt, jenes von der *Kunst als Tochter der*

Freiheit. Dann geht's in's *Gestandene*. Die Gassen der einstigen Vorstädte ziehen sich hinaus und weit in den Horizont hinein. Es wäre wohl wert, auch heute noch so manche Hinterhöfe aufzusuchen. „Wiener Blut" stellte sich in diversen Wirtshäusern, in den einschlägigen und urigen Beiseln auch anders dar. So nächtens etwa. Da wäre schon was zu erleben, hörend zu erleben vor allem, in Musik und Text und dionysischer Ausgelassenheit. Ein Ausrasten gar mit Musik geschieht dort wie sonst am taghellen Tag überhaupt nicht vorstellbar. Zugleich sind es auch solche Gassen, wo man dann, wenn sie sich, mit Neubauten versaut und voll von Schandquartieren für Billigst-Arbeiter aus dem Balkan, der Türkei oder Asiens sowie überhaupt für die Ärmsten der Armen heute, die Flüchtlinge, … wenn sie sich also noch allemal in die Hügel mit ihren vielen Weinstöcken verlieren, das beklemmende Josef-Weinheber-Gedicht rezitieren darf:

> *Was noch lebt, ist Traum …*
> *Von den Hügeln schlicht kam der Hauer Sang …*
> *Heut ein Steinbezirk wie ein andrer auch,*
> *und nur sanft Gebirg schickt wie einst den Hauch …*
> *Und im Abend wird längst Vergangnes nah,*
> *spielt ein Bursch gerührt Ziehharmonika.*

Weiter, später das alles erzählt und miterlebt; nicht jetzt in und aus der Vogelschau!

Drüben, die Nobelvorstädte. Um sie herum die bürgerlichen Refugien, sie dennoch allemal voll mit Trägern des konservativen Wien-Musik-Pflegens. Dann, leicht nach rechts geschwenkt und ballongefahren, die so aberwitzig oft besungene oder ver-komponierte blaue oder graue oder gefährliche Donau, dann das transdanubische Wien, der Blick über die Ebenen und sofort in einen scheinbar unendlich weiten Bereich des Wien umgebenden Bundeslandes Niederösterreich mündend, welcher bezeichnenderweise und flott-verführerisch Wein-Viertel heißt. Dann noch mehr gedreht. Wie fast immer kommt ein Windstoß aus dem Westen hinzu, und wir schauen hinüber: Slawen-Ungarn-Land, andere Staaten, viele neue oder neu-gemachte.

Wien liegt so nah!

So nahe?

Ja, nahe nämlich diesem Anderen und wieder Partnerschaftlichen, dem „Fremden", mit dem man Jahrhunderte lang gerauft oder Monarchie gespielt hat, so nahe den Gebieten, wo noch bis ein Dezennium vor diesem allemal wieder ominösen „2000" Stacheldrahtzäune und Hunderte an scharfmunitionierten MP's eisern die brutalen Ideologien und Systeme aufrechterhielten, angeblich schützten, in Wirklichkeit die Kommunisten-Länder aber vor den Massenfluchten der Eigenen bewahren sollten. Seltsam (oder wiederum nicht im Hinblick gerade auf diesen riesigen Musik-Schmelztiegel, den Wien auch darstellt?), außer „unten" in Afrika, zwischen den Kongo-Nachfolgestaaten und dort bloß vergleichsweise eher zufällig, gibt es im Umfeld von Wien (und an ganz klaren Frühsommermorgen und Herbstnachmittagen könnte man das fast aus einem Ballon wie dem unsren verfolgen) keine vergleichbare Häufung an einander so nahen Metropolen, an Landeshauptstädten sogar. Von Wien nach Bratislava (dem ehedem stets etwas eifersüchtigen Pressburg) ist's näher als in die Niederösterreich-Hauptstadt St. Pölten. Budapest erreicht man per Bahn rascher als Salzburg; Praha (das ehedem stets etwas eifersüchtige, aber Paroli bietende und Pracht und Verstörung entgegensetzende Prag) theoretisch auch. Ljubljana (die nun stolze Selbst-Hauptstadt) ist nur von zwei Alpen-Ausläufern getrennt. Die ersten Weißrussland- und Rumänien-Grenzen liegen zu Wien näher als Zürich. Nach München dauert es eine gute halbe Flugstunde, mehr nicht. Nach Berlin braucht man auch nur eine ganze. Und – wer sich traut – der steige nächstens in ein rasches Auto, hoffe auf baustellenfreie Wege und erreiche in 3 $1/2$ Stunden Venedig (nicht zur Nachahmung empfohlen!).

„Wiener Blut" heißt auch, in solch einem sternförmig darstellbaren Koordinaten-System zu leben.

Der Zentralfriedhof ist unter dem Ballon-Korb aufgetaucht. Er beherbergt mehr Musiker-Ehrengräber als jeder Gottesacker der Welt, wahrscheinlich sogar mehr als alle sonst zusammengenommen. Dann: Autobahnkreuze, in eines schmiegt sich der Friedhof von St. Marx, also der eigentümliche Ort, wo Mozarts Körperreste liegen (sollen), gefunden hat man sie – zum Glück – niemals.

11. Bezirk („Hieb"), 3. Bezirk, kleinbürgerliche Langeweile, musikalisches Wirtshausglück und alte Schlösser. Ein Abstecher über den 20. und den 2., ehedem auch Boden für das die Stadt Wien musikalisch und literarisch so sehr prägende Judentum. Und es kommen uns dabei nicht nur die Namen der Heroen in den Sinn, Freud und Mahler, Schnitzler und Schönberg, sondern auch diejenigen der Strauß-Dynastie-Ahnen oder

später vom *Walzertraum*-Oscar Straus. Oder es taucht gar die Erinnerung auf, dass die Wiener Operette, das Wiener Musikkabarett oder das Wiener Chanson mindestens zu 85 % von Autoren gemacht worden sind, die jüdischer Herkunft in Glauben, Familienbanden oder Tradition gewesen sind. Der Kahlschlag, welcher in der ersten Hälfte des 20. Jahrhunderts gegen diese Menschen geführt wurde, blieb bis heute wirksam und auch für die Stadt selbst eine kulturelle Katastrophe.

Links unten: der Prater, gern besungen, offener Fluchtort aus Zinskasernen einstmals, aus Gemeindebau-Massen heute, vorn ein legendärer und charmant angestaubter Vergnügungspark, sonst noch allemal der Ort für zwischengeschlechtliche Anbahnungen und nachfolgende engere Begegnungen, oft Libretto-Schauplatz für's Musiktheater.

Windstille, unterm Heißluftballon ein grau-weißes Steinbaukasten-Meer. Wir sind stehen geblieben über dem 10. Bezirk, über dem Wienerberg. Jetzt am besten blinzelnd nach Süden geschaut. An einem dieser klaren Tage wie eben am Frühsommermorgen oder am Spätherbstnachmittag nimmt man locker die so genannten Hausberge aus, das Hochgebirge für Wien, leicht erreichbar, kaum 100 Kilometer entfernt, riesige Stöcke bis über 2.000 Meter im Ausmaß (also zehn Mal so viel über dem Meeresspiegel – der aus Monarchie-Tradition noch allemal von der Adria weggenommen wird – als das Zentrum der Stadt). Sie heißen Rax und Schneeberg und Semmering. Der Wechsel zieht sich schon ganz weit weg und bis in die Steiermark hinein, die Hohe Wand ragt wie ein Eckzahn davor, und so weiter, Sommerfrischengebiet einst für das halbe Musik-Wien. Dann wird die Landkarte vor uns imaginär eingerollt: die Ebene von Wiener Neustadt (einst sogar kurzfristig Kaisermetropole und damit Welt-Hauptstadt), die Hügel des Weines rund um Sooß und Vöslau und Baden und Gumpoldskirchen (die Wien-Ausweichorte, die Kur- und Trink/Sauf-Plätze für die Stars ab Mozart und Beethoven und Schubert, für die Meister des Fin de Siècle ebenso wie für die Wienerlied- und Operettentradition in strenger Orthodoxie bis heute). Noch näher: Mödling (Entscheidendes für die Neue Musik der ganzen Erde wurde hier „erfunden" oder wenigstens von Schönberg, Webern und ihren Schülern kodifiziert). Der Wienerwald drängt immer wieder herein. Schönbrunn als Park und Schlossanlage behauptet sich zwischen den Stadt-Vergrößerungen im Jahrhunderte-Rhythmus.

Kommst du aber vom Süden oder vom Westen auf den großen Autobahnen wieder an die Stadtgrenzen, dann begrüßen dich bunte Schilder und Aufschriften: *Wien ist anders*. (Man weiß noch gar nicht, welche Bedeutung dieser Satz für Stadtspaziergänge in der Folge, ja für jeden Stadt-Bezirk erhalten wird. Ahnt nicht, soeben ein Motto gelesen zu haben. Über dessen Folgen und Konsequenzen gar nicht ausführlich genug schon geredet werden kann.)

Ein leichtes Niedersinken: Dort, wo sich 4., 5. und 6. Bezirk treffen, hat Mozart viel uraufgeführt, Klavierkonzerte, *Die Zauberflöte* (die Gebäude stehen alle nicht mehr), es heißt Laimgruben-Gegend, Freihaus-Viertel; das Theater an der Wien taucht auf, Beethoven hat drinnen sogar temporär gewohnt und über zehn Jahre am *Fidelio* gefeilt, später gab's hier so viele Uraufführungen wie sonst kaum wo. Aus den weit über 100 exquisiten einschlägigen Stücken: Kleists *Käthchen* und Grillparzers *Ahnfrau*, von Nestroy der *Lumpazivagabundus* oder sein *Talisman*, Schuberts *Rosamunde*, 13 Operetten von Strauß, darunter *Fledermaus* und *Zigeunerbaron*, Millöckers *Bettelstudent*, Zellers *Vogelhändler*, Lehárs *Lustige Witwe*, Kálmáns *Gräfin Mariza*, zur Gänze erstmals *Die letzten Tage der Menschheit* von Karl Kraus, *Jesu Hochzeit* von Gottfried von Einem (mit Stinkbomben und Betenden vor dem Haus) oder gar *Die Wände* von Adriana Hölszky und *Die Stunde da wir nichts voneinander wussten* des Peter Handke.

Weiter Niedersinken, in den Nordwesten, Hofburgkapelle mit Sängerknaben, Musikverein und Konzerthaus und Staatsoper, die Hohe-Tempel der wiedergewälzten und so unerhört teuer gewordenen Musik-Tradition, sie stehen zwischen Dutzenden von anderen Musik-Gebäuden und Produktionsstätten ersten Ranges herum. Man gleitet währenddessen auch geläufig über rund 1.500 Gedenkstätten oder Erinnerungstafeln dahin, über die Wohn- und Arbeitsstätten von Genius und Talent.

Allein, ist das eigentlich noch wichtig? Sind die Lokalitäten wesentlich außer im schönen Schein ihres Historischen? Die Orte der Handlung, die Gegenstände? Das Anschauliche aber Devotionale?

Ja, selbstverständlich, doch? Und auch gleich wieder erschrocken weitergefragt: Die Tradition allein ist ja schon kaum fassbar in einem kleinen Musikrezipienten-Leben. Wie dann erst die Inhalte. Und dann noch dieser festgesetzte Gedanke, alles hätte doch auch, wie gute Kunst und vor allem Musik stets und notwendigerweise, eine Zweitebene, besitze vielleicht gar eine dritte, trage eine Gegenwelt in sich so wie das menschliche Bewusstsein sein Unbewusstes, welches sich ausschließlich in Träumen oder Assoziationen oder Traumata und Ängsten manifestiert, sonst aber ein egozentrisches Eigenleben führt? Im logischen Wach-Bewusstsein analysiert käme man rasch zum Urteil: auch es, das

Unbewusste im Unterbewussten, ist gern einmal „wild und toll geworden"!

Wiener Blut, der Walzer, er bleibt stehen. Die letzten Walzerketten-Teile swingen aus. Wie schon in der Einleitung: Knappe zwei Minuten bleiben für Ab- und Schluss-Gesang. Das süße Hauptthema wird neuerlich angestimmt. Aber nun zieht man nicht wieder im Streichquartett-Gewand in die Seelen ein und verwundet sie ordentlich, sondern Strauß schreit es heraus: *Was kostet die Welt? Ich zeig's Euch!* Eine höchst artifizielle Stretta wird folgen, eine, die auch den technischen Standard der praktizierenden Orchester ordentlich herausfordern soll. So und nicht anders. Und die Welt ist heil, hoffentlich!

Der (imaginäre oder doch nicht eingebildete) Heißluftballon ist wiederum auf unsere Erde zurückgekehrt. Gelandet am Rand dieses „Helden"-Platzes, neben dem Burggarten. Der aber ist im Frühjahr ein „Gewitter der Rosen", im Herbst allemal (und auch so im Theater verwendet) das Kulissen-Abbild für einen *Heldenplatz*, diesmal für einen im 2. Aufzug des gleichnamigen Schauspiels von Thomas Bernhard (für etwas, das noch vor der Uraufführung im November 1988 dafür gesorgt hatte, dass man sich – scheinbar die „Kultur" schützend – mit vollen Mistkübeln vor dem Burgtheater einfand und unter dem Beifall des kleinen Boulevards den tatsächlichen Dreck ausschüttete: *Wiener Blut)*. Ja.
  Wien ist anders.

Wiener Blut? – ein Walzer, eine Operette, die offene Metapher für „Wein, Weib und Gesang" bis hinein zu den etwas extremeren Formen einschlägigen Konsums? Wohl aber auch Metapher für all das, was etwas kitschig mit „Herz-Blut" geschmückt zu werden gerade noch erlaubt ist: Ironie und sehr tiefe Bedeutung, Schubert und *Dreimäderlhaus* in einem, Hanswurst und *Eroica*, *Tristan und Isolde* uraufgeführt in Freiluftkonzerten durch Josef Strauß, Hysterien und Totenkult um die Herrn Falco oder Qualtinger oder Oskar Werner, die echten Schrammeln und strenge Renaissance-Mehrstimmigkeit, die meisten Jung-Komponisten noch immer auf einem Fleck zusammen; und Wien & Musik heißt doch wieder nur auskomponierte Ängste, lösbar dann vor allem beim

Herrgott im Himmel oder in selbstverschuldeter schwerster Berauschung oder in un-fasslicher zwischenmenschlicher Zuneigung. Und so halt.

(… *und war der Jahrgang auch ein bisserl bitter, dann berauschen wir uns, ohne Wein, wir zittern ohne Zither, und der Moser Hans stimmt mit ein* … © Peter Alexander, noch immer ein Liebling der Extraklasse für Pensionisten und für alle jene, die es noch werden wollen;

oder

… *Fucking Christkind – I brauch Gewalt – De Gier is a Hund – Lauter wie die Sau – Schiffn – Weine nicht kleine Hausmeisterin – Der Musikantenstadl brennt* … © Alkbottle, oder die Band, die es ganz, ganz ausschließlich nur in Wien geben kann und darf.)

Ein langsames Wiedergewinnen des Bodens. Die vielen Stimmen rundum werden neu im Ohr zusammengesetzt. Irgendwo spielen Straßenmusikanten mit Basisbegleitung aus einer CD hurtig im Portable schon wieder Mozart (*Kleine Nachtmusik* und gar *Jupiter-Symphonie*), kratzt ein armer Spielmann Lanner-Pieçen auf seiner lemprigen Geige, sitzt ein Betrunkener, ein Erniedrigter und Beleidigter, aber ohne den jämmerlichen Gestus, wie er sonst diesen Menschen aus solchen kleinen Gegenwelten gern eigen, unter einem offenen Fenster eines Musikhochschul- oder Konservatorium-Gebäudes und summt, gluckert oder grölt leise, aber in Kennerschaft mit. Denn drinnen übt man die alten Meister.

Là ci darem la mano, là mi direte sì …

Und auch wir bieten einander den Arm an, reichen uns scheu die Hand für noch viele frische Wege der anderen Art, blut-voll durch Wien.

Dargeboten, liebevoll ausgestreckt bleibt sie, diese Hand: „Schau', hier, greif' hinein, sie ist offen, einladend; und fürchte Dich nicht, sie ist ja unbewaffnet."

23

Unter einem Fresko

von der Haydn-Schöpfung zur Neuerfindung des Liedes

Aufklärung und Reaktion wohnen nebeneinander.
Tor an Tor − Tür an Tür.
  Aber wir beginnen einfach einmal im Café. Wir bereiten uns ganz ruhig auf die vielen anderen Wege vor. Ein gutes Warm-up soll es diesmal nur sein. Es ist so viel. Es ist so weit. Es ist so intensiv und verstörend und verblüffend.
  Warm-up. Heute für eine kurze, beinahe noch eine Trainings-Strecke.
  Wir treffen einander also im Ersten Bezirk und in der Bäckerstraße hinterm Lugeck, im Café Alt Wien vormittags. Es zieht. Die plakatverpickten Wände sind fabulös. Die alte Bestuhlung ist unbequem, aber ein Schatz in zweifacher Bedeutung. Das Angebot herkömmlich. Die Atmosphäre fast ein Solitär im globalen Blick.
  Also? Kaffee? Und als Zuspeise sonst, was halt da ist? Die spezielle, auf eine Riesentafel mit Kreide annotierte Wein-Karte für viele verschiedene Achteln verlockt. Nachgeben?
  Rundum breitet sich eine baulich höchst akzeptable Gegend aus. Sie sieht zwar ein bisschen der Prager Innenstadt ähnlich. Aber das macht fast gar nichts. Barock und älter. Verbindungsgässchen. Geschäfte zwischen guten Buchhandlungen mit Antiquariat, solchen mit tatsächlich ausgefallener Kleidung und Bordellen, von außen auch nicht unhübsch. Die Bäckerstraße wird parallel von der Schönlatern- und der Sonnenfelsgasse begleitet (den dortigen „Kunstverein Alte Schmiede Literari-

sches Quartier" wollen wir uns für später merken). Kreuz und quer läuft etwa die so schön bezeichnete Essiggasse, von der man dann durch die Blut- in die Grünanger- und die Ballgasse gelangt. Das Mittelalter ist für einige Schritte wieder existent. Dann kommt drängelnd doch immer wieder der Barock. Dann dürfen wir noch auf einem Pflaster dahinstolzieren, welches etwa von einem Herrn Compositeur Wolfgang A. Mozart belaufen wurde, wenn er heimkam oder zum Billard rannte oder gerade im Kopf komponiert hat. Den *Figaro*, nur eben so zum Beispiel erzählt.

Aber, unser Ziel liegt für's Warm-up auf der anderen Seite. Zweihundert Meter Weges vielleicht nur, Richtung Dominikanerbastei, über Katakomben und geputztes Antike-Gemäuer, ein stuckaturreiches Prunkgebäude oder Jahrhunderte altes Haus folgt auf das andere.

Der kleine Platz! Erinnerungstafeln. Zum Beispiel eine für einen kroatischen Jesuiten, Mitte des 18. Jahrhunderts, der hier angeblich aus „einem einzigen Atomgesetz das physikalische Weltbild gedeutet" hat. (Brav.) Die hohe Kirche am Nordrand, die wegen des kleinen Platzes davor noch viel höher wirkt. Sie steht wie eine Staumauer vor einem See im Gebirge. Die Gebäude daneben? Seltsam, eines schaut aus wie eine Nobel-Zinskaserne, das andere ein bisschen wie vor ein paar hundert Jahren aus dem Paris des Früh-Rokoko gestohlen und herübertransportiert.

Das rechte heißt „Die Alte Universität", das andere nennt sich „Aula" und ist heute Repräsentationssitz der Akademie der Wissenschaften des Landes. Und alles liegt vor dem Dr.-Ignaz-Seipel-Platz, benannt nach einem österreichischen Bundeskanzler der Zwischenkriegszeit, einem Geistlichen, Prälaten, und wohl das, was man jetzt und noch immer hinter vorgehaltener Hand einen Klerikal-Präfaschisten nennen würde. Ja, „würde". Denn öffentlich auszusprechen wagt oder mag das niemand, schon gar nicht in den sich konservativ einigenden Zeiten im 3. Jahrtausend.

Wir schauen weg, sind solchermaßen eben kurzfristig politisch inkorrekt und kümmern uns jetzt einfach nicht um den Herrn Ignaz. Die Aula und drinnen vor allem der Hauptsaal, sie sind unser Warm-up-Desideratum, schlicht und einfach auf der Suche nach: Innovation und Reaktion in Wien, auch mit Musik, gerade mit Musik.

Niemand soll sich beim Betreten des Gebäudes wundern. In jeder anderen Metropole würde es sichtbar als ein Welt-Musik-Kulturerbe präsentiert. Mit viel Chauvinismus und rechtem Stolz noch dazu. Aber hier?

Hereinkommend von dem eher Angst einflößenden Platz davor, beschleicht uns in dieser Aula nämlich vielleicht zunächst einmal das Gefühl, sich gerade in ein ausrangiertes Nobel-Palais zu verirren oder – mehr noch – in eine Kulisse für alte Wien-Filme zu gelangen denn zum Sitz von Forschung, Geist und allerhöchster musikgeschichtlicher Prominenz voranzuschreiten. Aber natürlich gehen wir weiter hinein, an Portierslogen vorbei, die einschließlich des Personals ihrerseits nach Dreharbeiten für solch eben zitierte Filme übergeblieben sein könnten. Die Prunkstiege hinauf. Der Saal! Einer der wichtigsten für das Doppel *Wien & Musik*. Eine Riesenhalle drunter. Protz drinnen.

Erster Stock. Der Festsaal ist mit Deckenfresken aus 1755 geschmückt. Es sind die Allegorien der vier Fakultäten. Es sind aber hauptsächlich ernst dreinblickende Männer. Um und nach 1968 hätte man zu solchen universitären Typen zuerst „Angeber", dann „Establishment", schließlich „Postenschweine und Provinzempiriker" gesagt. Rund um sie herum: Halbnackte oder auch ganz nackte Knaben, glücklich durch die Gegend fliegend. Außerdem viele nackte Busen. Wie halt immer in solchen Fresken.

Der Saal war einst ein Ort für so genannte „Liebhaberkonzerte". Aber, wir passen da auf bei Sprache und Wortbedeutungen. Um 1800 gab es ja noch kaum Profi-Ensembles. Die gut ausgebildeten Freizeit-Musiker aus den höheren und höchsten Ständen erledigten beinahe alles. Sogar viele Uraufführungen von klassischen Symphonien oder Streichquartetten waren dabei. Es ist schade und trotzdem wahrscheinlich besser, dass wir keine Tondokumente von damals besitzen. Wir wären überrascht und desillusioniert.

März 1808. Joseph Haydn, schon alt und sich als Greis unentwegt selbst dahingehend zelebrierend, wohnt hier einer Festveranstaltung mit der Aufführung seines Oratoriums *Die Schöpfung* bei. Es ist sein letztes öffentliches Auftreten. Im halligen Saal müssen Riesenchor und -orchester auch ziemlich schlimm geklungen haben. Der große, breite Raum hat zwar viel an Repräsentanz, ein passabler Konzertsaal ist er nicht. Die Malereien am Plafond tragen außerdem noch das ihre dazu bei, vom Mitverfolgen der dargebotenen Musik abzulenken.

Aber die Deckenfresken in öffentlichen oder sakralen Gebäuden sind stets grenzwertig. Denken wir nur an Kloster-Refektorien oder an Kirchenkuppeln. Ausgezogene, wallende Frauen, irgendwas Allegorisches darstellend, oder hübsche und feiste Kinder, denen man von unten zwischen die nackten Beine und bis in die intimsten Bereiche schauen kann, sie alle sind gesellschaftlich tolerierte und kunsthistorisch bejubelte Auf-geil-Hilfen. Kid-Porno. Peep-Show. Öffentlich. Angeblich Kunst. Alte Meister und so. Unhinterfragt. Offen. In Farbe. Frisch restauriert. Gleichviel.

In den Palais oder den Großbürgerhäusern von Wien gab es die tolls-ten Uraufführungen oder zeitgenössischen Produktionen. Im Schwar-zenberg, im Lobkowitz, im Rasumovsky, im Schottenhof, auch in den Vorstadttheatern. In der Aula hier konzertierte auch Beethoven. 1813 dirigierte er eine Wohltätigkeitsakademie mit seiner damals neuen Sie-benten Symphonie inmitten. 1819 versuchte er noch eine Wiederholung. Beide Male soll es ein Fiasko und klanglich furchtbar gewesen sein: der taube Mann und das schwer überforderte und unwillige Orchester.

Aber – stellen wir uns das trotzdem einmal abgesehen von solchen Einzelfällen vor. Die Großproduktionen von Musik in Wien sind damals solche mit einer, für die Begriffe der Zeit, wildesten Avantgarde gewe-sen. Beethoven oder Haydn oder Mozart zuvor oder Schubert ein wenig später: ganz vorn im Kodex.

Wien ist heute die Stadt mit den, auf die Einwohnerzahl hochgerech-net, meisten Menschen, die sich als KomponistInnen fühlen oder begrei-fen. Wien ist die Stadt mit den meisten und höchstdotierten Musik-Prei-sen, mit einer Fülle an musikalischen Auszeichnungen in verschiedenen Klassen, mit Stipendien und Auftragswerken, mit öffentlich-rechtlichen Medien, die in ihren Programmen einen so hohen Prozentsatz für Neue Musik vorgesehen haben wie sonst weltweit nirgends. Aber, zum Bei-spiel. Keine einzige von der Stadt Wien zwischen 1950 und 2000 mit satten Preisgeldern bedachte Komposition ist (und wir sagen es jetzt ge-rade heraus: ist zu Recht) jemals auch nur am Rande in irgendein Kon-zert- oder Musikbühnen-Repertoire hineingekommen. Dennoch verhal-ten sich die meisten zeitgenössischen KomponistInnen hierorts so, als würden an ihnen alle jene Ignoranz-Verbrechen wiederholt werden, die man etwa Mozart oder Beethoven oder Schönberg und so weiter eins-tens zugefügt hat.

Glücklich-unglückliche Musikstadt.

Haydn konnte in seiner Alters-Produktionszeit noch sagen, „sein Fach sey gränzenlos; das, was in der Musik noch geschehen könne, sey weit größer, als das, was schon darin geschehen sey; ihm schwebten öfters Ideen vor, wodurch seine Kunst noch viel weiter gebracht werden könnte." Im Musikalischen hatte er wohl recht. Sonst sind wir aber zum Glück kritischer geworden.

Nehmen wir doch bloß diese *Schöpfung* oder die kurz danach entstandenen *Jahreszeiten* oder auch die damals parallel zu Haydns Oratorien von Beethoven komponierte Oper *Fidelio* zum Exempel und abstrahieren wir den Text von der Musik. Eine schauerliche, eine prae-aufklärerische Sauce tritt uns entgegen. Ein Mittel zur Untertanen-Knebelung. Zur Schein-Diätisierung der Massen nach der Französischen Revolution. Die Entwicklung der Welt ist laut *Schöpfung* so etwas wie ein Kindergarten-Krippenspiel. In den *Jahreszeiten* kommen vor allem feige Menschen vor. Die allerhöchsten Emotionen zwischen Mann und Weib und Weib und Mann werden auf hohle und ängstliche Phrasen reduziert. Gott = so etwas wie ein gütiger, leicht blöder und ja nicht reizbarer Monarch.

Im Saal unter den Fresken gab es aber auch nach den Klassikern noch weiterhin schöne, interessante oder auch komische Musik-Ereignisse. 1970 fand hier, mitten im politisch erstarrten Kalten Krieg, ein Beethoven-Symposion anlässlich seines 200. Geburtstages statt. Die interkontinentalen Wissenschafter befetzten sich vom Podium aus, vereinnahmten je nach Ideologie ihren Ludwig van auf die ihnen jeweils passend scheinende oder in der ihnen noch erlaubten Art und Weise. Es war ein Sturm im Wasserglas der Musikwissenschaft, und es war zugleich ein Wetterleuchten – je nachdem und immer irgendwie auch zu Recht – gegen Hermeneutik oder Stalinismus. 1978 gab's unter den Fresken dann noch die Eröffnung eines Schubert-Kongresses. Der damals amtierende österreichische Bundespräsident nahm die feierliche Gelegenheit in seiner Rede zum Anlass, „dem lieben Gott für sein Geschenk namens Franz Schubert zu danken", öffentlich und vor versammelter Welt-Prominenz (sic!).

Na gut, ächz! und o.k. Zu Schubert nämlich: Wieder am ein bisschen drohend wirkenden Vorplatz gelandet. Die Jesuitenkirche Mariä Himmelfahrt gehört baulich und aus-gemalt zu den illusionistischen Kleinodien der Stadt. Wir sagen jetzt natürlich nicht: „Na, sowieso! Illusionistisch und Jesuiten!" Die Antwort wäre zwar richtig, aber zu salopp. Wien war im 16. und hineinreichend bis ins 17. Jahrhundert auch ein Zentrum für die Gegenreformation gewesen. Der Universität wurde eine zweite entgegengestellt. Den Geist der Menschen hat man damals versuchsweise wieder einmal geknebelt, seine in ihm drinnen liegenden Freiheiten in Korsetts gesteckt, seine Höhenflüge und seine Überlebensstrategien zu kanalisieren versucht. Heute gelten die damaligen Prediger, Dichter oder jesuitischen Rektoren als verehrte oder wenigstens wichtige historisch-intellektuelle Persönlichkeiten der Stadt. Viele ihrer Sätze oder Texte oder

sogar Gedichte sind noch allemal Mittelschul-Stoff. Aber um eine Auf-
arbeitung der Achse Wienertum-Gegenreformation drücken sich die
Wissenschaftszweige noch immer. Sogar die in der Akademie der Wissenschaften, hier am so historischen Platz, vertretenen. Selbstverständlich haben die Wiener Intelligenzia, der Klerus und die geduckten Schein-
Poeten von damals „reformierend und Österreich vor den herben
Norddeutschen rettend" die Voraussetzungen für Prunk und Pracht im
Barock geschaffen, auch im Hinblick auf die Musik mit den Opern und
Konzerten. Aber Wien hat sich solchermaßen auch selber eingeengt und
ein Entstehen vor-klassischer Musik-Epochen noch vor der dann so genannten Klassik verhindert. (Und deswegen gibt es Leute, die sagen, es
sei gar kein Wunder, dass der Platz noch immer nach jenem Prälaten benannt ist, bis heute. Und, noch einmal, außerdem: Das Ziel der Jesuitenkirche lautet, noch heute, u. a.?, sie sei „die Studenten- und Akademi-
ker Seelsorge", sic!)

Und es ist doch ein wunderbarer Ort. Rechts von der Kirche (und damals hieß sie auch noch „Universitätskirche") war der Eingang zum so genannten „Stadtkonvikt". Die Hofsängerknaben lebten dort, übten dort,
wurden dort ausgebildet. Der später bei weitem am prominentesten gewordene Schüler (unter anderem auch des Antonio Salieri) war Franz
Schubert. 1808 bis mindestens zur Mutation, 1812, lernte und sang er
hier. Hier fand eine Jugend eines Genies statt. Ja, durchaus. Und hier
fand damit noch mehr statt! Schubert komponierte nämlich bereits gültig
in diesen Häusern rund um uns. Er erarbeitete für sich (und für alle Menschen dann) hier und hier noch als ein halbes Kind die neuen Prinzipien
für Vokales und Instrumentales, für Kammermusik zunächst vor allem.

Ja, wir stehen doch jetzt noch immer auf diesem Prälaten-Fleck, wir
drehen uns vielleicht noch um 360 Grad auf dem Platz, aus dieser Inter-
pretations- und Aufführungsstätte von so dialektischer Musik. Und wir
dürfen, ja dürfen, zugleich auch daran denken: Hier, ja hier vor allem, ist
das erfunden worden, was dann erst „Lied" und Sprache mit Musik heißen durfte und bis heute darf. Hinter den Fenstern, in die wir jetzt
schauen, konnte sich das zum Nucleus entwickeln, was der gesamten
europäischen Vokalmusik, ihrer Form, dem Gestus der Musik an sich, bis
jetzt eine ganz entscheidende Richtungsänderung gegeben hat, geradezu eine Art von verdienter Ohrfeige verpasst hat.

Wir wollen auslaufen. Uns ein wenig ausschütteln? Denn es war diesmal, wie versprochen, ja nur das Warm-up im gesucht anderen Musik-
Wien.

Hinaus auf die Ringstraße, dann zum Donaukanal hinunter. Vielleicht sogar den Touristenmassen gefolgt. Seltsam, die Menschen. Wohin? Wohin denn?

3. Bezirk. Am Rand. Reisebus-Ansammlungen blasen parkend ihren Auspuff-Dreck in die Gegend. Verkaufsstände mit Shirts und Wien-Kitsch und vielen Häkel-Decken aus Osteuropa machen sich breit.

Zu einem angeblichen „Kunsthaus" und zu einem so genannten „Hundertwasserhaus" zu gehen, wird heftig und schamlos geworben. Doch keine Sorge. Beide erweisen sich bloß als Gebäude wie aus dem Steinbau-Malkasten, entworfen und dann allüberall nachgeahmt vom Farbenkünstler und Natur-Guru Friedensreich Hundertwasser, ein Wien-Star in den 60ern des 20. Jahrhunderts und ein wenig danach. Heute sind seine bunten und kantenlosen Bauentwürfe höchstens noch aus der Zeit gesehen interessante Skurrilitäten. Doch das macht den Massen aber auch schon gar nichts. Der Wien-Tourismus setzt voll auch auf diese höchst vordergründige Schein-Pracht und lenkt alle Besucherströme dorthin, sozusagen in selber Wertigkeit wie in das Kunsthistorische Museum oder zur Sezession oder in die langsam dahinverfallenden Jugendstil-Juwele der Kirchen etwa vom Steinhof.

Die „Hundertwasser"-Bauten sind (Wienerisch) „ein aufgemascherlter Schas mit Quasten". Sie werden aber gierig besucht, wie von Kindern am Rummelplatz betreten und befingert. Architektonisch, ausstatterisch und im Design: überdimensioniertes und hypertroph gebautes und gelacktes Fast-Food.

Apropos.

Wir wollen während der Folgewege nie ganz darauf vergessen, dass erst die Kombination mit anderen Epiphanien, guten wie schlechten, vor allem mit Ess- und Trink-Genüssen (später sogar dann noch mit solchen vom und im Gegenteil, sowie stammend aus dem Nirwana namens „Eros und Thanatos"), die Wien-Musik-Erkenntnis und deren Anders-Sein fördert.

Jetzt. Hinüber noch im Dritten Bezirk, in's Eingemachte. Den legendären „Herrn Karl" besucht. „Der Körper verlangt's."

A klans Gulasch, a klans Bier.

Vielleicht auch zwei.

Beschreibung

der

kaiserlichen königlichen

Residenzstadt

Wien.

Ein Versuch.

Erster Theil.

WIEN,
bei Joseph Edlen von Kurzbeck, k. k. Hof=
Buchdrucker, Groß= und Buchhändler.
1785.

Pastorale

oder: Kunst = nicht Natur, Natur schon gar nicht Kunst,
oder: Beethoven unterm Kahlenberg

Beethoven: „Man überlässt es dem Zuhörer, die Situationen auszufin-
den. Sinfonia caracteristica oder eine Erinnerung an das Landleben."
Beethoven auf der Reise aus dem Inneren Wiens, aus der „Stadt".
Man macht sich heute überhaupt keine Vorstellung. Man will sich
wahrscheinlich auch gar keine machen vom Umfeld, vom Alltag, vom So-
zialen in einer Metropole, in welcher eben die Beethoven-Symphonien,
die Haydn-Oratorien nach 1800 oder, ein gutes Jahrzehnt zuvor, die Mo-
zart-Opern und, jetzt wieder ein gutes Jahrzehnt mehr, die ersten Schu-
bert-Lieder entstanden. Man bekommt auch keine Vorstellungen von der
einstigen realen Stadt, schaut man sich nur die Bilder an. Es tritt einem
dort bloß das Gelackte und Geleckte entgegen, das Imperiale, das Verlogene der Napoleonischen Zeit. Das sind die Wien-Aquarelle, Wien-
Stiche und wenigen Wien-Öl-Bilder, welche süße Gegenwelten vorgau-
keln mit ganz wenig Naturalismus unter einem prae-biedermeierlichen
Zuckerguss und mit (fast nur winzig dargestellten) Menschen als gefährlich naiv-zufriedener, obrigkeitshöriger und vor allem sauberer Schlag.
Beethoven: „Jede Malerei, nachdem sie in der Instrumentalmusik zu
weit getrieben, verliert. Sinfonia pastorella. Wer auch nur je eine Idee
vom Landleben erhalten, kann sich ohne viele Überschriften selbst denken, was der Autor will. Auch ohne Beschreibung wird man das Ganze,
welches mehr Empfindung als Tongemälde, erkennen."

Die *Pastorale* wurde 1807/1808 und zum Teil noch parallel zur Fünften Symphonie verfasst, parallel also zu einer „Titanen-Musik" oder wie auch immer. Denn so hätte man das gerne gehabt und gehört in den „Titanen-Epochen" vor allem der Deutschen und der Österreicher mehr oder weniger 150 Jahre hindurch nach Fertigstellung der Fünften und Sechsten und während einiger nationaler Höhepunkte ausufernd in Europa- und Welt-Kriegen.

Die Fünfte und die Sechste selbst wurden einst schon während eines Europa-Krieges komponiert. Der Kontinent ordnete sich damals neu. Doch man wusste irgendwie noch nicht so recht, was man mit den tollen Ergebnissen, Folgen und sicher auch Gewinnen aus Revolution und Aufklärung anfangen sollte. Die Franzosen, als neues Kaiserreich von eigenen Gnaden, hatten Wien mehrfach berannt und angezündet, Beethoven daraufhin mit dem einst verehrten „anderen Titanen", dem Napoleon, längst gebrochen und ihm „seine" *Eroica* wieder entzogen. Die angeblichen Mächte der Zeit besetzten sich inzwischen gegenseitig oder erklärten einander wechselweise Krieg und Tod und Vernichtung und so weiter.

Beethoven: „Pastoralsymphonie keine Malerei, sondern worin Empfindungen ausgedrückt sind, welche der Genuß des Landes im Menschen hervorbringt, wobei einige Gefühle des Landlebens geschildert werden. - - - Baumwolle in den Ohren am Klavier benimmt meinem Gehör das unangenehm Rauschende."

Beethoven auf der Reise aus dem Inneren Wiens, aus einem unvorstellbaren Stadtbild, aber aus einer damals üblichen Umweltsituation, an welcher heute sofort zu verzweifeln wäre, an welcher ganze Bevölkerungsgruppen recht rasch zugrunde gingen oder sich in Kürze im Stadium der Ausrottung befänden.

Gemeint ist der Dreck.

Gemeint ist die Tatsache, dass man in den Jahren der hohen Wiener Klassik und Frühromantik, der vielleicht intensivsten, jedenfalls aber folgenreichsten Musikepoche Europas, in den Städten lebte, als wär's heute in einem armen und ausgebeuteten Entwicklungsland. Als lebte man in Mittel-Ostafrika, in Bangladesh, in Kairo oder Kalkutta, in Nord-Korea. Sand, Stroh und Mistablagerungen auf den Straßen. Fließgewässer nur als schlecht gefasste Rinnsale daneben, Wasch- und Toilette-Möglichkeiten (auch in den Adels- und Großbürgerhäusern) so wie in einer hochalpinen, zugigen und von Tierställen umgebenen Alm. Zwischen rund 1785 und 1825 herrschte (ohne große Detail-Seuchen, die kamen erst später) in fast allen Wiener Stadtteilen und Vorstädten eine Baby-Sterblichkeit wie fast nie zuvor und wie nie mehr danach. Sie war gelegentlich höher als jene beklagte und hilflos mitangesehene in Äthiopien, zum Beispiel um die Jahrtausendwende. Selbst all das, was man wenige Jahrzehnte später als Massen-Hausrat oder als Speiserezepte für Massen oder als schlichte Basis-Versorgung für Kinder, Alte und Dienstboten entwickeln wird, war irgendwie noch gar nicht an-erfunden. Es war erst angedacht im Aufklärungs- und Humanismus-Taumel der Epoche. Aber es wird berichtet, wie man in trockenen Sommern nur schwer sich auf den Gassen in den Staubfontänen zurechtfinden konnte, dass es für die niedrigsten Stände überhaupt keine adäquate medizinische Grundversorgung gab und dass Wohlhabende während der heißen und während der eisigen Monate in die Hügel und in die bewachsenen Gebiete rundum flüchteten. Es waren das wohl schon die besonderen Geschichten aus dem Wienerwald.

Beethoven fährt ohne bestimmtes Ziel hinaus. Glaubt man. Er geht weg aus dem dreckigen Wien, geht nördlich, nordwestlich. Heute sind das Steinbezirke wie andere auch, stadteingegliederte einstige Vororte, sie heißen Nussdorf und Heiligenstadt. Der Kahlen- und der Leopoldsberg thronen noch allemal drüber. Auf der Suche diesmal nach einer *Sinfonia caracteristica pastorella*.

Ein halbes Jahrzehnt zuvor hat er schon komponierend in Heiligenstadt gewohnt. (Beethoven ist mehrere Dutzend Mal umgezogen in Wien, es gibt deswegen noch einige schöne, fast putzige Gedenkräume, manche behielten sogar eine Aura.) Der Vorort „Heiligenstadt" ist durch Beethoven aber weltberühmt geworden und geblieben. In seinem gleichnamigen *Testament*, verfasst in dem einst geduckten Wein-Dorf an den Hängen, schreit er, immer mehr taub werdend, brieflich seine Familie und dann die übrige „feindliche" Gesellschaft an, in Existenzängsten, voll mit Hörstürzen. Aber er schreit weiter und schreibt wüst-wütend-bibbernd zum Abschluss, durchaus bereit zu sein, „dem Schicksal in den Rachen zu greifen". Er hat in den nachfolgenden 25 Kompositionsjahren mit weiteren mehr als 100 Werken voll „hineingegriffen" und dabei komponiert wie kaum zehn andere „Titanen" sonst in der Geschichte der Menschen.

So ein Symphonie-Doppel aus „Schicksal" und „Landglück" zum Beispiel.

Aber, so weit sind wir noch nicht. Beethoven befindet sich noch immer auf der Reise, weg aus der Wiener Inneren Stadt. Der Staub legt sich schon ein wenig, die Luft wird freier und sie duftet nicht mehr so

Jauchengrube-artig, das Wasser wird alle 250 Meter trinkbarer. Wir lehnen uns (noch heute), selbst schon etwas ruhiger geworden, zurück im Fahrzeug (damals in der Kutsche, diesmal im eigenen Auto, im Taxi, in der Straßenbahn, in der Schnellbahn und vorbei etwa an – apropos „Revolution und Aufklärung" – der ehemaligen sozialdemokratischen Festung *Karl-Marx-Hof).* Alles ein Genuss, mehr oder weniger, für Beethoven und für uns: *Erwachen heiterer Gefühle bei der Ankunft auf dem Lande* (?)

Beethoven (wie schon zuvor in sein Tagebuch notierend): „Ergebenheit, innigste Ergebenheit in dein Schicksal!" Dabei komponiert er vor allem in der / für die *Pastorale* (später: *6. Symphonie op. 68*) eine Musik, mittels derer man, ohne viel Ergebenheiten, eine beinahe real existierende Gegenwelt besucht, eine auch, in der sich etwas ereignet! Aber das ist jetzt zum Glück: Erstens einmal kein üblicher Unsinn grünbewegter Gruppen. Dann aber und zum Glück: Keine Schilderung einer geglückten Symbiose von Kunst und Natur. Keine Trunkenheit in der Landschaft. Kein Selbstdarstellungs-Forum für Aussteiger-Freaks. Im Gegenteil. Ludwig van Beethoven beweist kompositorisch, dass Kunst und Natur unmittelbar überhaupt nichts und mittelbar nur im sehr übertragenen Sinn irgendwas miteinander zu tun haben. Beethoven beweist in seinen Noten Hegels nur wenige Jahre später aufgestelltes und seither oft wütend abgelehntes Postulat. „Ästhetik – ihr Gegenstand ist das weite Reich des Schönen, und näher ist die Kunst, und zwar die schöne Kunst ihr Gebiet. … Durch diesen Ausdruck nun schließen wir sogleich das Naturschöne aus." Und, aber, Achtung (post Hegel, doch auch noch im 3. Jahrtausend nach der Geburt des Menschengottes für Christen): Selten erfährt man eine so spontane Wut, wiederholt man weiterhin, aber voll Überzeugung noch allemal, das angeblich „Naturschöne" habe mit dem Kunstschönen überhaupt nichts zu tun. Dann wird man allgemein ausgelacht, sogar beschimpft, verflucht. Dann wird die „schöne Natur" krampfhaft verteidigt, als gälte es, Wertbegriffe wie „Heimat" oder „Inzestverbot" zu bewahren. Aber dieser Hegel argumentiert sogar noch weiter, gibt nicht Ruhe: „Denn die Kunstschönheit ist die aus dem Geiste geborene und wiedergeborene Schönheit, und um soviel der Geist und seine Produktionen höher steht als die Natur und ihre Erscheinungen, um soviel ist auch das Kunstschöne höher als die Schönheit der Natur." Wehe jetzt, man redete selber weiter so und gar vor den meisten Menschen! Argumentierte zudem noch mit dem Umstand, dass wir ja erst durch Typisierung, Stilisierung und Idealisierung einen ungegenständlichen Schönheitsbegriff umlegen auf unsere Sinneseindrücke aus der Umwelt. Dann kommen gleich noch die harschen Vorwürfe vom Unverstand, der Lieblosigkeit, des Zynismus und generell einmal des glatten und hässlichen Böse-Seins, und alles wächst sowieso beinahe in's Grenzenlose. Aber (hinterhältig trotzdem) den Hegel noch einmal hervorgeholt: „In diesem Sinne erscheint das Naturschöne nur als ein Reflex des dem Geiste angehörigen Schönen, als eine unvollkommene, unvollständige Weise, die ihrer Substanz nach im Geiste selbst enthalten ist." Weiterhin nur Vorsicht! Immer noch, noch mehr sogar. Man kriegt nämlich auch diesen Passus aus Georg Wilhelm Friedrich Hegels *Ästhetikvorlesung*-Einleitung um die Ohren geschlagen, auf's Haupt geknallt. Denn die Menschen sind immer eher geneigt, die Natur als von vornherein autonom schön, als Gott (?) spiegelndes und daher nicht diskutierbar Schönes wütend und beleidigt zu verteidigen, als zunächst einmal auf den eigenen spekulativ-ausgestatteten Geist stolz zu sein. Man zieht „Natur" sogar gern allen geistigen Ergebnissen und – im Fall der Musik – allen sinnlich/intellektuellen Auseinandersetzungen in Geist und Seele vor. Man ist bereit, vor dieser „Natur" wie vor einem faschistischen Denkmal hin- und niederzuknien. Grauslich.

Naturschönes: ein nicht zu hinterfragender Wertmaßstab in sentimentaler Unaufgeklärtheit und in schiefem Bewusstsein?

Egal. Beethoven spricht über den ersten Satz.

Erwachen heiterer Gefühle bei der Ankunft auf dem Lande.

Wir sind mit ihm angekommen am Bahnhof Nussdorf oder bei einer Station davor. Links über uns steht der Kahlenberg, dazwischen Häuser, Gässchen in Beton, historische Wege führen sacht hügelauf. Doch man muss sich erst daran gewöhnen, an diesen schlimmen Stadtrand. Es ist hier nicht alles eben „schön", in des Wortes auch vielfältiger Bedeutung, hier in der verbauten Natur. Es ist fast nichts mehr „schön", hier.

Überhaupt keine Symphonie sonst fängt so an. Ja, die hämmernde Fünfte oder die raunende Neunte. Oder die *Große g-Moll* Mozarts und die Schubert-Angstsymphonie der *Unvollendeten*. Und Brahmsens Vierte, und Bruckner sowieso und sein Abklatsch. Aber, vergessen und längst verziehen ist das andere mit dieser komischen Natur: Vivaldi in seinen *Jahreszeiten*, Berlioz in der Gegend *fantastisch* delirierend, Wagner im Wald (zu viel und zu oft), Sibelius nordisch-umspült (und er sollte jetzt doch endlich einmal wenigstens am freien Land den Mund halten), gar der Herr Gustav Mahler, der es bis zu Kuhglocken in Riesensymphonien gebracht hat (auch er schweige endlich einmal), aber die Caccias, die

Frottolas?, Webern in der Natur (sich dort heulend ins hohe Gras schmeißend und sich quasi-coitiv in den Gebirgserdboden verbuddelnd) … gefeit sind sie alle nicht gewesen, die so genannten großen Komponisten, gefeit vor jener Natur. Und trotzdem: Überhaupt keine Symphonie sonst fängt so an.

Allegro ma non troppo. Schlichter 2/4-Takt, liebe Verflochtenheit, schon ab Takt 17 lässt Beethoven unvermittelt 10 Repetitionen zu, eine Blume geht auf und schließt sich wieder, solche Klangflächen werden bald die halbe Durchführung tragen, wiegend. Hundert Rabatte, nein, einige Galaxien an Wiesen blühen auf. Und wir, die eben erst in Nussdorf Angekommenen, setzen uns akustisch hinein, auch in ein mit vielen späteren symbolistisch-romantischen Worten Gesagtes: in so ein Wellenschlagen, ein Sich-Begegnen und ein Sich-Erwählen, ein Abschiednehmen und ein Wiederfinden, ein Glanzgenießen und ein Lichterblinden und ein Sich-Wiegen in den Sommerwinden, die in den Kleidern warmer Frauen sind.

Beethoven lässt ein paar Wiederholungen der geglücktesten Floskeln zu, schreibt ein paar Endakkorde. Er ist wieder im F-Dur gelandet, die simple und zugleich die böse Tonart, eben die bukolische!

Wir machen aber mit Beethoven auch eine Reise nach Nussdorf und jetzt den Kahlenberg hinauf. Mit Swinging und Suchen (ein Vorwärtstreiben), mit Swinging und Genuss (eine Statik). Man sagt, die Hauptstücke zur Sechsten Symphonie seien ihm, dem Herrn Beethoven, beim Spazierengehen eingefallen. Und das wäre auch (jetzt real-faktologisch) gar nicht besonders verwunderlich. Angeblich ist der „Titan" am Wien-Rand öfter herumgerannt, unansprechbar, im Komponistenhirn komponierend und alles sofort abspeichernd. Die halbe *Appassionata* soll so entstanden sein, aber auch Konzertteile, Sonaten, Vokales.

Zum Beispiel.

Szene am Bach. Fast jeder Tonsetzer hat Ähnliches schon fabriziert. Beethoven aber verfasste dahingehend eine kleine Symphonische Dichtung innerhalb einer großen Symphonie.

Fakten: Der Schreiberbach kommt heute noch vom, dem Kahlenberg vorgelagerten Pisenkopf herunter, fließt durch das kleine Mukental und dann genau östlich. Er trennt Nussdorf und Heiligenstadt bis zum Brigittaspitz, um sich eben dort, wo sich auch Donau und Donaukanal trennen, in den großen Fluss zu ergießen. Die Gegend wurde später literarisch überhöht. Einer der wenigen guten Texte Grillparzers, *Der arme Spielmann*, ereignet sich eben dort und darunter. Spaziert man, nun wieder heute, von unten herauf, dann wird man sowieso dauernd mit der Nase auf einen „Beethoven" draufgestoßen. Der „Beethovengang" begleitet den Bachverlauf, die „Eroicagasse" wird gekreuzt, parallel zu ihr läuft eine „Frimmel-Gasse" (der Theodor Frimmel war einer der ersten wichtigeren Beethoven-Sammler und -Biographen), dann begegnet man einer Art von Denkmal-Verweil-Kultstätte namens „Beethoven-Ruhe", dann geht es an Heurigenschenken der angenehmeren Art vorbei. Die Hügel werden steiler, der Bach eingegrabener, der Wald beginnt. Es ist ein lockerer Blätter-Forst. Und dieser erste Abschnitt so eines Beet-hoven-Pfades am Bach ist verbaut, ist dann verhüttelt und ohne jeden Ensemble-Schutz zurückgelassen worden, situiert zudem in einem nicht recht einladenden, aber ziemlich teuren Vorort Wiens!

(Zur Erinnerung, so blöd das jetzt auch klingen mag: Ludwig van Beethoven war doch einer der bedeutendsten Komponisten überhaupt, weltweit, und er war einer der zehn wichtigsten Wien-Bewohner aller Zeiten!? Einer der hundert wichtigsten Menschen der Welt!? Doch dann: Der Beethoven-Gang und die Folgewege in die Weichteile des Kahlenbergs sind ja von der Lage her ganz hübsch, solchermaßen „ge-pflegt" aber eine General-Schande für dieses Wien!)

Noch immer *Szene am Bach*. Es ist hier dreckig, schon wieder. Rech-ter Hand geht es hinein in komische Wein-Kulturen auf steilen Rebhän-gen; diese sind aber etwas protzig alle paar Meter ausgeschildert; Wein-Sorten der überaus exquisiten Art sollten dort keimen. Man glaubt es gern und nicht ganz.

Beethoven: *Szene am Bach / … Empfindungen … Genuß des Lan-des … Gefühle des Landlebens*. Beethovens Lektüre während der Kom-position: der von ihm über die Maßen geschätzte I. Kant. („Wenn in der Verfassung der Welt Ordnung und Schönheit hervorleuchten, so ist ein Gott.") Wir fragen uns, vor diesen Weingärten jetzt schon etwas zorni-ger und widerstrebender geworden: *Beethoven und Kant, eure Schön-heit, eure Ordnungen? So leicht also ist dieser Gott für die eigenen Zwecke brauchbar und einzusetzen?*

Aber ist das nicht genauso falsch, über's Ziel hinausgeschossen und sentimentalistisch wie die zuvor geschilderte Natur-Sucht?

Egal – Beethoven war auch von so einem Überwälzen auf den Got-tes-Begriff während der Komposition der *Pastorale* beeinflusst.

Zornig spaziert man weiter in der eigenen *Szene am Bach*, um und nach 2000, also fast schon 200 Jahre später. Zornig stapft man jetzt so-gar noch diesen „Beethovengang" entlang, in den Schreiberbach nun linker Hand hinunterschauend. Und wir halten jetzt einmal ein für alle Mal fest: Wenn Beethoven diesen Weg seinerzeit tatsächlich dazu benützt hat, um die *Pastorale* zu fabrizieren, um vor allem den zweiten Satz hier „spielen" zu lassen, dann gehörte dieser Ort doch tatsächlich zu den wichtigsten und höchst besuchenswerten Musik-Erinnerungsstätten, weltweit. Mehr als ein Debussy-Meer oder vielleicht ein Giovanni-Schlafzimmer oder gleich ganz Sevilla, dort, wo bekanntlich jede zweite Oper von Rang spielt. Nein. Hinunter- und zurückgeblickt im Zorn. Denn, jener Bach, tröpfelnd und geleitet vor allem in einem alten Betonschacht, der starrt vor Schmutz. Es ist aber ein anderer Dreck und Abfall als zur Kompositionszeit der *Pastoral*-Symphonie. Eine andere Umwelt räkelt sich als damals während der Sechsten Symphonie. Schlieriger grüner Schlaz pickt überall. Massen an halbverfaulten Zweigen bilden kleine Wehrdämme und stauen so zerknickte Plastikmineralwasserflaschen, leere Zigaretten-Packungen und Dosenreste. Kein Mensch schert sich wirklich drum. Weder eine Bezirksverwaltung, noch die sonst frechen und herum-historizierenden Verschönerungsvereine, noch jenes sonst auf sich und sein Wien eingebildete Wiener Kulturamt. (Die Ausrede: Wien hat schließlich so viele Gedenk-, Erinnerungs- und Geschichts-Plätze, dass man sich nicht um alles kümmern kann.)

So ein Spaziergang, aus den Häusern hinauf und in den Wald hinein, ist auch heute noch interessant. Sehr auratisch ist er aber nicht. Doch er bleibt eine Weltmusik-Strecke.

Und dann gibt es vorweg noch die Geschichte (eine schlimme und eine närrische und eine beinahe schon anstößige zugleich). Anton Bruckner, damals schon der Herr Doktor h.c. Bruckner, marschiert hier am Kahlenberg herum. Nachdem er sich in seiner ganzen Körperschwere niedergesetzt und sich mit dem riesigen Schnupftuch die Stirn abgewischt hat, packt er rastend sein mitgenommenes Wurstbrot aus. Da fällt ihm doch glatt das Eröffnungsthema zu seiner Neunten Symphonie ein.

Die *Szene* endet bei Beethoven jedenfalls mit der sattsam bekannten Kopie von Vogelrufen. Es stehen sogar die Arten, dem Namen nach angeführt, in der Partitur. „Nachtigall" (Flöte), „Wachtel" (Oboe), „Kuckuck" (Klarinette). So was hört man aber hier, am Ort des Geschehens, eigentlich gar nicht. Kein Ornithologe würde außerdem bestätigen, schon selbst einmal alle drei Tiere gleichzeitig dergestalt vernommen zu haben. Nur (Hegel hatte recht), das tut nichts zur Sache. Kunst ist Kunst. Kunst bleibt Kunst. Der Symphonie-Passus klingt leider ein wenig peinlich. Und wird immer noch ein wenig peinlicher, je öfter man ihn hört.

Beethoven am Bacherl.

Die meisten der tradierten Beethoven-Bilder sind sowieso schief. Vor allem dasjenige seinen Alltag, sein Verhalten anderen gegenüber, seine vordergründige Emotionslage betreffend. Er, der Nicht-Akzeptierer von Gesellschaftsschranken, er, das körperlich erspürbare Genie, der rabiate Komponist, dunkel, struppig, bald taub, er hat wie wahrscheinlich kein anderer Komponist zu dessen Lebzeiten die Menschen entzückt und verblüfft und abgestoßen. Auch Wagner ist nicht vergleichbar, nicht Händel oder Stradella, nicht Cage oder Monteverdi, nicht einmal Mozart. Er, Beethoven, wurde damit aber zur Vorlage für mäßig-spannende B-Pictures und dramatisch-wuchtige Romane. Zudem existieren das Riesen-Kapitel „Beethoven und die Frauen" sowie das schmälere „Beethoven auf der Suche nach anderen Bindungen". Der Bogen reicht hierbei von seinen nicht nur musikalisch grenzwertigen Be-Werbungen um/an den späteren Olmützer Erzbischof, den Erzherzog Rudolph, bis zum eigenen Neffen namens Karl in Liebes-Bettelei mittels eigener Erregungen, in Belehrungen, durch Gewaltandrohungen und gleich wieder in hündischer Ergebenheit vor dem armen Kind. Beethoven, der die Natur in und durch Kunst umgeformt hat, hängt im Alter libidinös an einem Knaben und schreibt ihm so, als hätte er sich das aus einem „Briefsteller für Knechte und Dienstmägde" zusammengebastelt. Er wirkt dennoch während dessen auch weiterhin auf fast alle sensiblen und schon notwendig intellektuell auf ihn vorbereiteten Frauen anziehend. Manchmal wirkt er sogar magisch, dabei sofort in beiden, in der jeweiligen „Unsterblichen Geliebten" und in sich selbst, eine tiefe und zumeist kreative Irratio verursachend. Außerdem will er andauernd sich hinter seinem Sarkasmus verstecken oder tatsächlich (wenn auch voll unverstanden dann) „lustig" sein.

Dritter *Pastoral*-Satz, *Lustiges Zusammensein der Landleute.* Dann anschließend *Gewitter, Sturm* und abermals direkt daran *Hirtengesang, frohe und dankbare Gefühle nach dem Sturm.*

Zuerst ist er ein Bauernmaler in Niederösterreich. Aber er malt noch nicht wie im Biedermeier. Auch nicht wie ein vorweggenommener Waldmüller oder Gauermann, nicht wie Egger-Lienz oder Walde. Er ist kein realistischer Russe oder Mittelamerikaner im kargen Feld. Auch nicht nachholender putziger italienisch-spanisch-französischer Barock. Eher schon Hieronymus Bosch. Ganz sicher Pieter Bruegel (d. Ä.). Dessen süß-fratzenhafte Bauern-Gestalten gebettet in das Grauen ihres Alltags.

Beethoven bettet die Solo-Bläser in die Streicher ein, es geschehen mitreißende Bildermusiken, hervorragende Schnittfolgen, Kamera-Fahrten, Gegenschüsse. Die Oboe tanzt, das Fagott gackert, die Geigen hüpfen, die Hörner schmettern – was will man mehr?

Hinsetzen, auf den Boden! In den Rebenhängen über der Donau, links Klosterneuburg, unten die kleinen Kirchen, rechts Weingärten und Weingärten und Weingärten, weit vorne die Ebene bis zum Hochgebirge. Vor sich: ein „Doppler Weißer", Kabanossi, Nussbrot, frische Birnen, Oblatentorten mit dicker schwarzer Schokolade (welche hierorts bezeichnenderweise von einer Firma angeliefert werden, die „Pischinger" heißt).

Alle diese Scherzo-Teile sollen im Orchester oft wiederholt werden. (Wenige von den Star-Dirigenten entsprechen Beethovens Wunsch.) Ein Trio-Mittelteil: derb (aber für uns die Erlaubnis, hier am Hang, einen zweiten „Doppler" zu entkorken).

Dann: Grummeln in den Bässen, die anderen Streicher hüpfen ängstlich, das Gewitter ist ziemlich schnell aufgezogen. Es lärmt klassisch-perfekt. Aber dadurch noch wilder in seinem gezähmten schichtenweisen Bau als bei Vivaldi oder Rossini oder v. Weber oder im *Rigoletto*, gar beim Pfitzner, Marschner oder Schilling und noch wie bei gut zwei Dutzend an anderen Natur-Abpinslern. Auch die Schönberg-*Gurrelieder* kommen nie an den vierten Teil der *Pastorale* heran, von der *Alpen-Symphonie* des Musikmaschinen-Chefingenieurs Richard Strauss ganz zu schweigen. Celli und Kontrabässe mühen sich bei Beethoven ganz allein um das Donnergrollen aus den Wolken, das Piccolo blitzt, die Geigen machen die feuchten Fluten. Am Höhepunkt, erstmals überhaupt in der gesamten *Pastorale*, setzen die Posaunen an. Einige Regentropfen bleiben über, ferner Donner, und aus Choralandeutungen steigt die Flöte hoch in den geputzten Äther. Horch, horch!

Regenschirme wieder ausschütteln und zuspannen. Über verschiedene Stein-Mäuerln oberhalb der Weingärten zurück zum Ausgang, zum „Beethovengang". Vorsicht, aber der so Wein-fördernde Lehm-Löß-Boden wird vom Regen besonders glitschig. Unter uns die „Probusgasse", benannt nach dem postchristlichen Rom-Kaiser Probus, allwelcher angeblich die Weinreben hierher bringen und in den Hügeln nördlich Wiens erstmals setzen ließ. Immerhin eine ganz lieb-dankbar-dümmliche Verkehrsflächen-Nominierung. Drüben: eine „Himmelstraße", daneben die legendären „Schreiberwege", das Grinzing-Sievering-trennende Doppel von „Kaasgrabengasse", mit einer ebenfalls legendären und höchst dafür musikalisch-akustisch brauchbaren Heirats-Kirche in der Mitte, und von „Bellevuestraße". Diese endet dann dort, wo keine 90

Jahre nach der *Pastorale* der noch junge Prof. Dr. Sigmund Freud, wie er später selbst erzählt hat, das „Geheimnis des Traums entdeckte". Doch das sind schon andere Geschichten und Wege.

Ruhig bleiben! Später dann. An einem einzigen schlichten Vormittag kann man hier mehr musikhistorische Plätze allererster Ordnung besuchen als wahrscheinlich sonst wo weltweit.

Horch, horch!

Was jetzt zu Beginn des fünften Teiles der *Pastorale* kommt, das entzieht sich einer harschen, ironischen oder auch nur faktologischen Beschreibung. Hilfesuchend und ein wenig schamvoll sei ausnahmsweise ein Zitat aus einer alten Konzerteinführung benützt. So sentimental und kitschig und mit sonst schlechten Worten verfasst sie auch ist, hier passt es trotzdem. Das Glücks-Zitat vom „Schönen". Und da steht doch glatt: „Was jetzt kommt, ist über alle Maßen schön. Die Luft ist gereinigt, der Himmel klärt sich auf. Die wohlige Empfindung der Entspannung ergreift den Menschen. Von einem schalmeiartigen Klarinettenthema eingeleitet, ertönt ein Lobgesang auf pastoraler Grundlage: die Felder ruhen im Abendfrieden. Eine Improvisation wie auf schönsten alten Landschaftsbildern. ‚Hirtengesang': es ist ein Hymnus auf die segenbringende Natur, ein Religionskapitel pantheisierender Art in der Form eines freundlichen Variationenzyklus." Tatsächlich, es sind die sich reibenden, aber einander ergänzenden Rufe über dem Bordun, über der abgründig-leeren Quinte unten, es ist das Dreiklangsthema (es ist *das* Dreiklangsthema, verstehen Sie?) und es sind dann wieder die endlich einander antwortenden Flächen, alles noch gelöster als im ersten Teil der Symphonie. Jede dramatische Trübung wurde im Keim erstickt. Es wird – nochmals tatsächlich? – pantheistisch. Und der Meister Beethoven selbst redet auch selber weiter nur so dahin und sich dabei in einen ziemlichen Metaphysik-Wirbel hinein. Er nochmals – im O-Ton: „Geben doch Wälder, Bäume, Felsen den Widerhall, den der Mensch wünscht." Oder, er sagt schlussendlich in begleitenden Worten was ziemlich Starkes. „Ist es doch, als wenn jeder Baum zu mir spräche auf dem Lande: heilig! heilig! Im Walde Entzücken, süße Stille des Waldes."

Oder, ja, er sagt auch das noch, wirklich!

„Allmächtiger im Walde! Ich bin selig, glücklich im Wald: jeder Baum spricht durch dich. O Gott, welche Herrlichkeit! In einer solchen Waldgegend, in den Höhen ist Ruhe, Ruhe, ihm zu dienen."

Und so weiter und so fort.

Was für ein Quatsch!?

43

Da schreibt Beethoven die *Pastorale* und vorher und nachher noch fast 100 sonstige absolute Super-Sachen, und dann das!? Können wir heute – ganz ehrlich – noch etwas anfangen mit so einer Selbst-Aufgeilung im Metaphysischen? Allein, es macht halt nach dieser *Pastorale*-Eigenexegese wenig Sinn, jetzt schon wieder eine Grundbegriffs-Diskussion zwischen Kant und Beethoven und Schelling und Fichte und französischen Aufklärern und Natur-Typen und nachfolgend vor allem deutschen Brutalo-Stürmern-und-Drängern und den Grünen anzuzetteln. Bitte. Hilfe! Die Welt ist doch anders geworden!! Ganz anders!!!

–

(Wir sitzen noch immer da, es ist weiterhin nur der milde Vormittag in einem Spät-Frühlingsmonat, wir sitzen noch immer am Abhang jenes gemütvollen Kahlenberges. Ein Paar Kabanossi. Grüne Birnen. Vielleicht auch ein wenig körniger Liptauer.)

Ein liebevolles Nachgeben findet statt.

–

Seien wir wenigstens froh, dass Beethoven vor allem ein Komponist geblieben ist und sich nicht in solchen parasexuellen Desiderata erschöpft hat.

–

Die *Pastorale* wird am Schluss immer langsamer. Sie rinnt irgendwie in einem schlichten Reigen aus und dahin.

Der Begriff von „Harmonie" wird sich vielleicht, unspekulativ, einstellen. Und das Wort „schön" ist durch die *Pastorale* in ihren abgelaufenen rund vierzig Minuten verbindlicher geworden. Ja? Man darf es jetzt beinahe furchtlos gebrauchen, in der Natur?

Verdammt noch einmal. Danke, Herr *Ludwig van.*

Sie, wir sagen es mutig, sie, diese unsere *Pastorale*, sie löst sich dann gleichsam irgendwie selbst und freundlich ins Nirwana driftend auf. (Auch das haben viele Dirigenten nicht begriffen. Für sie muss der Beethoven der „pumpernde Titan" bleiben. Schrecklich und falsch. Gerade sie sollten vor und dann mit dem Orchester in ein schlichtes Hochamt des Still-Werdens driften, in ein Kinderkreis-Spiel schließlich.)

Die *Pastorale* ist eine Musik, die – gut gespielt und offen angehört – ausreicht für einen ganzen Tag.

–

Die Diskussion ist aber immer noch nicht zu Ende. Auch wenn so etwas den meisten Hörerinnen und Hörern vollkommen egal bleibt. Leider. Deswegen wird auch so viel geredet und geschrieben über Musik und

Kunst und Natur. Etwas, das vielleicht ein bisschen Gefühlslage beweist, mit einem vernünftigen Reden über Musik aber auch schon überhaupt nichts zu tun hat. Solches ist nämlich für viele schon von vornherein gar nicht akzeptierbar. Für viele, die sogar viel Geld verteilen, sogar für die Musik.

Beethoven lässt es offen. Kann man Musik bebildern?

Beethoven tut es sowieso nicht. Er überlässt das mit erhobenem Finger seinen Interpreten und Hörern.

Aber ist die Natur nicht doch wenigstens gelegentlich hineinholbar in die Kunst?

Auch nicht. Es funktioniert nur so: Man muss einer scheinbaren Naturabbildung recht geläufig und gefällig menschliche Regungen und intellektuelle Zugänge drüberziehen; muss die Natur notgedrungen schmücken und ihr dabei die Narrenkappe drüberstülpen. (Und drum ist die *Pastoral*-Symphonie auch so gelungen, weil sie eben nicht ein Abbild von Natur ist, sondern nur das schöne Scheinen von Geist und Empfindungen, wie Hegel meint, ein Scheinen „auf" die Natur?)

Ja, der Herr Hegel in seiner Ästhetik, gibt er dann in solchen wiederum nur Bildern nicht doch seine Hinweise?

Man sitzt noch alleweil am Hang, wurde vom Gewitter und vom Sturm nicht verjagt und öffnet vielmehr mit Bruckners Choral-Heulen sein eigenes Wurstbrot-Packerl. Oder schlitzt mit den vermuteten parasexuellen Desiderata seine Pischinger-Schnitten auf? Und entkorkt sowieso sicherheitshalber den dritten Doppler? Und – Wien pur – nimmt den harten Deckel ab von einem Tupperware-Häferl? Drinnen mehrere panierte Schnitzel, kalt, auf Erdäpfel-Salat, und noch ein bisschen nasser Vogerl-Salat, auch kalt?

Schwer, sehr schwer das alles, gerade da in Wien.

Meister Hegel im 3. Band der alleweil formidablen, von den Menschen nicht gern verstandenen *Ästhetik*, im *Musik*-Kapitel: „Das Tilgen nicht nur der einen Raum-Dimension, sondern der totalen Räumlichkeit überhaupt, dieses völlige Zurückziehen in die Subjektivität nach seiten des Inneren wie der Äußerung, vollbringt die romantische Kunst – die Musik. Sie … die das Subjektive als solche sowohl zum Inhalte als auch zur Form nimmt … und dem Äußeren nicht gestattet, als Äußeres sich uns gegenüber ein festes Dasein anzueignen."

Tja. Haben Sie jetzt nicht ein wenig Angst?

–

Man sagte gegenüber der Strenge, welche Philosophie und Kunst über uns drüberschütten, man nannte es – sich wehrend, aber wahrscheinlich auch sich damit befreiend –, man nannte es so in der späteren Weltkriegs-II-Nachkriegszeit, in der sehr viel späteren schon:

MYSTISCH – BUKOLISCH – GELANGWEILT

(was – auch damals – für die ganze Wien-Musik zu gelten habe.) Im Abgehen aus so einer tollen und reichen und hässlich-gemachten Gegend: Ein Plakat plärrt uns an. Wie ein heutiger Hohn auf alles bisher Be- und Durchdachte. Wir haben sofort das Recht, es!, nämlich das Plakat!, herunterzureißen und dann wegzuschmeißen! Musikantenstadellanddodeltum. Die *Kastelruther Spatzen* bieten sich feil. Ihre Selbsteinschätzung: *Wir sind die Spitzenformation in der Volkstümlichen Musik.* Sie offerieren ein mindestens fünfzig Mal in mittleren und größeren Städten zu gebendes Konzert. Der Untertitel ihres Konzertes (hier mutig nachzulesen und zugleich eine Ohrfeige, eine Watschen nach solchen Hegeliaden und Diskussionen und metaphysischen Ängsten, soeben formuliert) – es steht da, ja, wirklich, es steht da am kleschenden Plakat:

Jedes Abendrot ein Gebet.

Und? Beethoven? Und sein Gebet im Wald?

Also:

Sie setzen sich jetzt am besten in ein öffentliches Verkehrsmittel.

Sie lassen sich treiben, drinnen.

Es ist Wien am späten Vormittag.

Sie haben noch alle Chancen!

47

Kalypso

Frauen und die Musik,
im Gegenlicht mit Ingeborg Bachmann

Was nun geschieht, wird sowieso nicht gern gelesen und gehört! Ist
auch fast verboten! Ist nicht jeder-Mann erlaubt zu bedenken, später
selbst am Rande nur zu beschreiben. Ist nämlich das Feld von Musik und
Frau. Und damit das Feld von „Mann" (als dem ewigen Galan und An-
führer zugleich – so meint er wenigstens) und …?

…

Aber halt. Eine Absprungbasis tut Not.
Zunächst einmal: Dieses in den kommenden schmalen Absätzen
schon eingangs bewusst Angesprochene und bald ausführlicher Be-
richtete ist etwas anderes? Die nächsten Absätze gehören, scheinbar,
gar nicht dazu?! Zum Spannungsfeld Frau-Musik-Mann?
Wozu dann?
Es handelt sich doch nur – eben „schon eingangs" – zunächst um
einen Namenshintergrund, noch dazu für einen Ort, die, alle beide, Name
und Ort, eigentlich überhaupt nicht für so einen heiklen Neu-Start zum
Spazierengehen geeignet sind? Im gegenständlichen Fall sogar mit einem
Startsignal lautend: „wieder hinein in so ein Wien & die Musik"? –

Der Mann hieß Anton Webern, früher auch Anton von Webern, je nachdem. Webern war ein idealisierender Sozialdemokrat und ein Kleinadels-
Ansprucherhebender, gleichzeitig.

Die Stadtlinie der Wiener Schnellbahn führt von der Station Rennweg, das ist so auf halber Höhe zum Arsenal und zu den Ausläufern des Belvedere-Hügels, nach dem Norden und auf einem eigenen Bahngleiskörper bergab. Dann wird sie flankiert von der Rechten und der Linken Bahngasse, dann landet man in Wien Mitte, dem Bahnhof, einem Zentrum mit geistig umkämpften Hochhäusern, Geschäften und Hotels; eines, das sowieso nie zum Zentrum geworden ist, sondern welches ein Sammelsurium aus nicht eingelösten Plänen und schlechter Architektur darstellt. Dennoch ist schon so etwas in Wien Grund genug, entweder selbst auch von allerhöchster Politiker-Ebene rüpelhaft zu schimpfen anstelle rasch aktiv zu werden oder von bürgerlich besorgter Seite Weltkulturerbschaften zu bemühen und gleich einmal den Untergang des Abendlandes wenigstens im Probestadium zu vermuten.

Egal. Anton Webern verstarb 1945. Es war einer der tragischsten Todesfälle bei den an tragischen Ableben sowieso ordentlich bedachten Spitzenkomponisten. Webern wurde irrtümlich erschossen.

Die Schnellbahn gleitet also hinab/hinauf und passiert nach einigen protzigen Häuserfronten die „Universität für Musik und Darstellende Kunst in Wien". Das heißt, sie fährt (ziemlich laut, zu laut für so eine Institution) am Rektorat und an einigen Institutsgebäuden vorbei.

Webern hat zeitlebens selbst in deren Vorgänger-Häuser (damals noch „Akademie", später dann auch „Hochschule") nicht einmal so recht hineindürfen. Von einem Studium dort oder gar einer, die Stadt selber wieder nur ehrende Lehrverpflichtung: keine Rede.

Früher war in diesen Gebäuden und Trakten und Höfen die Veterinärmedizinische Hochschule (Universität) untergebracht gewesen, einschließlich einer Tierkadaver-Erzeugungs- oder Sammelstelle.

Webern starb am 15. September 1945. In Mittersill (Oberpinzgau, Bundesland Salzburg). Nach einer Flucht mit Familie. Krank, abgemagert, ein Wrack. Vom vorhergegangenen Krieg und dem NS-Regime gezeichnet.

Die neue Musikuniversität wurde erst in den späten 90er Jahren des 2. Jahrtausends, 20. Jahrhundert, in diese frisch adaptierte „Veterinärmedizinische" (daher heute auch als Insider-Adress-Name in die „Vet-Med") teilübergeführt. Der Platz aber vor dem Haupteingang wurde zum „Anton-von-Webern-Platz", in manchen Wien-Führern und -Karten auch nur zum „Anton-Webern-Platz".

Wenigstens eine Schuld hat Wien damit ein wenig abgetragen. (Es gab weiland sogar Stimmen, die erzählten, man hätte Webern nach der

Befreiung Österreichs und zur Neugründung dieser Akademie endlich einmal doch berufen und gleich zum Rektor machen sollen/wollen. Kenner der österreichischen Musikszene nach 1945 respektive ihres damaligen konservativen, ja noch immer ziemlich faschistisch geprägten Weiterwurstelns, wiegen bei solchen Behauptungen allerdings – zu Recht – höchst skeptisch ihr Haupt.) Aber, wie gesagt, das gehört alles scheinbar gar nicht wirklich hier her, an den neuen Ausgangspunkt. –

Also doch, der Platz ist eben ein passender Ausgangspunkt für Musik + Frauen, einer der besonderen Art, weil …?

(„ … was nun geschieht ist … nicht … gern … gelesen, gehört, verboten … und so … ")

Hinter uns noch die ganz leicht heranwehende Collage aus Klangfetzen stammend aus den vielen Übungs- und Unterrichtszimmern der Uni. Vor uns ein Park, dahinter Dächer, noch weiter weg der Süd-Turm von St. Stephan.

Es sind neue Zentralgebäude für die Musik geworden (in laufender baulicher Erweiterung, denn der Zuzug ist groß, die Verehrung für solche Wiener Institutionen vor allem in Fernost bleibt aufrecht und das Musikland Österreich noch immer selbstbewusst). Drinnen haben heutige Vernünftigere und nicht mehr unbedingt derartig Vergangenheits-Belastete frische Konzert- und Festräume neu benannt: einen „Clara-Schumann-Saal" oder einen nach Fanny Mendelssohn-Hensel. Eine gute Sache. Und das passierte, Lob jetzt oder nicht?, sogar in einem der wichtigsten Wiener Kunstkomplexe überhaupt: d i e Akademie, d i e Hochschule, d i e Universität.

Das scheinbare Ausweichen, Verwirren und Namens-Erklären zu Beginn des Weges diesmal war also durchaus nicht ganz unvernünftig. Aber, mehr noch, viel mehr – denn jetzt folgen Sie mir doch bitte weiter, gnädige Frau, geehrter Herr, werte Besucherinnen und Besucher, liebe Nachspürerinnen und Nachspürer, bewunderte Mutige und alle jene, die es noch werden wollen, Ihr Wienexpeditionscorps, Ihr SindbadInnen, Märchenerlebende; und dann, noch mehr einladend: Folgen Sie mir doch bitte auch weiter, mein reizendes Fräulein?

Diesmal mag alles zu Erwartende gleich vorweg erzählt, angedeutet und al fresco beschrieben werden. Im Vorweg. Ein „Vor-Weg". Es geht nämlich über einige Gassen des 3. Bezirks, also unterhalb des Webern-Nominales, es zieht sich in den Stadtpark hinein, und wir enden dann im Naschmarkt oder ein wenig dahinter. Ja? Wirklich und auch gern? Meine Dame, meine junge Begleiterin?

Im Losmarschieren und zum Kreislauf-Wecken eine These auf den Weg mitgegeben: „Frauen und Musik", vor allem deren neuschöpfendes Komponieren, solches entspricht zwar inhaltlich ganz dem männlichen, folgt aber formal und den Absichten nach grundsätzlich anderen Kategorien. Oder? Fragen?

Oder komponieren Frauen entweder prinzipiell fast nicht, weil von den Männern einfach nicht zugelassen (nie, seit Jahrhunderten nicht, und auch heute schweren Repressionen ausgesetzt)? Oder komponieren sie anders, so, wie man („Mann") das als ein „Komponieren" erst mühevoll erkennen lernen muss? (Ein dickes Buch erschien etwa bezeichnenderweise 2001, „210 Österreichische Komponistinnen – Ein Lexikon". Niemand, der dort akribisch aufgelistet wird, spielt aber im Konzertsaal oder sonst wo auch gut präsentiert eine Rolle.)

Vielleicht ist die Sache nämlich ganz unterschiedlich?

Was ist das, eine mühevoll „erkennen zu lernende" Frauen-Musik, selbst in Wien?

Losmarschieren:

Ungargasse (gute Wirtshausgegend, außerdem: Ausgang zum ein wenig Flanieren, wenn später Zeit sein sollte, in die kleinen und oft nur ein-lassigen Plätze, in die gebogenen Gassen, man verirrt sich leicht zwischen Riesenhäusern, welche Paris imitieren, oder auf den Wegen zu jenen immer absurder werdenden alten Flaktürmen), Beatrixgasse, Landstraßer Hauptstraße (mit einer bunten und rohen Mischung aus alter Bausubstanz – Joseph Lanner hatte hier zehn Jahre lang ein Musik-Zentrum – und einem Stilgemisch der ziemlich bösen Sonderklasse).

Fast keine größeren Straßen-Gevierte Wiens haben so viele Biegungen. Der 3. Bezirk wird damit gelegentlich, bei aller Geschäftigkeit oder geschäftiger Leere, unheimlich. Und nun: Die Ingeborg Bachmann hat hier gewohnt! Hat alles verarbeitet, als Metapher herangezogen für Leben, Sterben, Irratio und heftigstes Begehren. In Musik. *Malina*, das erste, das Ouvertüre-Buch ihrer „Todesarten"-Roman-Trilogie spielt hier. Eines der besten Bücher des 20. Jahrhunderts. Ein Musik-Buch von höchsten Graden, ohne das selbst auch einzubekennen. Das „Musikbuch"-Sein nämlich. Denn es geht dort, vordergründig-scheinbar, um anderes.

Noch einmal. Wenn doch noch einmal Zeit sein sollte, dann gehen wir irgendwann auch ausführlich dem Roman nach. Das Buch in der Hand. Mit den verschiedenen Ausgaben und Textstufen. Am Weg durch die „Todesarten". Vor allem aber: im 1. Teil, „Glücklich mit Ivan" und im „Ungargassenland".

Sie wohnt in der *Ungargasse 6, Wien III,* und nennt den Ort *überall und nirgends.* Sie lässt ihr Hauptpersonarium dort logieren (und tut dabei – wissentlich, unwissentlich, hintergründig – so, als stellte sie ihre Lebenssymphonien vor). Die Welt rundum ist noch freundlich und geht dann erst in die Bedrohungen der großen und hässlichen Gebäude rund um den Bahnhof Wien-Mitte über. „Erwachen heiterer Gefühle" bis „Gewitter. Sturm". Aber *noch sind wir zwischen würdigen, verschlossenen Häusern, und erst kurz nach Ivans Haus, mit der Nummer 9 und den beiden Löwen am Tor, wird sie unruhiger, ungeordneter und planloser.* Bachmann hat die Meta-Ouverture komponiert. Ihre „Eroica", ihre „Pastorale", ihren „Freuden-Hymnus" angestimmt. Es wird so weitergehen bis zum Ende des Romans.

Neue Musik – Assoziationsmusik – Frauenmusik?

Eine kleine große Welt wird beschrieben. Diese Welt ist gegenständlich noch da, immer noch. 1 : 1. Wien ist im Buch aber auch Spiegel der Seele. In der Hast geht es sofort mit ihr und diesem geliebten Schnösel Ivan und immer mit der Malina-Figur im Nacken über die Wiener Boulevards. In der Einsamkeit sitzt sie in alten Wiener Wohnungen. Immer von Musik umgeben, von Musikfetzen vor allem, von Assoziationen mit und über Musik, ja, mehr noch, umgeben von musikstrukturell Geschriebenem.

Wir wandern und fahren jetzt doch ein wenig mehr durch die Stadt, intensiver, nachvollziehender und noch allemal mit der Ingeborg Bachmann und mit der „Malina"-Figur, dieser ihrer Gegenwelt auch, diesem ihrem Doppelgänger, der Wien-Gestalt ex negativo. Wir rekapitulieren. Wir fürchten uns mit ihr, jubeln mit ihr? Wir singen auch uns und einander vor; und wir wissen dann warum, wissen, dass alles in dem Buch „komponiert" worden ist. Ja, richtig komponiert sogar, wie man eine Partitur schreibt, mit Aufbau und Form, mit Durchführung und Bezugnahmen, mit riesigen und die „Partitur" zusammenhaltenden Bögen, wie die Klassiker das gemacht haben, wie Schönberg. (So Bachmann auch selbst sich doch einmal erklärend, ihr Tun zugebend.) So eine „Partitur" kann vor allem im Gehen nachverfolgt werden. Mit Dutzenden von Beethoven-Anspielungen, mit „Tristan"-Zitaten gleichviel eingemischt den frühen Gedichten von Paul Celan und von anderen. Mit E. T. A. Hoffmann, Romantik-Opern, Schubert, mit Gassenhauern.

Weiter.

Schlau führt uns die Dichterin, Komponistin und Frauenmusik-Frau durch den Bezirk und an den Hotels und am Belvedere vorbei. Der Eislaufverein, das Ankommen aus verschiedenen Seiten, aus dem Dritten

Bezirk … (wir würden noch sagen, ein paar Jahrzehnte nach der Nieder-schrift des Romans, sie hat „die Universität für Musik am Webern-Platz im Rücken und ein bisschen drohend über ihr und uns, den Wandern-den, am Himmel.") Dann, Stadtpark! (Der Ort mit den meisten Musiker-Büsten und -Denkmälern in Wien). Aus dem Glück und der Heroik à la Beethoven tritt der Narr, die Fratze, der Zerrspiegel. Schönberg und sein brutaler Expressionismus (übrigens – Wienerisch gesagt – alles wurde situiert „gleich um's Eck vom" Schönberg-Center heute). *Aber in diesem Stadtpark, über dem für mich ein kalkweißer Pierrot mit überschnap-pender Stimme angetönt hat, „O alter Duft aus Märchenzeit", wir kom-men höchstens zehn Mal im Jahr.* Im eigenen-fremden Klang geht sie weiter, durch das *Magnetfeld Freyung – Graben – Nationalbibliothek – Lobkowitzplatz – Am Hof.* Und wieder, oft, sehr oft in dem Buch, ist es komponiert wie zuvor geschildert: Spannungsaufbau, die heroische Seite von Mensch und Musik (die *Eroica* erlebte im Palais Lobkowitz eine ihrer ersten Ur-Aufführungen, die damals wegweisendste auf jeden Fall); dann der Zusammenbruch in der Komposition des Textes gleich einem Zusammenbruch einer musikalischen Fraktur, egal welchen Stils. *Wenn ich einbiege in meinen Bezirk … es ist nicht wie mit dem Krank-sein an der Zeit … mein Blutdruck steigt … zugleich lässt die Span-nung nach, der Krampf, der mich in fremden Gegenden befällt.*

Und es geht noch weiter. Viel weiter. Auf jenem Wien-Verkehrsarm, auf dem früher, vor dem Bau der U-Bahn, viele Straßenbahngarnituren geführt worden sind. Alle damals mit der Nummer „2" im Linienverzeich-nis. „Zweierlinie" heißt die Gegend noch heute. In den Stadtpark mit dem „Pierrot lunaire" Arnold Schönbergs und Albert Girauds, er liegt auf der einen Seite. Der Schwarzenbergplatz mit dem neuen Schönberg-Center, der erstreckt sich auf der anderen. Doch das ist eine fernere Ge-schichte, noch. Geduld. Jetzt hastet sie erst einmal dahin, die „*ich*", die Ingeborg B. Von und in Musik zwischen „Eroica"-Variationen und dem Freuden-Hymnus aus Beethovens Neunter umspült.

Mithasten.

… Tochter aus Elysium, wir betreten, feuertrunken … wem der große Wurf gelungen … Freude trinken alles Wesen an den Brüsten der Natur … und der Cherub steht vor Gott …

Malina offeriert auch eine intime Teil-Topographie Wiens. (Die sonstigen Roman-Fragmente streckenweise auch; anhand derer ist es aber schwieriger für einen individuellen und tatsächlich ab-marschierenden und dann nach-gelaufenen Nachvollzug.)

Verehrteste, meine Damen und Herren, liebste BesucherInnen und NachvollzieherInnen, mein schönes Fräulein …, nicht schrecken, nicht fürchten, Wien ist immer wieder anders, das Double „Wienmusik und Frauen" überhaupt ganz anders.

Wir haben im Buch weiterlesend nun jene Leere hinter uns gebracht, die Wien ausstrahlen kann, wenn es strahlt. Im Juli und im August, in der Hitze der Straßen.

Die „Frauen-Musik" als bloß assoziativ schildernde, aber im Bau, in Konstruktion wie Komposition mittels absoluter Notenwerte, höchst ähnlich, geht in eine negative Stretta des 1.Teils hinein. Aus der nunmehrigen Ödnis, die dort herrscht, wo die besuchten Plätze gewesen sind, die Musik-Orte, flüchtet sie an die Donau, Musiksymbol und Ewigkeitssymbol, beide negativ gefasst. *Vermählt … mit meinem Körper … der sich nur noch bewegt in einem ständigen, sanften, schmerzlichen Gekreuzigtsein.* Noch einmal erfolgt der Hinweis auf die weiland in Beethoven, im Heros und in der Freude, gebetteten Erlebnisse, Reprise also und Variation und klassisch entwickelte Form. *Um drei Uhr früh an das Tor der Ungargasse 9 gelehnt, mit den Löwenköpfen … Nummer 9 in meiner Passion.* Die Musik-Collage hat ausgespielt. Sie war Kompositionsmittel im quasi 1. Satz des *Malina*-Buches. *Den Weg meiner Passionsgeschichte vor Augen … Wien schweigt.*

Die Frauen-Musik ist auch eine der Stille. Wien ist anders.

Die Frauen-Musik ist anders.

Nach dieser Vermischung aus der „Freuden"-Ode, diesem ersten Symphonie-Monster der Weltgeschichte einschließlich seiner unabsehbaren Folgen bis heute, mit den kargen Passionen aus der Musik-Historie, und mögen diese Leidenswege auch noch so ausmalend und großflächig gestaltet worden sein, nun im Weg durch die Angstträume, im Teil 2 von *Malina,* genannt „Der dritte Mann" (ohne dabei den Film oder die holzschnitthafte Gegenwelt Wiens nach 1945 zu meinen. Oder doch?). Der Mix-Up ist wirklich nicht ohne.

Wieder Paul Celan und andere Dichter. Wieder Mahler oder falsche Romantiker. Radiomusik. Kitsch. Choräle der Betrunkenen. Angst. Gebär-Sucht. Inzest. Konzentrationslager. Der „Tristan".

Das Angstbild vom leeren Gebäude steigt blasengleich nach oben. Es ist das beinahe schon „klassisch" zu nennende Angst-Bild vom leeren Kunst-Gebäude. Sigmund Freud hat ihm in seiner „Traumdeutung" breite-

ren Raum gegeben. Die leere Oper, das verlassene Haus mit all den Un-
heimlichkeiten, das fremde Gebäude, der Saal, wo man nicht weiß, ob
und wer ihn besetzt hat. Der quasi 2. Satz des *Malina*-Buches hat die
Form einer Suite oder von kürzeren Inventionen mit Variations-Charakter.
Die Vorbilder sind auch hier verblüffend (aber kaum locker und spontan
zu eruieren). Dann aber sind die Verbindungen und Vorlagen da: Alban
Berg und der Bau seiner Opern, auch Schönberg wiederum, Wagner,
große romantische Schreckensoper, die Klassiker. *In der großen Oper
meines Vaters … dann singe ich wirklich, aber etwas aus einer anderen
Oper, und in das leere Haus höre ich auch meine Stimme hinausklingen.*
Tristan & Isolde, das Liebesduett kommt klangfetzenhaft daher. Bachmann
vermischt die Akt-Zitate, kommt rasch zum Höhepunkt. *„So stürben wir,
um ungetrennt …"*, sie stürzt im Eigen-Liebestod mit dieser tönenden
Klage *in den Orchesterraum, in dem kein Orchester mehr ist.* Denn ein
musikalischer Absturz in realen Bildern vollzieht sich wieder und wieder.
Die Dialektik von musikalischer Konstruktion und assoziativem Sinnenein-
druck bleibt gewahrt. *Ich habe die Aufführung gerettet, aber ich liege mit
gebrochenem Genick zwischen den verlassenen Pulten und Stühlen.*

Doch auch das ist eine noch fernere Geschichte. Das in der Oper
und mit dem „Tristan". Geduld bitte abermals.

Zuerst kommt die Zielgerade der Existenz. Sie *(„Ich")* erkennt sich als
Salome und Jochanaan zugleich. Nachvollziehen. Nachlaufen. Begleiten
Sie uns also jetzt in's Sacher-Restaurant? Ja, schon richtig, in das gleich
hinter der Oper gelegene, das vom legendären Kaiserreich-Hotel, man
könnte aus dem Opern-Schnürboden sich Tarzan-ähnlich (seine jewei-
lige Jane im starken Arm) direkt in dessen Zimmerfluchten schwingen,
hinein in d i e Nobel-Herberge oder auch (Wienerisch böse) Nobel-Ab-
steige unserer Welt schlechthin!

*… ich gehe plötzlich zurück … ich kann essen, es war nur einen Mo-
ment lang nicht auszuhalten … Henkersmahlzeit …. ein Tafelspitz mit
Apfelkren und einer Schnittlauchsauce.* 3. Satz / 3. Akt / 3. Teil, wie auch
immer: Die Frauen-Musik streicht über ein laszives Scherzo in einen großen Abgesang hinein, in ein Lamento des Verlassens, des Auslöschens,
des Mordens, des Selbstmordes. Zunächst wird neben vielem anderen
Musikassoziativen die Salome-Jochanaan-Szene aus der Richard Strauss-
Oper zitiert und für sich selbst reklamiert. *Und so ist es, bevor einem der
Kopf abgeschlagen wird.* Und der Schluß-Teil des Romans besteht nur
mehr aus einem Musik-Puzzle, zusammengehalten mittels Rezitativen ent-
nommen der halben Musikhistorie. Die Form ist auch jene eines Bogens

voll Bezugnahmen auf den Beginn. Die Komposition einer Sonaten-Durchführung in Opernszenen. *Mein Kopf rollt im Restaurant Sacher auf den Teller, das Blut spritzt über das blütenweiße Damasttischtuch, mein Kopf ist gefallen und wird den Gästen gezeigt.* Denn im 3. Teil, meine sehr geehrten Damen und Herren, wird überhaupt alles zur Oper. Im Roman. Wie in Wien manchmal ja üblich und nicht weiter auffallend. Aufgegeilt zunächst. Alle Dialoge sind auskomponiert. Außerdem landen wir dann finalisierend schon wieder beim Wien-Fluß und auf den Wiesen und unter den vielarmigen Bäumen, genau wie zuvor und alles nächtlich durchstreift. Es ist plötzlich eine Kürzest-Abstraktion des „Pierrot lunaire".

Die Musik reduziert sich selbst, ist sie der „Abschieds-Symphonie" entlehnt?, reduziert sich auf wenige Stimmen, dann nur noch auf eine oder ein kleines Duett. Malina und sie, einander die Musikfetzen von zu Beginn wie Bälle zuwerfend. Er *spielt und spricht halb und singt nur hörbar für mich: „All meinen Unmut geb ich preis; in träum hinaus in selge Weiten … O alter Duft aus Märchenzeit!"* Schlussverlauf, Reminiszenzen. Sie gehen im Dunklen durch den Stadtpark. Zurück. Die Heimkehr als Nie-Wiederkehr. Die einzelnen Gesänge und Texte aus dem Schönberg'schen „Pierrot lunaire" werden zur verdichteten Collage. Im Park *in dem die finsteren schwarzen Riesenfalter kreisen und die Akkorde stärker zu hören sind unter dem kranken Mond.* Frauen-Musik in der Stille der Seelen, Frauen-Musik als stetes und vor allem selbstverletztes Rekapitulieren der männlich formulierten Klänge und Strukturen. Es ist der grapschend-geifernde Narr vor und mit der Undine. *Es ist wieder der Wein im Park, den man mit Augen trinkt, es ist wieder die Seerose, die als Boot dient, es ist wieder das Heimweh und eine Parodie, eine Gemeinheit und die Serenade vor dem Heimkommen.*

Und, darf ich jetzt noch weiter bitten, liebe Suchende und Liebende und Verwunderte? Wieder aus der Bachmann-Musik-Welt?

Hinaus auf die Ringstraße! Oskar-Kokoschka-Platz. Das seltsam-verwirrende „MAK", das Museum für alle „Angewandten Künste". Anschauen, wenn einmal Zeit sein sollte. Und die sollte sein. Schräg nach rechts hinüber ein Abstecher. Postsparkassengebäude und schlackenreiner sauberer Wiener Jugendstil. Links das Café, es heißt „Prückel" und ist schlackenreiner Nachkriegsstil. Dann der so genannte Schubert-Ring (wundervoll parallel begleitet von einer Hegel-! und einer Schelling-! und einer Fichte-!-Gasse). Die Opern-Passage mit Opern-Klo, mit einem „Way für die Stars", dem so genannten „Walk of Fame", der „Musik-

Meile-Wien", mit Klassiker-Beschallung über einer Masse an Drogensüchtigen, also über den wirklich Erniedrigten und Beleidigten (später!),
jetzt durchgetaucht zur Sezession und zum Theater an der Wien.
Und überall dort bleiben wir auch gar nicht stehen, meine Lieben,
meine sehr verehrten Damen und Herren, mein hochgeachtetes Fräulein.
Das sind auch alle ja noch fernere Geschichten. Kommen schon bald
dran, in einer Wiener Walpurgisnacht vielleicht. Geduld.
Schau'n Sie vielmehr. Die alte Frau, da am Naschmarkt-Anfang zwi-
schen den Fischständen. Besoffen, in fetziger Kleidung. Schön ist die
Frau dennoch. Sie verzieht den Mund. Sie singt schon die ganze Zeit,
leise vor sich hingrölend.
Wiener Blut vom Strauß?
Das Veilchen vom Mozart?
Was kann der Sigismund dafür, daß er so schön ist? vom Benatzky?
Ein spätes Frühstück genehmigen wir uns jetzt? Gegen Alk-Kater und
Muskel-Katze. Nicht nur Tee und Brot und Butter. Woher. Hammel! Nie-
ren! Heringsalat! Salbei. In Weinblätter eingewickelter Reis. In Krensud
getauchter Reis. Oliven. Die besten eingelegten Gurken der Welt. Ge-
trocknetes Ziegenfleisch. Herumstreunende Katzen werden mit den harten und nicht mehr zu zerkauenden Stücken (den „Flaxen") gefüttert. Ein
Seidl in einem Naschmarkt-Café. Es bieten sich einige an (die Seidln wie
die Cafés; offener Geheimtipp: Café Drechsler, Linke Wienzeile). Ganz
vorne schon zum West-Ende hin, am so genannten Bauernmarkt und vor
dem größten Floh-Markt Mitteleuropas, sei auch aus den offerierten
Dopplern gekostet. Mut, meine Herrschaften! Alles gut und klar und rein.
Nicht schrecken vor den sonstigen herumstehenden, lallenden, sich
selbst zuredenden Profi-Trinkern. Und da drüben, wo jetzt die Stadt sich
ein wenig in den 6. Bezirk hochzieht, waren einst ganz tolle Etablissements. Der Mozart hat drinnen ja immerhin seine besten Klavierkonzerte
uraufgeführt. Dann hat man in diesem „Laimgruben"-Viertel noch Wienerlieder erdacht und gesungen wie sonst höchstens auf ein paar aus-
gesuchten anderen Plätzen in dieser Stadt. Aber es geht auch in den
nächsten drei Zeilen stets um Mädchen und Bub, klar doch:
    … auf der Laimgrub'm und auf da Wiedn,
    hullihulliretulliöh, hullihulliretulliöh,
    da sind die Gusto doch recht verschieden …
    Hinter Ihnen: das Freihausviertel. Nichts erinnert jetzt mehr an früher,
auch wenn es endlich vitalisiert wird, als Docklands im Kleinen und so.
Gluck und Vivaldi und Sibelius haben am Rand des Blocks gelebt. Und

außerdem! Dort stand es vor mehr als zwei Jahrhunderten, zwischen den Innenhöfen, es, das „Zauberflöten"-Premieren-Theater!

… Mann und Weib und Weib und Mann,
reichen an die Gottheit an …

Auch in dieser angeblich naiven oder pseudobruderschaftlichen Oper werden die Typisierungen von den Männern (Softies und Machos und gerissene lebensgierige Naturburschen), aber auch von Frauen wieder einmal (endgültig?) niedergelegt, dargeboten. Sie, d a s Weib (in der Einzahl): Furie und Jungfer. Sie, d i e Frau (in der Mehrzahl): ein Verführerinnen-Klub. Sonst (allgemein und männlich erwünscht): geiles Schmusekätzchen mit Muttertrieb.

Ja, mein Fräulein. So redet man auch in Wien. Gerade in der Stadt der universitären wissenschaftlichen Frauenmusik-Projekte sonder Zahl. Dort, wo es noch mehr Bilder von halb-nackten Frauen (Zigeunerinnen und Mädelchens vor dem Verführungsakt) genagelt über die ehelichen Schlafzimmer-Bettkisten in Kleinbürgerhaushalten gibt als sonst wo. In einer Stadt, wo man durchaus auch gern die etwas breiter wiegenden Hüften des angeblich schwachen Geschlechts besingt. Wo eine Operette geschrieben wurde, in welcher schon in der Hochzeitsnacht betrogen wird, in der die Frauen als entweder frigid oder als arm-gierig geschildert sind, in der schlussendlich die einzig „menschlich, natürlich?, Handelnde und Empfindende" mit einem imaginären Fußtritt aus der Szene entfernt wird. „Ein Walzertraum", so heißt die Operette euphemistisch, eine, die noch das eigene und dann das nachfolgende 20. Jahrhundert schon an dessen Schwelle nachhaltig inhaltlich-musikalisch geprägt hat. Ein Bühnenstück mit Wien-Welt-Anspruch, ein besonderes, in dem, herzzerreißend, „Mann und Weib und Weib und Mann", kaum haben sie einander bloß für Sekunden neu- und erst-erkannt, zum Singen anheben.

… leise ganz leise, klingt's durch den Raum,
zärtliche Weise …
… Frühlingsverlangen, Glück ohne Ruh' …
… einmal noch beben, eh' es vorbei,
einmal noch leben, lieben im Mai!

Drüben fährt ein Leichenwagen das Wiental hinauf. Nicht hinschauen jetzt! Es zahlt sich nicht aus. Die Stadt der Musik ist auch die vom Über-Drüber, ist auch die von der Todesangst und von der höchst lebendigen Alma Mahler, dieser Säulenheiligen, die überhaupt nicht komponieren hat können, die aber allen Leuten damit auf die Nerven gefallen ist, denn ihr erster Mann, Gustav, der hätte es ihr eifersüchtig-schnöde verboten. Unsinn! Nicht einen Ton hat sie weiterschreiben können, einen, der einem solchen „Mann und Weib" und der dieser „Laimgrub'm" und dem „einmal noch ..." auch nur das Wasser hätte reichen können. Meine Herrschaften, mein liebes junges Fräulein. Die Musik der Frauen, von den Frauen, aus den Frauen ist anders. Nur, das wollen sie ja selbst nicht und nie hören. Die Damen und Fräuleins und Frauen und wie man sonst nicht mehr sagen darf. Sie machen dann Kopien von Männermusik und beschweren sich, dass niemand solche Kopien mag.

Frauen haben, machen, sind, anders Musik. Männer führen Kriege mit ihr. Frauen holen sie, die Musik, in ihre Höhlen?

Einspruch. Jaja, Schluss des 20. und Beginn des 21. Jahrhunderts. Sogar in Wien ist es doch besser geworden mit der ewigen Wunde namens „Musik & Frauen". Tolle Typen tauchen auf. Hervorragende Schreibende. Wir werden und wollen weiter nur sehen und hören. Und Frauenmusik-Festivals haben wir hier in Wien jetzt doch auch schon? Immerhin.

Aber, keine Sorge. Der Leichenwagen (d e r Leichenwagen ... der Kunst?) ist schon längst vorüber. Hinaufschauen. Hinauf und hinein. Da in die Jugendstil-Häuser. Sie zählen zu den berühmtesten Gebäuden überhaupt. Oben hocken zwei Riesen-Dämonen à la Notre Dame auf der Kante. Der eine hält sich die Teufelsohren zu. Der andere schreit aufgerissenen Rachens 24 Stunden lang jeden Tag über den Naschmarkt in die Gegend. Und was schreit er?

Keine Ahnung.

Wie bitte? Er tut es doch!

Singt er bloß Franz Lehár? Aus der „Lustigen Witwe"? Grölt den legendären Refrain? Nicht schwer sich zu merken, jenen Text, nicht wahr, die Damen?

Weiber, Weiber, Weiber, Weiber, Weiber, Weiber, Weiber, Weiber. Weiber, Weiber, Weiber, Weiber, Weiber, Weiber. Ahhhhh!

Oder vom Alban Berg, aus dem „Lied der Lulu"?

Wenn sich die Menschen um meinetwegen umgebracht haben, so setzt das meinen Wert nicht herab.

Oder, weil er, der Dämon, so hinüber in's „Ungargassenland" schaut und brüllt, hat er nicht schon wieder mit der verstörten Bachmann eine Antwort versucht?

... du sollst ja nicht weinen, sagt eine Musik ... sonst sagt niemand etwas ...

61

Das nächste Schönbergkonzert.

(Zeichnung von Franz Wacik.)

„Pſt! Wer murrt, ziſcht, pfeift, ſchreit, Bauchweh kriegt, oder gar in Ohnmacht fällt, wird arretiert!

Reinigung
&
Abstraktion?

Schönberg und „Ein Österreicher namens Schmidt"

Arnold Schönberg wird am 13. September 1874 in Wien geboren. Und er wird hier (nur hier?) die lange Tradition im Kreativen und Konservativ-Revolutionären fortsetzen wie kaum sonst jemand während seiner Lebenszeit (oder danach oder sogar auch davor).

Das Gründerzeit-Gebäude steht noch. Es gibt zwar in Wien viele Gedenkstätten, Erinnerungstafeln, Denkmäler und museal reaktivierte Künstler-Wohnungen. Stehen gebliebene oder anschaubare Geburtshäuser sind seltener. Schon deswegen, weil viele „Wiener Komponisten" gar nicht aus Wien stammen.

2. Bezirk, Leopoldstadt (damals lebte fast die Hälfte der Wiener jüdischen Bevölkerung in diesem Bereich zwischen Donau und Donaukanal). Sie hieß die „Mazzesinsel" oder – noch schärfer von Joseph Roth tituliert – „ein freiwilliges Ghetto". Der besondere Weg führt diesmal von hier, Obere Donaustraße 5 im „Zweiten", bis zum so genannten Palais Fanto am Schwarzenbergplatz, Eingang Zaunergasse 1–3, situiert im „Dritten". Aber es ist keine geradlinige Strecke zwischen der ehemaligen Wiener Vorstadt (Schönbergs Geburtshaus hieß damals noch „Brigittenau 393") und jenem etwas protzigen Gebäude mit viel Marmor innen und ein bisschen etwas schon von der Art Nouveau draußen, beherbergend in der Belle Etage die sich selbst so bezeichnende „Arnold-Schönberg-Center-Privatstiftung".

An diesem besonderen Pfad liegen auch Tücken und Fallen, Ausweichen, Sonder-Erzählungen, Abwege, Todesdrohungen.

Der Weg beginnt also unterhalb des musikhistorisch so wichtigen Augartens. Er sollte dann, vorerst und selbersuchend, auch sich dabei verirrend und sich herumdrehend, kreuz und quer und tatsächlich irgendwie auf und ab durch den Bezirk weiterlaufen. Adambergergasse 5 (ehemals Theresiengasse), Taborstraße 48 und 32, Große Stadtgutstraße 10, Kleine Pfarrgasse 31, Leopoldsgasse 9, alles seine Wohn-, Geschäfts- und Schuladressen. Wenig erinnert heute noch an die „Grätzeln" einst mit Kleinhandel und gewährtem Wirtschaftsliberalismus auch für „Ostjuden". Schönbergs Eltern sind mütterlicherseits aus Prag gebürtig, väterlicherseits aus Pressburg (Schönberg wird nach dem Zusammenbruch der Monarchie zunächst Staatsbürger der Tschechoslowakei bleiben, was ihm möglicherweise bei späteren Pass- und Ausreise-Anträgen sogar das Leben rettet). Die Familie wächst. Kleine Bürgerlichkeit ohne viel Musikumgebung. Arnold Schönberg, zuerst vier Jahre lang Bankangestellter, eignet sich mühevoll, mit Lexika und vor Dilettantenorchestern, beim versuchten Kammermusizieren und als Dirigent von Arbeitersingvereinen, musikalische Grundbegriffe und Praktiken an. Ab seinem 23. Lebensjahr werden seine Kompositionen auch öffentlich aufgeführt. Ein mühevoller, ein zäher Weg, gepflastert mit Ablehnungen und sogar wüsten Beleidigungen aus der Wiener orthodoxen Musiköffentlichkeit und ihrer erstarrten Kunstkritik. –

Zwischenschnitt: „Ein Österreicher namens Schmidt" (1. Folge) 1874, Franz Schmidt wird in Pressburg geboren. Kleine bürgerlich-abgleitende Welt. Früher Klavier- und Musikunterricht. Als Pflegekind nach Wien gebracht und von dort in das zwischen Wien und Mödling liegende Perchtoldsdorf (beinahe nachbarlich zu dem hier gerade logierenden Hugo Wolf) gekommen. Fabulöse und spontane musikalische Fertigkeiten. Akademie-Unterricht. Bald ein Wiener Philharmoniker. –

Der Weg führt nun in den 9. Bezirk, zuerst Porzellangasse 53. Es war 1901. Schönberg hatte die Schwester des Tonsetzers und Dirigenten Alexander Zemlinsky, Mathilde, geheiratet (und ihr im ersten Aufwallen die „Verklärte Nacht" zu-komponiert), er war auch zum protestantischen Glauben konvertiert, hatte beim Schwager gründlich komponieren gelernt, war in wenigen Jahren zum Enfant terrible der Wiener Musikszene geworden. Dann erster Berlin-Aufenthalt, Musik-Fron, Enttäuschungen, retour. Wieder ein Logis im „Neunten", ganz in der Nähe, Liechtensteinstraße 68/70. Hier werden die Grenzen der Tonalität gesucht, gefunden, überschritten. Die privaten und künstlerischen Krisen durchlebt. Die ersten Star-Schüler (vor allem Berg und Webern) unterrichtet.

Arnold Schönberg sowohl im Inneren Wien (die Donaukanal-Gegend und die Schubert/Doderer/Freud-Gegend) als auch im Süden der Stadt (Payerbach an der Rax etwa oder immer wieder Mödling), an ihn sei auf diesen Wegen und zwischen dem Häuserbesuch ein wenig genauer einordnend erinnert: Er war nämlich einer der wichtigsten Menschen des 20. Jahrhunderts. Zuerst Spätromantiker, dann Orthodoxie-Zertrümmerer auf der Basis der Orthodoxie, alles in der festen Meinung, der „deutschen Musik" damit nur wieder eine Vormachtstellung weltweit und sowieso für mindestens „neuerliche 100 Jahre gesichert" zu haben. Ein Expressionist wie sonst am ehesten noch der Maler Kandinsky. Ein Verweigerer (der gegenständlichen und plappernden Musik) ebenso wie jene malenden Verweigerer des leer gewordenen Gegenständlichen rund um ihn. Ein Herrschsüchtiger. Ein Ton-Meister. Ein (so hässlich und falsch das Wort auch ist) „Atonaler", erst mit knapp fünfzig Jahren ein selbsterfundener Dodekaphonist und das als Konsequenz aus sich und aus der Geschichte der Musik heraus (und nicht etwa aus dem Prinzip eines permanenten, aber dafür prinzipiellen Widerspruchs), dann abermals tonal komponierend, Mischstile. Ein höchst von sich persönlich eingenommener Maler, Schriftsteller, Theoretiker, Lehrer. Ein Gott-Sucher, welcher sich diesem „Gott" aber als ziemlich gleichberechtigt gegenüber vorkommt. Ein Theoretiker und gefürchteter Lehrer, der wie ein Guru oder ein altgriechischer Philosophenschulen-Tyrann seine Schüler oft lebenslang an sich gebunden hält, vielfach auch als Ver- und Zerstörer. Ein Suchender in und mit allen möglichen Formen für Aufführungspraxis von älterer und neuer und vor allem eigener Musik. Als Komponist eine integrative Welt-Persönlichkeit mit heftigen Auswirkungen bis in's 3. Jahrtausend, und dennoch nicht vergleich- oder messbar, auch nicht mit Debussy, schon gar nicht mit Strauss, oder mit Strawinsky, Bartók, Prokofieff, Schostakowitsch, Janáček, Hindemith. Nach Schönberg ist eine so genannte NEUE MUSIK ohne ihn nicht denkbar. –

Zwischenschnitt: „Ein Österreicher namens Schmidt" (2. Folge)

Franz Schmidt hat in einer selbst so bezeichneten „Autobiographischen Skizze" seine ersten rund dreißig Lebensjahre beschrieben, dabei einen recht einseitig-humpelnden Bericht über seine Buben-, Lehr- und Orchester-Jahre gegeben und es sich gleichzeitig verbeten, mehr über sein Leben zu recherchieren und dann auch noch zu veröffentlichen. Andererseits durfte er nicht erwarten, als ein später tatsächlich führender

und sowieso immer mehr öffentlichkeits-geiler österreichischer Komponist und ausübender Musiker diesbezüglich respektiert zu werden. Also
existiert eine Reihe von biographischen Abrissen und Studien zu Franz
Schmidt. Es geht dem Franz Schmidt in seiner Eigensicht dort aber vor
allem um die Ausbildung eines musikalisch ungemein vielfach begabten
Knaben, um seine Pubertätsprobleme, um eine Violoncello-Karriere mit
Opern- und Philharmoniker-Diensten, um Gustav Mahler als bekämpfte
und ihn zugleich prägende Gestalt; es ist über Schmidts Anfänge als
Komponist von Kammer-, Klavier- oder Orgelmusik, von spätestromanti-
scher Symphonik oder vom ersten Opern-Schreiben nachzulesen. –

Schönberg gab nach seinen ersten Lehrer-Erfahrungen eine eigene
„Harmonielehre" heraus („Dieses Buch habe ich von meinen Schülern
gelernt"). Er unterrichtete auch an der vor allem sozio-avantgardistischen
„Schwarzwald-Schule". 1904 hat er die „Vereinigung schaffender Ton-
künstler" gegründet (Ehrenpräsident: sein etwas an ihm schon verzwei-
felnder Mentor Gustav Mahler). 1907 wird von einem philharmonischen
Ensemble unter der Leitung von Arnold Rosé (dem damaligen Wider-
sacher des Herrn Schmidt) Schönbergs „Erste Kammersymphonie" uraufgeführt, 1909 komponiert er die erste Sammlung von Klavierstücken
und 1912, nach Beendigung des größten Monster-Werkes für den herkömmlichen Konzertbetrieb bis heute, den „Gurreliedern", den Zyklus
„Pierrot lunaire". Alle drei sind, neben anderen Orchester- und Vokal-
werken sowie neben höchst ungewöhnlicher Kammermusik, Meilen-
steine für die Neue Musik des 20. Jahrhunderts gewesen, ja überhaupt
für die Entwicklung dieser Kunst in ihrer Auflösung aller bisher als fest-
gefügt angesehener Grenzen vor allem der Harmonik, ja ihrer gesamten
Tonalität, ja sogar der Künste an sich.

Dann wieder Berlin, Weltkrieg, viel Unterricht überall, ein darbendes
Leben, sehr oft. 1918 die Gründung des „Vereins für musikalische
Privataufführungen", eine Sternstunde für die Musik-Praxis des 20. Jahr-
hunderts. –

Zwischenschnitt: „Ein Österreicher namens Schmidt" (3. Folge)

Er wurde Wiener Akademie-Lehrer und gar Rektor dort. (Weder
Schönberg noch Berg noch Webern, auch nicht Schreker oder Korngold
oder Zemlinsky, oder gar ein Ernst Krenek, auch nicht die späteren
Hollywood-Größen wie Max Steiner oder Franz Waxman, auch nicht …
mehrere Dutzend andere …, hätten damals je die Chance gehabt, in diesem Haus, etwa in den 20er Jahren und ein bisschen darüber hinaus,
auch nur einen schlichten bescheidenen Lehrauftrag zu bekommen; aber

es kam auch nicht jemand aus der sozusagen akzeptierten Gegenwelt in Frage, Oskar Straus oder Ralph Benatzky oder Robert Stolz oder auch bloß irgendwer, der zwischenzeitlich, aber mit späterer Welt-Auswirkung schon mit Filmmusik zu experimentieren begonnen hatte. Österreich war so reich an Musikern, dass es locker-ideologisch verzichtete. Zum allerhöchsten eigenen Schaden.) Er, Schmidt, hat – Kompliment – aber dort, an der größten Akademie der Welt immerhin, den „Pierrot lunaire" zur Aufführung bringen lassen.

Schmidt graduierte sich dennoch mit verbissenem Eifer selbst zu einer der prägenden und einflussreichen Musik-Persönlichkeiten Wiens in der Zwischenkriegszeit, mehr noch und besser und wirkungsvoller als seine „Konkurrenten im Herkömmlichen", als Joseph Marx zum Beispiel. Man machte ihn rasch zum Meister-Professor und Meisterklassen-Tyrannen. „Seine Magnifizenz Prof. Dr. h. c. Franz Schmidt" entwickelte sich zu einer Ständestaat-Prototype von Graden und Krampf. –

Wieder am anderen Weg quer durch Wien: Jetzt in den 13. Bezirk, Hietzinger Hauptstraße 113 (für eineinhalb Jahre), Schönberg wird nach einer Privat-Affäre zum expressionistischen Maler. (Richard Gerstl, der mindestens Schiele-Ebenbürtige, hatte mit Schönbergs Frau ein Verhältnis gehabt und sich danach umgebracht.)

Berlin. Dann wieder im „Dreizehnten" (Ober St. Veit, Gloriettegasse). Sodann, bis 1917, wie im Kreis zurück-gewohnt, 9. Bezirk und Alser Straße 32, 3. Bezirk und Rechte Bahngasse 10.

Ab 1918 Mödling, Bernhardgasse 6, die Stadt und das Haus werden durch ihn auch zum Treffpunkt für die Avantgarde Europas (nebenbei – endlich – ausgedehntere Konzert- oder sogar Urlaubs-Reisen). Schließlich (und auch wieder überhaupt nicht schlussendlich) 1925 Berlin, zum dritten Mal. Endgültig? – beinahe. Er schreibt bis dahin Oratorien, Vokalmusik und textlich heute kaum mehr erträgliche Monodrame, Orchesterstücke (sozusagen damit den österreichischen Jugendstil musikexpressionistisch zu Fall bringend). Wieder entstehen grenzmarkierende Klavierstücke und Kammermusik (bald alles auf der neuen Basis einer „Methode der Komposition mit zwölf nur aufeinander bezogenen Tönen", formuliert erstmals 1921). 1924, nach dem Tod von Mathilde, sehr bald eine zweite Heirat (mit Gertrud Kolisch, Schwester des Geigers und Kammermusikers und Uraufführenden von viel Neuer Musik dieser sich langsam herauskristallisierenden II. Wiener Schule, Rudolf Kolisch).

Aber eben 1925: eine Berufung zum Kompositionslehrer der Meisterklasse für Musik an die Preußische Akademie der Künste in Berlin (und als Nachfolger Ferruccio Busonis). –

Zwischenschnitt: „Ein Österreicher namens Schmidt" (4. Folge) Er erfährt viel privates Unglück, hat viele Affären, komponiert in den überbrachten Genres: Symphonien (als letzter großer Österreich-Symphoniker in einer beinahe schon 200 Jahre alten Tradition), Opern („mit so viel Musik in mir"), Kammermusik (und dort vor allem als ein Sonderfall eines österreichischen Impressionisten), viel Orgelmusik (als Triumph seines Willens). Seine Vierte Symphonie verfasst er auch als Requiem für die Anfang der 30er Jahre verstorbene Tochter. Es wird darin in krauser Weise noch einmal die ganze deutsch-romantische Symphonie-Tradition zum Leben erweckt. (Das an sich originelle Kopf-Thema, vorzutragen wie ein „Jenseitsruf" und aus der Solo-Trompete – wie bei Mahlers Fünfter? –, ist ein „Tristan"-Abklatsch. Für viele Schmidt-Adoranten bis heute – und es gibt sie als große verschworene Gemeinde weiterhin üppig – ist eine Aufführung des 40-Minuten-Stückes so etwas wie ein Gottesdienst. Ja, übrigens, Alban Berg komponierte wenig später, er damals allerdings aus Wien mehr oder weniger schon vertrieben und in Kärnten dahinvegetierend, sein Violinkonzert, auch ein Requiem, auch eines für eine eben verstorbene junge Frau, eines für die Alma-Mahler-Tochter Manon Gropius, für den „Engel", und – er schrieb es doch vor allem für sich selbst als Nachruf und Testament.)

Dann hat er, „Österreichs konservativer Musik-Boss dieser Zeit", einen Herzanfall. 1935 entscheidet er sich (daraufhin?) für eine (das Jenseits damit doch gefälligst gefügig und verzeihend stimmende?) Vertonung der Johannes-Apokalypse. Es wird keine oratoriale Kantate à la Schönberg („Die glückliche Hand", „Die Jakobsleiter") oder so etwas wie die bloß im Roman existierende „Apocalipsis cum figuris" im „Doktor Faustus" des Thomas Mann und auch nicht so etwas wie eine in dieser Zeit gern übliche religiös-motivierte Psalmen- oder Tagesaktualitäten-Auskomposition. Schmidts „Buch" bleibt ein romantisch ziselierendes mit seinen mindestens sieben Siegeln, es wird bald irgendwie nach flotter Filmmusik klingen, würdig nur für eine „Bilder-Apokalypse im Now" oder gar für einen Sternenkrieg auf der Leinwand oder für ein Weihespiel gewidmet den gemütlich Transzendenten seines Schlags. –

Schönberg, zeitlebens recht oft übersiedelt, erlebt auch Berlin nur als Durchgang. Er ist währenddessen, trotz heftig anwachsender Krankheiten, zum bedeutenden, anerkannten, leicht gefürchteten, aber entscheidenden Künstler Europas geworden. Es hilft ihm das bald aber überhaupt nichts mehr in Berlin. Sein Hauptwerk aus dieser Zeit, die Oper „Moses und Aron", bleibt unfertig. Die Oper erdrückt aber auch so die meisten ähnlichen Kompositionen zwischen 1925 und 1935.

Alles geschieht jetzt und akzelerierend in einem immer enger und gehemmter werdenden Kontinent. 1933 und Monate später (und dann in Österreich ab 1938) kommt das Ende für die allermeiste Neue Musik dieses Kontinents. Für Tausende Hervorragende, welche in diesem Kontinent Kultur und Geist tragen.

Das Ende kommt (fast physisch) auch für Arnold Schönberg. Und er, der selbstbewusste und sich doch immer zurückgesetzt fühlende Skeptiker, hat sogar noch „Glück". Er war immer durchschauend, vorausschauend gewesen.

Flucht.

Paris.

Ostküste Amerikas.

Westküste der USA. Los Angeles.

Ein Gerade-noch-Überleben. Drüben nur mehr einer von vielen. Hollywood klopft an, er lässt sich nicht vereinnahmen. Ein bisschen Universitätslehre. Privatkurse. Mehr nicht.

Geachtet, wenig gebraucht, geduldet.

Sein Werk in Amerika ist so vielfältig wie in den Perioden davor. Es, das neue und weiterhin und immer noch so Europa-verbundene Werk, bleibt streng. Es ist eben, so Schönberg, weiterhin nur das zwangsläufig logische und überhaupt nicht manieristisch-innovative Ergebnis eines nun tatsächlich „Tausendjährigen Reiches", aber eines der vorhergegangenen riesigen europäischen Musik. Sein Amerika: Das sind Kammermusik, Klavierstücke und Konzerte (sie gehören zum Kompliziertesten in der ganzen Genre-Geschichte). Und dann erzeugt es, dieses sein Amerika, immer mehr: Religiöses (Schönberg war, angeblich zum Entsetzen von Freunden und Schülern, noch in Paris zum mosaischen Glauben zurückgekehrt, für ihn wohl auch ein Zeichen seines politischen Protestes). 1938 entsteht auf Anregung eines Rabbiners ein „Kol Nidre" der besonderen Art. Schönberg spricht diesem Zentralgebet das rein Sakrale ab. Und er schreibt es als Kampf mit Gott in „Melodien", in Moll. Dann „macht" er eine „Ode an Napoleon" (eine Travestie auf Europa und den NS-Staat?). Dann, 1944: Er wird von der Universität „in die Rente geschickt", die Folgen: Pensionsschock, „Am Rand des Grabens", fast schon sein Tod, und – ein hartes Streichtrio, ein schlakenreiner, wortloser, musikalisch absoluter Bericht von einem Zusammenbruch. –

Zwischenschnitt: „Ein Österreicher namens Schmidt" (5. Folge)

Er fühlte sich zeit seines Lebens als Zurückgesetzter, trotz aller angehäuften Ämter, aber – zu Recht – als nicht überall geschätzter Österreich-Überkomponist. So gerne er das gewesen wäre. Auch wenn er, „bejubelt", von den Wiener Philharmonikern gegeben wird. Schmidt bleibt doch nur das Haupt einer Schmidt-Fan-Gemeinde, die noch heute damit hausieren geht, welche Schande es doch sei, dass Schmidts Werk nicht zum viel gespielten zählt. Er stirbt 1939. Am Totenbett arbeitet er verbissen an seinem unvollendet gebliebenen finalen Werk. *DEUTSCHE AUFERSTEHUNG. –*

Schönberg verbleiben im kranken Alter einige adorierende Privatschüler. Man schätzt ihn in den Künstler-Kreisen (Gershwin etwa, den auch Schönberg mag). Thomas Mann schreibt indessen weiter am „Faustus"-Roman. Schönberg fühlt sich falsch zitiert, als Künstler und Mensch zweckentfremdet, benutzt. 1948 wird der Konflikt öffentlich. Es kommt nur zu Teilversöhnungen. Das herumdeutelnde Buch mit Weltmusikanspruch hat mit Schönberg wenig gemein.

Wien verleiht ihm 1949 das Bürgerrecht. In seiner Antwort nach Österreich klingt die alte und besorgt-resignierende Floskel nach und wieder: „Erst nach dem Tode anerkannt werden …" Aber er kommt/will nicht mehr nach Europa zurück. Zehn Jahre lang bleiben ihm noch, dem Schwerkranken mit drei kleinen Kindern aus der zweiten Ehe. Er wird zu einem, der dann noch seine Ideen und Schriften ordnet. Spezielles schreibt. Und dort Stellung bezieht. Noch immer.

A SURVIVOR FROM WARSAW for Narrator, Men's Chorus, and Orchestra by Arnold Schoenberg

(komponiert 1947 in ziemlich strenger 12-Ton-Technik, gedichtet angeblich nach Erzählungen eines Überlebenden, uraufgeführt in Albuquerque 1948, in Europa 1949) –

Zwischenschnitt: „Ein Österreicher namens Schmidt" (6. Folge)

DEUTSCHE AUFERSTEHUNG Ein festliches Lied für Soli, Chor, Orchester und Orgel Text von Oskar Dietrich. Nach genauen Skizzen Franz Schmidt's fertiggestellt von Robert Wagner.

(es geht ungefähr folgendermaßen)

Das heimkehrende Heer: Wir kehren heim ... aus blutigen
Schlachten; wir stürmten von Sieg zu Siege! ... zum Herd mit er-
loschenem Feuer ... nimm uns auf!
Wütende Weiber: Da seht! Unsre Männer und Brüder!
Die falschen Führer: Nieder mit euch! Herunter die Zeichen! ...
sieglos? schmachbeladen? ... Verachtung ... Schande ... fluch-
würdig, fluchbeladen, mordbefleckt ... Friede! Um jeden Preis! ...
Der Rufer: Nun habt ihr den Frieden, der euch so wohl gefällt ...
Zwanzig Millionen Deutsche zu viel auf der Welt! ... Knechtschaft
für Kinder und Enkel ... das Reich ... fremdes Joch ... schmach-
tende Brüder und Schwestern ...
Chor: Ohnmächtig ... Brot ... Hunger ... Arbeit ...
Der Rufer: Ohne Ehre kein Brot, ohne Wehr keine Ehre! ... neue
Waffen ... Willen ... einziges Wollen ... ein Volk!
Chor der Jugend: Höret den Rufer! Er hat uns die Herzen ent-
flammet! Er sei unser Führer!

Und so fort. –

Es ist hier in Amerika aber, gegen Schönbergs Ende zu, fast genauso
wie drüben. Die Folgen des angezettelten Massenmordens tragen alle,
auch die Opfer.
Der Beginn des „Überlebenden".

I cannot remember ev'rything, I must have been unconscious
most of the time; I remember only the grandiose moment when
they all started to sing ...
(Es wird erzählt: Vom Leben in den Abflusskanälen in Warschau.
Im Ghetto. NS-Herrschertum. „The day began as usual." Man hat
kaum geschlafen. Getrennt von Frau, Kindern, Familie, nichts
mehr wissend von ihnen. Man muss auf! Muss wieder hoch! Hin-
aus. Noch vor dem Morgengrauen. Alle. Kranke. Alte. Man rennt.)
–

Zwischenschnitt: „Ein Österreicher namens Schmidt" (7. Folge)

Chor der Jugend: Wir folgen ihm freudig ... für Deutschlands
Größe ... bis in den Tod ... leben muss Deutschland ... und soll-
ten wir auch sterben darum.

Ein Arbeitsloser: ... im Staub ... den Mächtigen auf die Stühle verhelfen? ... im Dreck verrecken ...
Chor der Jugend: Wir verlassen dich nicht ... Gemeinschaft ... neue Zeit ... wir hören den Rufer ...
Chor: Unerträglich wird die Not! ... Elend ... mehr Särge als Wiegen!
Der Rufer: Nicht lange ertragen ...
Chor: ... der Feinde mächtige Überzahl ... hilf uns ... aus Elend und Schmach ... zu Deutschlands Größe wir folgen dir ... für deutsches Volk und Reich!

Und so fort.

In erstaunlich kurzer Zeit, angeblich bloß drei oder vier Monate lang, hat Schmidt am Particell zur Kantate geschrieben. Nach gesicherten Mitteilungen hat er noch im Sanatorium die frischen Noten stolz hergezeigt. Später hat man, verzeihend, von den Fehlern eines alten Mannes geredet. Sogar von einem „göttlichen Auftrag".

(Die Kleinbürger sind die Meister in Deutschland.) –

The narrator should imitate the sergant's manner of speaking in a shrill, breaking voice. „Achtung! Still gestanden! Na wird's bald, oder soll ich mit dem Gewehrkolben nachhelfen? Na jut, wenn Ihr's durchaus haben wollt!" ... painful ... groaning ... moaning ...
(Der Ich-Erzähler hört alles, Schreien, Stöhnen, Überlebens-Panik, Prügel bis zur Besinnungslosigkeit.)
Then I heard the sergant shouting: „Abzählen!"
(Zählen. Der Feldwebel rülpst.)
„Rascher! Nochmals von vorn anfangen! In einer Minute will ich wissen wie viele ich zur Gaskammer abliefere!" ... and all of sudden ... they began singing the Shema Yisroel.

Schönbergs „Arbeits-" oder „Auseinandersetzungs-Beziehung" zum Judentum wird stärker. Chormusik, Volkslieder in deutscher Sprache, ein Jerusalem-Lied, ein „De Profundis" (auf Hebräisch). Schließlich dichtet und komponiert er „Moderne Psalmen", 15 Texte und ein Fragment („Gespräche mit und über Gott"). Nur den Beginn schafft er noch zu vertonen („Was aber kann es dir bedeuten, ob ich das auch tue oder nicht? Wer bin ich, dass ich glauben soll, mein Gebet sei eine Notwendigkeit? Und trotzdem bete ich –"). –

Zwischenschnitt: „Ein Österreicher namens Schmidt" (8. Folge)

Frauen-Soli / Männer-Soli / Solo-Quartett: ... wirkte der Glaube Wunder? ... Lebensfreude ... keimte der Hoffnung zertretener Same ... Kindergelächter ... munterheiligstes Haupt ... alles verdankt ihr dem Führer! ... Brüder im Lichte ... Brüder in der Fremde ... Geist sind wir vom unsterblichen Geiste gemeinsamer Ahnen ...
Alle: Auf den Führer ... vertrauen wir fest ... eure Stunde schlug ... ungerechteste Fesseln ... tausendjähriger Traum erfüllt sich ... versammelt in einem Reich ... vom Führer geschmiedet unserm Volk ... Deutschland wieder erfüllt mit neuer Kraft ...
Wir wollen unsren Führer sehn!
Wir danken unsrem Führer!
Sieg! Heil!
Deutschland wieder erfüllt mit neuer Kraft und Deutschland geführt zu größter Macht!
Sieg! Heil!

Schmidt, Franz / einer, der immer mehr Recht(s) in sich zu haben glaubte / ein „actus austriacus" / sich vergeudend wie im Verblasen des grauen Schopfes eines Löwenzahns / oder, weniger poetisch gefolgert, was wäre denn (und wäre gerade das heute nicht richtig und nötig?), sagte man jetzt und endlich: „Franz Schmidt, ein Schwein" (allein, wer ist „man"?) –

Arnold Schönberg. Ein tatsächlicher „actus musicus". Einer, der im Recht war und im (auf-)Recht blieb und es behielt. Der nie es und sich vergeudete.

Ein Notat, vier Wochen vor der Nacht des 13. zum 14. Juli 1951 (seiner Todeszeit): „Ich bin seit vielen Wochen nicht nur wohlauf, sondern sehr wohlunter."

(Kleine Nachschrift: Wenn es, um 1933 und später, in Europa schon jene verschärften Ausländer-, Drittländer-, Abschiebe- und Emigrations-Gesetze gegeben hätte, wie diese seit 2001 von manchen politischen Parteien betrieben werden, dann hätten zum Beispiel Schönberg & family keine Chance zum Auswandern gehabt. Sie wären gar nicht einmal mehr aus ihrem Land hinausgekommen. Sie wären schon vorher abgemurkst worden. Es hätte somit auch ein Viertel des Schönberg-Oeuvres erst gar nicht komponiert werden können.)

Und – dann? Wieder am Weg, der und mit dem Nachlass? Frau und Kinder, Freunde und Schüler, sie verwalteten, übergaben alles an eine der Universitäten in Kalifornien. In einem modernen Beton-Bau wurde gehortet, gesammelt. Und man trennte sich doch wieder voneinander, Schönberg, der L. A.-Exilant, und in Amerika noch sein übrig gebliebener Rest.

Der riesige Schönberg-Nachlass ging ab Mitte der 90er Jahre abermals auf die Suche. Das wiedervereinigte Deutschland mit der neuen Hauptstadt Berlin bot sich an, Holland auch, schon wieder die USA, dann Österreich, Wien. Verhandlungen … Aber das ist alles ja nachzulesen, in den Schriften und Broschüren dort. Wir sind nämlich schon da, angekommen mit Schönberg.

„Dort"? und „Da"?: Der Weg mit und zu den Schönberg-Stätten hat uns nämlich finaliter in's Palais Fanto, in das Center geführt. In den 1. Stock. Neu gestaltet für Büros, Forschung, Konzerte, vor allem aber für Tausende an Notenblättern, Schriften, Bildern, Büchern. Es ist nun die Bleibe für sein Original-Arbeitszimmer, es sind Räume zum Schauen und zum Hören und Lesen und auch zum Verblüfft-Sein.

Hineingehen!

Das Haus ragt wie ein riesiger Schiffsrumpf in den Schwarzenbergplatz hinein. Ganz vorn auf der imaginären Kommando-Brücke, da sollten sie, die Besucherinnen und Besucher, schon einmal sich hinstellen und schauen, alles vom Schönberg im Rücken. Der Blick geht hinüber und hinunter auf den größten freien Innenstadtraum Wiens, er bleibt halblinks am „Russendenkmal" hängen (an und auf jenem Monster in der Darstellung eines martialisch-strengen Mannes, ein Markstein mit Sockel und Tafel zum Dank für die Befreiung Österreichs 1945, laut Staatsvertrag für alle kommenden Zeiten unangreifbar, unverrückbar), der Blick erfasst auch die Straßenbahnen auf den skelettigen Gleisen und Weichenkörpern, er sieht viel Wiese, schaut auf prominente Plätze vor der Technischen Universität, wo einst Johann jun. und Josef Strauß studiert haben oder wo Brahms gleich neben der Karlskirche logierte (Schönberg: „Brahms, der Fortschrittliche"). Der Musikverein liegt halbrechts um die Ecke. Schönberg hat dort im März 1913 ein/sein/das „Skandal-Konzert" schlechthin verursacht. Während der „Altenberg-Lieder" seines Schülers Alban Berg musste die Sache abgebrochen werden. Es ging nämlich im ehrwürdigen Großen Goldenen Saal des Wiener Musikvereins zu wie in einer Wirtshaus-Disco, wie am Fußballplatz, wie heute zum Beispiel, wenn „die Rapid Wien" spielt. Die Stadt Wien ist natürlich heute ungemein stolz darauf, auch einmal selber ein Skandalkonzert, so eines wie beim „Sacre" des Strawinsky oder beim „Bolero" des Ravel, gehabt zu haben. Auch das Konzerthaus steht gleich drüben um die Ecke, das Burgtheater/Akademietheater ist einen Steinwurf nur weit weg. Es ist im alten Repräsentanz-Gebäude der weiland Wiener Musik-Akademie untergebracht, die dann Wiener Musik-Hochschule genannt wurde und jetzt Wiener Musik-Universität heißt, ein Ort, in den ein Schönberg kaum hineindurfte, geschweige denn es ihm dort zu unterrichten erlaubt gewesen ist.

Franz Schmidt hat es da drinnen aber bis zum Rektor, ja zum Alleinherrscher über tausend Lehrer und Studenten gebracht. Es, das ehemalige Rektorat, hebt sich jetzt, in seinem ganzen einstigen Repräsentationszwang aber nutzlos geworden, über das Theater hinaus.

Lange Gänge oben und nebenan im „Arnold-Schönberg-Center". Sie sind streng verschalt und cool ausgekleidet. Es ist alles irgendwie besonders sauber. Rein. Ein Bad für den Geist.

Wechselnde Ausstellungen bietet man an, bestückt zumeist mit Kunstschätzen allerhöchsten Wertes. Hörräume gibt es. Seine Musik und seine Stimme durchziehen sein Center, dauernd. Sogar endlos laufende Videos schwirren herum, mit ihm, mit dem Arnold Schönberg im Mittelpunkt des Schwarz-Weiß-Regens, er dirigierend oder Tennis spielend, sechs Minuten rund an Gesamtdauer, aber als einmaliges Dokument.

Dann, in der Mitte des Centers und hinter Glas, dort ruht (endgültig jetzt?) sein Arbeitszimmer, mit seinen Sachen, seinen Stiften und Erfindungen, den eigens entworfenen Möbeln. Beinahe scheint es so, als wäre Arnold Schönberg eben erst aufgestanden und nur kurz hinausgegangen. Es gibt dort drinnen, hinten an der Zimmerwand, eine hingepinselte Scheinfront, die einen bunten Fensterausblick suggeriert, wahrscheinlich ein wenig wie die Schau damals drüben war, in den trockenen Hügeln von L. A. Und stolz wird einem während einer Führung auch erklärt: „Dieser Hintergrund-Paravent, den haben uns tatsächlich die Disney-Studios gemalt!"

Am
Hades-
Weg

Gedenkstätten, Gräber, Inschriften, Sterne, Dummheiten
und so

Ernst Jandl: duft (aus: Idyllen, Luchterhand 1989)

es stinkt der mensch, solang er lebt
von arschloch, mund und genital
auch achselhöhlen wirken mit
fußsohlen detto, schleicht er aber
einmal pro jahr friedhof besuchen
stinkt gar nichts nach der langen langen zeit
der mamas, papas, opas, omas
und ur- ur- ur-, die da begraben liegen
und auch die großen steinmetzbrocken
die an den meisten gräbern hocken
sind bekanntlich geruchlos, nicht einmal die erde
verbreitet gestank, obwohl sie die pflicht dazu hätte
wo in ihr doch die verwesung tobt
was noch dazu lautlos geschieht
anstatt unter brucknergetöse −
nur die besucher verbreiten, soweit es geht
den süßen aasgeruch der pietät
wenn sie dort herumschleichen
einmal pro jahr, allerheiligen, allerseelen
zum zeichen ihrer perversen leichenliebe

Es gibt eine Reihe von hervorragenden Büchern über Wiener Fried-
höfe. Und gleichermaßen liegt eine Reihe von guten Führern zu Musiker-
Innen-Gräbern in der Stadt vor. Jede bessere Buchhandlung offeriert
eine Auswahl an solchen Druckwerken, von der Broschüre bis zum Bild-
Prachtband. Erschwinglich zumeist. Kaufen. Lesen. Nachschauen und besuchen. Ein paar durchaus reiz-
volle Plätze sind dabei. Außerdem gibt's auch Kataloge für die Gedenk-
stätten zwischen einem Haydn im 6. Bezirk oder dem *Figaro*-Haus im 1.
(oder seinem Sterbeplatz, nur ein paar Gassen weiter, heute ein gläser-
ner Kauftempel mit Mozart-Devotionalien in geradezu wüster Ausschüttung), oder dem Brahms oder dem sattsam bekannten Liederfürsten
oder …

Doch so ein Wiener Hades-Weg der Musik verläuft auch anders,
irgendwie noch einmal, abermals, parallel.

Linke Wienzeile. Unser Startbereich: Das Theater an der Wien. Nicht
erschrecken: Da fällt man schon, ebenerdig und direkt aus dem Naschmarkt kommend, unter dem Zentral-Eingang und neben den Vorver-
kaufskassen beinahe in ein alt-möbliertes Zimmer hinein. Es stellt eine
weiland Beethoven-Wohnung hier im Hause dar. Sie wurde dergestalt
vor und zur *Fidelio*-Kompositionszeit vom „Titanen" benützt. Heute ist's
ein Klein-Museum, ausschauend wie eine überdimensionierte Puppen-
stube in einer Dessous-Auslage. Also! Neben dem Theaterfoyer! Einige
in den Boden eingelassene Sterne mit milchigen Gesichtern und Daten
drauf werden gleich einmal verblüffen. Nicht draufsteigen! Oder doch?
Erlaubt wie in Hollywood? Am Sunset-Boulevard? Oder so ähnlich. Ja,
schon, vielleicht? Nur: Es ist alles noch viel viel absurder.

Der Reihe nach. Denn es eröffnen sich entlang eines von hier aus
nachzugehen einladenden Sternen-Weges bald mehr Einblicke in die
Wiener Musik-Seelen und in das real existierende Bewusstsein der
Stadt um ihren Faktor Nr. 1, die Musik, als durch viele Abhandlungen und
Bildbände oder mittels weiser Symposien sonst.

Erstens: Wir erwerben uns einen Führer.

Der Vorverkaufskassenraum zum Theater an der Wien, das ist eben
der Platz gleich neben dem Beethoven-Zimmer, der erweist sich vorweg
schon als ein hässliches Chaos. Weil das Theater kaum als Theater oder
als Operettenstätte genützt wird, sondern als hochsubventionierte Mu-
sical-Bühne (!), herrscht hier ein buntes Durcheinander von Plakaten und
Videos, theatermusealem Devotionalienkitsch und so weiter. Aber es gibt

neben den Eintrittskarten für die Musicals (die heißen doch tatsächlich zum Beispiel auch *Jekyll & Hyde, Wake Up* oder *Mozart!, Tanz der Vampire* oder *Elisabeth*) Bücher zu erwerben. Zum Beispiel einen kleinen, schmalen Band in mehreren Sprachen, der viel mit den da draußen in den Boden eingelassenen Sternen zu tun hat. Die Sache trägt, und das verwirrt anfangs ein wenig, verschiedene Namen: *Musik-Meile-Wien, Walk of Fame der Klassischen Musik, Way of Fame.*

Zur 200-Jahr-Feier des Theaters hatten die Stadt Wien selbst und ihre *Vereinigten Bühnen* (das ist jene Institution, die in gleich mehreren alten Wiener Theatern hochsubventionierte Musicals für ein TV-geeichtes Massenpublikum anbietet) nämlich so eine richtig fesche Idee gehabt. Originaljubelmeldung: „5-zackige helle Granit-Sterne werden in der Größe von 1 x 1 Meter und in Bronze-Umrahmung wie Wegmarkierungen von hier bis hin zum Dom zu St. Stephan in die Straßen eingesetzt." Ihr Inhalt: „Musikerinnen und Musiker". Die Motivation: „Ein Bewusstmachen, um die Stadt als Metropole der Klassischen Musik zu erleben." (?)

Mit dem gedruckten Führer in der Hand marschiere man so wiedererkennend oder lernend durch die halbe Innenstadt, den Sternenweg verfolgend. Oder man leiste sich doch sogar ausleihbare Audio Guides, die auf Knopfdruck „gesprochene Informationen und zahlreiche Musik-Einspielungen" liefern. So genannte „Info-Points", hilfreich am Weg situiert, unterstützen, so lesen Sie das im „proudly" Hingeschriebenen, den Sternenpfad noch.

An den Theaterkassen wird einem gleich einmal von der Miete so eines Audio Guides abgeraten. Aber der gedruckte Führer, der sei ganz toll. Und der ist toll. Jeder Stern und sein Inhalt sind beschrieben worden. Gute und einfach dargebotene Fakten gibt's über die Dargestellten oder die Gebäude entlang dieses „Ruhmes-Pfades" zuhauf. Zudem werden Hinweise auf sonstige schon gar nicht mehr am Weg liegende Gedenkstätten oder Erinnerungsdenkmäler geliefert. Samt den Öffnungszeiten sogar, in so einer Präzision ein ganz besonderes Stadt-Unikum.

Wien – also klassisch.

Geh'n wir's also an! Doch?

Zweitens: Die Genese (oder auch: Ein kurzer Schwank aus Wien).

Fast alle sind beteiligt gewesen. Politiker, Intendanten, Presse, Wissenschafter. Natürlich stand die Werbung im Vordergrund. Für die Wien-Wirtschaft und den -Fremdenverkehr. Für die Politiker und die Intendanten. Die Idee war so alt wie sie eine Kopie ist. Sternabbilder im Boden.

Drinnen eingeätzte Portraits, die Handschrift, die Eckdaten. Alles eine Reverenz vor Wien und seiner Musik?

Damit auch alles seine Ordnung habe, gab es mehrere Komitees, Ausschüsse, Fachexpertisen und Pressearbeit. Dann berief das Haupt-Komitee ein Präsentations-Meeting ein. Dann saßen dann alle da im Theater an der Wien: Die Journaille im Plenum bei Gulasch, Strudel, Bier und Wein. Die allerhöchste Politik und deren Intendanzen davor bei Mineralwasser und drapiert rund um eine Muster-Granitplatte (Marke „Nero Zimbabwe", sic!). Verkündet wurde: Wien wird um eine Attraktion reicher gemacht. 140 (mindestens) Stern-Platten kommen ins Trottoir (es wurden dann zwar nur 70 mit dem jahrelang uneingelösten Versprechen, in so einem „work in progress den Kreis jährlich um drei bis fünf weitere große Namen zu ergänzen", doch das scherte nachher niemanden so wirklich). Außerdem sei alles, obwohl im Boden und in Trampelpfaden installiert, garantiert unzerstörbar, ja unzerkratzbar gar.

Nur die Endauswahl, die machte längere Zeit einige Schwierigkeiten. Denn wer sollte in so einen Ehren-Weg denn überhaupt aufgenommen werden? Oder, im Fall der Musikstadt Wien, wer könnte denn überhaupt vernachlässigt werden? Die ersten Experten, welche man bereits zuvor befragt hatte, waren nämlich schon aus dem Handgelenk locker sofort auf über tausend Namen gekommen. Man schalt sie heftig, die Experten, und wechselte sie aus. Dann warf das Haupt-Komitee jegliche wissenschaftlichen, historischen oder ästhetischen Grundsätze über Bord und dekretierte: Es hat um „Wien, die Stadt der Klassischen Musik" zu gehen! Eine daraufhin wohl nötige Neudefinition des Begriffs von der „Klassischen Musik" ersparte man sich aus Zeit- und bevorstehenden Feier- und Werbe-Überlegungen. Außerdem: Der Weg von Ehre und Ruhm habe sich in der „Musikstadt Wien" auf Folgendes zu beschränken:

Erstens auf Tote; zweitens auf eine bunte Mischung aus weltbekannten Namen; drittens auf diese bunte Mischung, aber als eine zwischen schöpferischen und ausübenden Persönlichkeiten mit wenigstens ein bisschen (!) einer Frauenquote; viertens hingegen mit Lücken, nämlich z. B. ohne solche Wien-Größen wie die U-Musikerfinder oder die Schrammeln oder die Wienerlied-Meister (selbst auch keine solchen Wien-Genies à la Gruber oder Sieczinski oder Sioly durften in die Sterne) sowie (nach Diskussionen) auch ohne Stars wie die generell alle weltweit präsenten Wiener Filmkomponisten oder Leute wie Benatzky, Stolz, Straus oder Heuberger oder Falco oder Suppè oder Fatty George oder ähnliche (nicht einmal solche, die das Hauptrepertoire der Wiener Musik-Theater komponiert haben); und außerdem, man müsse, schleunigst und fünftens, jene faktengläubigen und daher nur störenden Beiräte und Musik-Experten überhaupt aus der Kurve verlieren. Ein neues, frisches und das elitäre Vorhaben endlich auch begreifendes Wahl-Komitee sollte her. Sofort. Besetzung: Die Crême des nationalen und internationalen Musikmanagements (25 Männer, eine Frau). Also: Von den wichtigen Wiener Intendanten aus Theater, Oper oder Medien über diejenigen in Salzburg bis hin (über Brüssel oder Mailand oder Amsterdam oder Zürich) nach Cleveland und Australien. Lauter Namen von Klang. Man formulierte frisch und von Wien aus für eben diese „Experten" die Vorgaben für die Endauswahl der Träger der „Klassischen Musik Wiens". Man war dabei vielleicht ein wenig ungeschickt („patschert"). Denn offenbar sahen sich die internationalen musikalischen Großmoguln nun ihrerseits in die Rolle von Quiz-Kandidaten gedrängt.

Das Befragungs-Ergebnis hat folglich überhaupt nichts mehr mit einem Ranking namens „Wien & Musik" zu tun, sondern ist ein recht kühner Präferenzen-Haufen, der sich oft nicht einmal mehr um die Stadt selbst und ihre Musik-Geschichte kümmert, ja der sogar hohe Peinlichkeiten nach sich zieht.

Und der WALK OF FAME DER KLASSISCHEN MUSIK vermittelt damit seinerseits gute und neue und aktuelle Einblicke in jenes *Wien ist anders*: Erstens nämlich, wie selbstlos man hierorts seine Musik in alle Welt hinaus vergibt oder verschenkt (oder: „Können Sie sich vorstellen, etwa Paris wäre auch nur ansatzweise mit seiner Kultur- und Musik-Tradition ähnlich umgegangen?"); zweitens, welches schiefe Bewusstsein in dieser Stadt um die eigene Vergangenheit herrscht; drittens, dass auf eine Art und Weise mit den Fakten und mit ideologischen Wertigkeiten verfahren wird, die punktuell nur mehr als Frechheit zu qualifizieren ist; und viertens, dass für eine vordergründige Eigenwerbung sowieso viel Wichtiges, das dafür aber gern, über den Haufen geschmissen wird.

Drittens: Der Hades-Weg itself (oder: Wir spielen Sterntaler).
Start: Aus dem Beethoven-Bett. Dann hinüber Richtung Sezession in Pracht und Jugendstil und mit dem wüsten *Beethovenfries* vom Meister Gustav Klimt drinnen (bauchaufgetriebene weibliche Genien zwischen Urwaldmonstern). Draußen und drüber: Johann Strauß jun. und Emanuel Schikaneder und Franz Lehár. Alles ganz o.k. da hier vor diesem Theater. Aber dann wird's, der Weg geht Richtung Karlsplatz, irgendwie blöd. Leonard Bernstein bis zu den „Wiener Klassikern" namens Dvořák (?),

Monteverdi (?), Messiaen (?), Ravel (?), der Dirigent Klemperer dazwischen; unterm Karlsplatz, in jenem Passagenteil, wo vor allem die Unbegabtesten der Straßenmusiker spielen dürfen (dort stören sie am wenigsten), Sibelius und Debussy.

Na, nett.

Spätestens ab hier hätten sich die Komponisten bedankt und wären mit dem Wienerisch-legendären nassen Fetzen aufs internationale Experten-Komitee mit seinem Unterausschuss losgegangen.

Die Generalfrage ist rechtens jetzt schon zu stellen: Was soll der Kuddelmuddel? Was für eine willkürliche Auswahl? Was für eine Verquickung? Was für ein schiefer Wien-Musik-Klassik-Begriff!! Öffentlich gemacht mit viel Geld.

Ja, bitte schön. Es folgen nämlich noch „Wiener Klassiker" namens Saint-Saens und Gounod?! Dann, am Haupttrampelpfad Wiens: Schnittke, Smetana und Bartók (alles „Wiener Klassiker"?). Schubert irgendwo im Eck. Das schöne „Klassiker"-Quartett: Brahms, Bruckner, Hindemith und Furtwängler vor dem Musikverein.

Die angeblich für die Ewigkeit gestalteten Portraits, hineingekratzt in die Sterne, sind verwischt, (in Wien sagt man) angeschermt, sind leicht devastiert, die Gesichter schauen nach wenigen Jahren schon aus wie mit Milch verschmiert. Man kümmert sich trotz der einstigen Haltbarkeitsschwüre seitens der Stadt nicht mehr um sie, diese „Wiener Klassiker".

Und weiter und hinauf zur Staatsoper: Nichts als Verwunderung. Mahler und Berg neben Strauss und Verdi und dann Clemens Krauss und Karl Böhm, er wie auch der ein wenig weiter drüben eingepflanzte Herbert von Karajan weiland Operndirektor und Nationalsozialist, was man aber nirgendwo erfährt. Die Sängerin Leonie Rysanek hält einsam eine Platzposition stellvertretend für alle sonstigen weiblichen Weltstars weiland der Oper. (Callas, Patti, Jeritza …?, schmecks.)

Und so fort.

Überhaupt Dirigenten: Knappertsbusch, der Kriegs-Meister, Walter, der zur selben Zeit Verfolgte und Vertriebene, einmütig nebeneinander, der wilde Toscanini (er hätte sich so einen Stern wütend verbeten). Doch! Außerdem. Da gibt es noch einen für den Dirigenten Claudio Abbado. Der lebte schließlich noch während der Stern-Ausschüttung für Tote! Als einziger! Gut. Er war weiland der hierortige Opernhauptdirigent, ja, aber das waren Maazel oder Ozawa et al auch. Peinlich und noch dazu höchst degoutant für die Auswählenden: Maestro Abbado erkrankte gerade während dieser Sterne-Prozedur fast mit tödlichen Folgen.

Und so fort. Geändert wird nix mehr. Wo kämen wir denn da hin?

Eine Abzweigung gibt es zu dem etwas seltsamen *Haus der Musik* in der Seilerstätte, wo man Pappendeckel-Installationen als Wiener Musikgeschichte bewundern kann und von wo eine Karlsplatz-Beschallung mit den Spitzenwerken der Wiener Musik-Genialität ausgeht und vertreten wird. Das heißt, „vertreten" wird überhaupt nichts. Die Musik scheppert aus Lautsprechern irgendwie à la Rummelplatz oder Fußball-Ländermatch auf die dortigen Drogensüchtigen und die Vorbeihetzenden in den Passagen. Behauptet wird aber ganz frech und auch noch über die Presse: So bringt man die Wien-Klassik den breiten Bevölkerungsschichten näher. (Nochmals: „Können Sie sich vorstellen, etwa Paris oder Rom oder …")

Und so fort.

Gnade. Aber nicht auch für die Auswählenden, die in Folge Tschaikowsky, Berlioz oder Schumann − also die aus Wien bösartig Hinausgekelten oder hierorts etwa durch Hanslick Beschimpften − in so einen Stern hineinreklamiert haben. Oder die auf Schumanns Gattin Clara, als zweite Pseudo-Quotenfrau, oder auf so Verdiente wie Hummel oder Rubinstein bestanden. Recht so. Doch wo haben dann Horowitz oder Gulda ihren Stern? Wo die eigentlichen Formulierer der besonderen Wien-Musik (und zudem die meistgegebenen wahrscheinlich), wo Edmund Eysler, Alois Strohmayer, Alexander Krakauer, Rudolf Kronegger, Wilhelm Wiesberg, Hans Lang (um nur, das einschlägig-verblüffte Weiterfragen nicht überzustrapazieren, um ein paar zu nennen)? Oder, doch noch! Oder Carl Lorens! Ein Viertel aller Wienerlieder stammt von ihm, dem begnadeten Komponisten und Dichter, fast jede und jeder in Wien kennen seine Musik (ohne vielleicht seinen Namen noch zu wissen − doch dafür wären solche Sterne ja wohl auch und vorweg gut gewesen, denn …); Wut: „Ach, lasst mich doch in Ruhe", so werden Sie vielleicht jetzt genervt irgendwann am Hades-Weg rufen.

Wien ist anders.

Es ist das nämlich auch ein ganz aktueller, aber bleibender „Walk der Schande" und so ein *Way of shame* zum Beweis für Wiens offizielles und werbegeiles Bewusstsein um seine Musik. Und es ist zudem ein fratzenhaftes Beispiel der Servilität der hierorts die Kultur „Tragenden und Verwaltenden" vor dem angeblich so kompetent Internationalen, sogar in oder vor der eigenen Musik.

Weghasten. Dort ein Strawinsky noch? Ja, tatsächlich, ist auch da. (Er hätte der Stadt deswegen wohl mit seinem Musik-Entzug gedroht.) Erich Kleiber, den man aus der Stadt vergrault hat. Wie viele andere auch. Der Wien-Kritiker Chopin. Das Vivaldi-Haus, wo man den großen Compositore umkommen ließ. Ein Stern für den überschätzten Fritz Kreisler (warum?), einer für Carl Czerny (?), einer für den überschätzten Yehudi Menuhin (?), einer für die *Graphische Sammlung Albertina*, aber nicht einer für die noch im selben Haus befindliche Musiksammlung der Österreichischen Nationalbibliothek, eine der besonderen und wichtigsten Musikstätten auf der ganzen Welt, oder einer wiederum für Felix Mendelssohn-Bartholdy (großartig, er hat mit Wien aber überhaupt nichts zu tun), keiner hingegen für die Troubadoure (nicht einmal für Walther von der Vogelweide, so als bestünde diese unsere Wiener Musik-Historie von Weltgeltung bloß erst seit 200 Jahren), keiner natürlich für die Renaissance-Meister (warum nicht für einen, wenigstens!), keiner für die Schöpfer der Wiener Barock-Opern (warum nicht für einen, wenigstens!), und sogar auch für keinen einzigen Sänger oder Alt-Wiener Volks-Komödianten (für einen doch wenigstens!).

Und so fort. Dann auch: Kein Stern für den Komponisten von gleich mehreren Stücken aus den „best of 1.000 Wiens", für Josef Strauß!

Wie anders muss Wien eigentlich noch sein? Noch sich geben? Noch Peinlichkeiten in die Trottoirs einbetonieren? Sich vor angeblichen internationalen Experten und deren witzigen Unfähigkeiten klein und devot machen?

Der Schluss des Herumtrampelns geschieht auf Sternen für den Haydn, den Strauß sen. und den Mozart im Angesicht von dessen sieben Gedenktafeln rundum.

Stehen bleiben. Rufen. Flüstern. „Ach, Wien, Du Weanerstadt, Stadt der Musik. Du machst es uns schon ziemlich schwer, Dich weiterhin auch noch nach diesem ominösen 2000er Jahr zu mögen!"

Ja. Denn.

Viertens: „Über Sternen muss er wohnen …"

Es hat auch keinen Sinn, im ganz normalen Internet nachzusehen, sich – trotz stark beworbenen Angebots – über die MUSIK MEILE WIEN dort zusätzlich online informieren zu wollen. Man erfährt auch in der heute aktuellen Medien-Epoche nur lakonisch und unter abgerissenen Klassik-Klängen, dass leider auch Jahre nach der Installation noch alles lange nicht fertig oder juridisch abgeklärt ist, es aber dabei schon gar nicht mehr ein „work in progress" sein mag.

Es hat auch keinen Sinn, suchend auf anderen Wiener *Walking Miles* herumzutrotten. (Noch einmal: „Können Sie sich vorstellen, Paris würde Stadt-Prominenz-Wege, sprachlich-gefasst, so nennen?") Es geleiten Sie dann Blechsegel auf Metallständern und Beton-Füßen, bald mutiert zu Hundeklos, oft seitlich verdreht, umgestürzt, inhaltlich bedenklich. Es gibt auch jede Menge an bedenklichen Angeboten sonst. Wien-Spaziergänge mit „Spezialitäten, Hintergründigem, Untergrundigem, Subtilitäten" und so fort. Vorsicht. Es geht um Jubel. Um ein Sängerknaben-Glück zum Kotzen. Pseudo-Wien-Lokal-Besuche. Schlechteste Nostalgie. Schiefes Musikbewusstsein.

Wien … und … anders.

Keine Sorge. *Wien kann sich selber sowieso nicht umbringen.*

Denn jeder Hades-Weg folgt, ganz egal ob man sich durch solche Weiser und Geschäftemachereien leiten ließ oder dann doch eigene, aber ungeheuer dichte Pfade gefunden hat und ihnen nachgegangen ist, dem reichsten Musikfundus der Geschichte.

Zum Ende am Hades-Weg. Immer dasselbe.

Raus aus der Stadt. Rennweg. Simmeringer Hauptstraße. Ein paar ganz feine Musik-Wirtshäuser „vom Schlag" liegen am Weg. Der *Pritt-witzer* sei pars pro toto empfohlen.

Stehend aber dann am Styx der Wiener Klassik und so. Der legendäre Zentralfriedhof. Der *Ehrenhain*. Ein paar Gräber im Bogenverlauf aneinandergereiht.

Akzeptieren Sie doch locker den Vorschlag für einen etwas anderen Rundgang als in Ihren Gräberführern suggeriert. Dorthin wo die Reste von Hunderten an Musikern und anderen liebgewordenen Prominenten liegen, ob die das einst so wollten oder auch nicht. Wahrscheinlich hin zum prominentesten Musik-Totenplatz der Welt. Sie gehen am besten in Schlangenlinien aus der Hauptallee des Zentralfriedhofes (nicht zu verfehlen) und schrecken sich dabei nicht vor dem Stil-Mischmasch der Grab-Aufbauten und über die schlechte Pflegehaltung der Gräber an sich (aber die Stadt rächt sich noch immer gern auch posthum an den Genies, welche in ihr nur Unruhe erzeugt haben): Gewerkschaftsbosse ruhen neben Arnold Schönberg, anschließend viele Schauspiel-Größen aus 150 Jahren und biedere Chorleiter, Robert Stolz bei Julius Bittner, beisammen sind Gruber und Marx und Kienzl – das „gemeinsame Wohnen" auf der letzten Stätte soll wohl alle versöhnen, ideologisch und so, alle in einem *Ehrenhain*-Topf gelandet, die Nazi-Sympathisanten gleichviel wie die wegen ihres Judentums mit dem Ermorden Bedrohten, die

Hinausgeschmissenen? –, dann geht es in solchen Schlangenlinien weiter zwischen Gintzkey, Zemlinsky, Qualtinger, Moser und Wellesz, vorbei an den Stätten für die Komik des Maxi Böhm und des Hugo Wiener und das alles gegenüber den Wittgensteins, Carl Michael Ziehrer daneben, aber dann – und die ganz große Prominenz ist schon da – Lanner, Strauß sen., Strauß Josef, Strauß Eduard, Karl Komzak, Adolf Müller, Eduard Kremser, Christoph Willibald Gluck, Carl Millöcker, Franz von Suppè oder Hugo Wolf – und eine Frage an die Experten des „Walk of Fame der Klassischen Musik Wien": „Man hat diesen Komponisten zu Recht solche Ehrengräber in prominentester Lage gegeben. Wo aber ist dann der Beton-Blechstern für sie in der Innenstadt?!" –; und bald kommt er, der Hauptbogen, d i e halbrunde Wiese mit den so überaus geschmacklos-süßlichen figuralen Riesengrabsteinen: der Platz mit Beethoven und Schubert und Strauß jun. und Brahms und Mozart (letzterer liegt da zwar nicht, man weiß ja nicht wo, doch er bekam dafür – als Trost? – ein ebenso scheußliches Mitteldenkmal im Grasrabattl zugestanden). Am Rand dann noch Besonderheiten: ein Grab für Guido Adler etwa, den schwierigen Menschen und hervorragenden Begründer dessen, was österreichische Musikwissenschaft, also österreichische Musik-Identitätsfindung seitdem heißt, von den Nazis verfolgt. Jetzt „schaut" sein Grab auch ein wenig auf die große Kirche dort drüben hin. So wie viele andere Grabstellen mit Bestatteten jüdischen Glaubens und jüdischen Lebens auf ein katholisches Gotteshaus „hinschauen".

(Und … und … und …? Kein Toten-Bereich für die Musik ist per se so voll und zugleich so voll mit – zumeist erst später hierher transferiertem – Musikernamenprotz zur eitlen und leicht nekrophilen Stadt-Selbstbeweihräucherung.)

Lassen Sie von hier lieber Ihre Blicke herumziehen, auch über andere Grüfte, über ganze Gruftstädte. In viel Himmel hinein. In (Wienerisch gesagt) viel Gegend. Irgendwie schon imaginär bis über den Balkan drüber und nach Asien weg. Daher:

Fünftens: Es gibt schon wieder „Die Flucht am Zentralfriedhof". (Wienerisch bonmotisiert: Zürich ist vier Mal so groß wie der Zentralfriedhof, aber nur halb so lustig.)

Diese *Ehrengräber* liegen im Angesicht einer „Lueger-Kirche". 1905 errichtet. Dem hl. Karl Borromäus gewidmet. Ein Riesentempel des Kitsch-Jugendstils, eine Dauerbaustelle wie die *Sagrada Familia* in Barcelona. Ein Gottes- und Heiligen-Einlass. Aber vulgo weiterhin nach dem einstigen Friedhof-Errichter (er gemeinsam mit dem Kaiser, Franz Joseph, der – vulgo – sowieso alles mit-gemacht hat) benannt.

N. B. Es ist das also jener sagenhafte Bauherr Dr. Karl Lueger gewesen, der Wien-Bürgermeister, derselbe wie der für den *Dr.-Karl-Lueger-Ring* als Prachtboulevard-Teil und Universitäts-Herberge, derselbe wie für den *Dr.-Karl-Lueger-Platz*, einer der prominentesten, immer ein liberaler Boden. Er, der Doktor, mit mehr Wien-Raum, als die dort hinten in *Ehrenhainen* Schlummernden zusammengenommen, er, der Doktor, ist noch allemal eine in der Boulevard-Bevölkerung genauso geliebte und unhinterfragte Legende wie deren geliebte Operetten- oder Schi-Stars und außerdem war er ein rechtes Vorbild und ein stolz bewusster Salon-Antisemit.

(N. B., es gab dann, Anfang 2003, doch noch einen neuen Stern. In der Innenstadt. Einen für Steven Spielberg, den fabulösen Film-Regisseur. Der lebte damals allerdings auch noch ganz hervorragend. Außerdem ist/war er kein Musiker, weder schöpferisch noch ausübend. Und schon gar keiner aus der Ecke „Wien und Klassik und so". Macht aber nix. Siehe oben.)

Vom Turm der Winde

bei Mozart und Strauß und in St. Stephan
und am Graben und rundum

Vor der Domkirche herrscht Betrieb.

Im Winter zieht es hier ganz gewaltig. Im Sommer auch. Die „heiße Luft aus dem Osten" fegt über „unseren Platz". So bezeichnet das die xenophobe Wiener Bevölkerung seit Jahrhunderten gern.

Vor der Kirche steht das moderne *Haas-Haus* in Glas und Betonplattenzier und mit Schanze oder Schnauze oben, benannt nach einem Groß-Geschäft im Vorgänger-Gebäude. Man suggeriert, dieses neue sei fast schon ein wegweisender Wolkenkratzer zum Stil des späten 20. Jahrhunderts. Solch ein Selbstbestätigungs-Drang ist auch typisch für die Bewohner und Journalisten der Stadt. Manchmal ist er schon ein wenig peinlich. Der Drang.

Hinter dem Gebäude und rechts vom *Graben* verlief einst ein Gässchen-Gewirr, das heute sogar Ähnliches in Prag oder Perugia oder Istanbul in den Schatten gestellt hätte. Die wichtigen Musikverleger während der späteren Wiener Klassik besaßen hier ihre Kontore.

– Ein Innehalten im Kleinen jetzt, im Rührenden, im ziemlich Dümmlichen, im Wunderschönen: Ludwig van Beethoven nannte seinen Noten-Manager nach dessen dortiger Geschäftsadresse einen *Tobias „Paternostergäßler" Haslinger*. Ja mehr noch, er verfasste über das Wortspiel sogar einen Gesangs-Kanon und verwendete alles im Begleitbrief zudem mit folgender Anrede: „Tobias! paternostergäßlerischer, bierhäuslerischer musikalischer Philister!", geschehen im September 1824. Beethoven lebte zu diesem Zeitpunkt schon völlig ertaubt, die *IX. Symphonie* und seine Klaviermusik waren schon abgeschlossen, die ersten seiner finalen Streichquartette in der Komposition. Es wäre ein eigenes Buch vonnöten, um über den „lustigen Beethoven" zu erzählen, um die vielen Quellen aufzulisten, um Beethoven (Achtung: jetzt kommt es voll Wienerisch), um Beethoven als *Schmäh-Führer* darzustellen. Doch kein „heiterer Heros" oder „Musik-Titan" (und was sonst noch über 150 Jahre lang an höchst lächerlichen Epitheta formuliert worden ist) würde den Leserinnen und Lesern in diesem Buch entgegentreten, sondern ein Suchender, ein um Zuneigung Bettelnder, ein oft höchst naiver Mensch, einer mit einem geradezu ungeheuren Beziehungsdefizit. –

Vor der Domkirche herrscht Betrieb, ganz egal ob's frostig ist oder schwül.

Und es zieht sich dieser Betrieb die ganze nach Süden führende Prominenz-Meile hin, die *Kärntner Straße* entlang bis zum krötengleich da hockenden Monster namens *Wiener Staatsoper.*

Wir besuchen nun die Gegenwelt zum Hades-Weg und zum Sternen-Pfad, die hier gerade parallel auslaufen. Wir schreiten kaum und fühlen uns schon weit. Junge Leute in peinlichen Spätbarock-Kostümen verteilen Werbematerial für Konzert-Darbietungen in ebensolchen Antik-Fetzen oder versuchen überhaupt recht forsch und fordernd, potenzielle Kunden zu akquirieren. Man hüte sich aber, später tatsächlich live dabei zu sein vor den dann dargebotenen Interpretationen der ewig gleichen und hier abgedroschenen Mozart-, Schubert- oder Strauß-Melodien, die übrigens auch in Form von sehr schlechten und Wien schadenden Compact Discs angeboten werden. Es bessert sich so ein Wien-Abend für's Nostalgisch-Gruselige auch nicht, wenn das alles in der *Hofburg* oder in einem der sonst zu Recht weltbekannten Konzertsaal-Etablissements vor sich gehen mag. Der Faktor „Wien-Musik" zeigt dabei nur seine putzige Fratze in schlechter und mitgeschleppter Nostalgie.

Dazwischen aber (zwischen diesen Typen, die aussehen wie im *Amadeus*-Film) gibt es Straßenmusik. Alles ist dabei streng geregelt: Zeiterlaubnis, Abstände, Inhalte und so weiter. Das hat auch seine guten Seiten, denn man vermeidet so manch penetrantes Dauerberieseln. Das macht allerdings die Szene gelegentlich etwas steril. Allein, eine tatsächlich „freie Szene" gibt es hier sowieso nur mehr rudimentär. Auf der einen Seite produzieren sich zwischen dem Domplatz, dem Opernhaus und hinein in den so genannten *Kohlmarkt-Tuchlauben*-Bereich jene

Profis, die sowieso das ganze Jahr hindurch in den Europa-Metropolen unterwegs sind. Ihr Auftritt und die versuchte Aura um sich: entweder als putziges Schein-Studenten-Ensemble mit dem Anhängsel „wie lieb und wie arm und wie begabt diese hübschen jungen Leute doch sind" oder als gut ausgerüstete selbstständige Klein-Unternehmer mit elektroakustischen Hilfen und Karaoke-Equipment. Auf der anderen Seite gibt's immer mehr sich selbst überschätzende Gaukler und Stillsteh-Figuren in und auf teilweise tatsächlich abenteuerlicher Schminke, Maske, Kleidung und Kothurn. Auf einer dritten produzieren sich (wie es in einschlägigen Fachkreisen heißt) „die Armen": beinahe ausschließlich Musiker aus dem so genannten ehemaligen Ostblock, herzzerreißend, und in plärrender Schein-Romantik das wiedergebend, was ehedem so als „russischer Folklore-Abend" gerade noch durchgegangen und verkauft worden ist. *Otschi tschoirnaija, otschi krasnaija!* Oder so ähnlich. Dennoch: Die Wiener Straßenmusik-Szene ist vielfältig, hübsch und harmlos.

Wir umkreisen jetzt einmal den Dom. Dieser *St. Stephan* ist die Hauptkirche Wiens und Österreichs. *St. Stephan* ist ein Wahrzeichen wie sonst nur wenige Kirchen weltweit für ihre Stadt, mehr als Notre Dame für Paris oder der Petersdom für Rom, eher so wie die Doppeltürme für Köln vielleicht. *St. Stephan* ist auf Zuckersackerln und so genannten Mannerschnitten abgebildet, seine Silhouette ziert Bergsteiger-Ausrüstungen und Freizeit-Unterhaltungsbranchen-Logos. Sie ist also auch so was wie eine Mischung aus Freiheitsstatue und Empire State Building in N. Y. oder Hollywood-Großbuchstaben und Way für die Stars in L. A. oder Taj Mahal plus elendigliche Slum-Bilder für ganz Indien.

Wir umkreisen währenddessen eine Dauerbaustelle. Bestehend seit vielen vielen Jahrhunderten. Zwei hohe und schlanke und durchbrochene Steintürme waren immer vorgesehen gewesen. Zu einem hat es bloß gelangt. Der andere, der Nord-Turm, verblieb im Outfit eines geköpften Kirchleins aus dem Spielzeugbaukasten. Sein nie erfolgter Fertigbau stand aber immer schon unter schlechten Vorzeichen. Sogar bei der Grundsteinlegung gab es nur Troubles. Als man nämlich 1450 die Fundamente mauerte, herrschte leider gerade auch – noch dazu in und um Wien herum! – ein katastrophales Wein-Jahr. Der Bau-Kaiser, Friedrich III., soll angeblich verordnet haben, den Wein nur mehr zum Ablöschen des Kalks zu verwenden! Wie auch immer, der Süd-Turm ist der höchste (138 Meter) und tollste originale aus der Spätgotik überhaupt, er ist kaum viel verändert worden, er beschämt so die Franzosen und die Süddeutschen, die an ihren Kathedralen noch bis ins 20. Jahrhundert hinein wesentlich und korrigierend und fertigstellend gebastelt haben. Und dann aber geschieht es natürlich wie vor und in allen diesen Kathedralen. Der Mensch geht irgendwie locker oder erwartungsvoll oder gelangweilt herum, ergeht sich, öffnet sich dabei erst wenig, dann mehr mit und in der Seele (und leiblich vielleicht währenddessen in einem Dom-Wirtshaus) und eröffnet für sich damit die Chance, fast so etwas wie eine kleine geschlossene Stadt zu er-gehen und zu erleben. Devotionalien. Weinhandlungen. Hermetisch verschlossene Erzbischöfliche Prunkbauten. Mozart hat im angrenzenden Deutschen Ritterordenshaus sein erstes Quartier genommen, als er endgültig, 1781, nach Wien kam („ein scharmantes Zimmer … ein Herrlicher ort … für mein Metier der beste ort von der welt "), wo er im nahen Hause Weber (bei den Töchtern Aloysia und Constanze) aus- und einzugehen sich angewöhnte und wo er nach seinen ersten Erfolgen mit Musik vom Salzburger Oberstkämmerer, Fürst Arco, „bey der thüre durch einen tritt im arsch" aus den Diensten flog. An der Ecke, schräg gegenüber, zum Eingang der Kärntner Straße hin, gab es weiland einen Kapellanbau an der Rückseite eines, für damalige Verhältnisse, Hochhauses von vier Stockwerken, wo die Schüler beziehungsweise Zöglinge namens Franz Joseph und dann Johann Michael Haydn logierten. Die wenig später einsetzende Musikgeschichts-Schreiberei nannte sie lässig-herablassend und noch lange die beiden „Haydn-Buben".

Domplatz und Dom-Inneres sind vielfältig wie fast nichts sonst in Wien. Dutzende an Heilig-Stätten und Kunst-Stücken verführen zum Stehenbleiben. Die steinernen Schreckens-Figuren und Höllentiere außen werden sogar entzücken, das Haupttor überrascht in seiner spätromantischen kargen Strenge. Das stets Hochfahrende, dieses „Raketen-gleiche zu Gott", ist allüberall zu empfinden, steht man nur nahe genug davor. Und gar der Glockenturm wird schließlich doch gefallen, der gebückte Ort mit dem Riesen-Ideophon namens *Pummerin*, so schwer und dann so voll Massenträgheit, dass man sie wenig „pummernd" läutet, die Kirche könnte sonst vielleicht noch zusammenstürzen dergestalt in Mit-Schwingungen gebracht.

– Wieder ein kurzes Innehalten, noch vor dem Betreten des Domes zu *St. Stephan*: Erstens, der Klang der *Pummerin* gehört zur meistrezipierten „Musik" in Wien und in Österreich überhaupt. Das dumpfe und tatsächlich ein wenig apokalyptisch anmutende Grollen und Schwingen und Wellenschlagen gibt es nämlich nicht nur zu hohen Festen, und es erklang warnend-drohend nicht nur damals, als die Kirche zum Ende des II. Weltkriegs doch noch in Brand geschossen wurde und das Riesen-Steildach bald hell loderte, sondern das Grollen kommt seit Jahrzehnten auch jährlich mehr oder weniger in alle Haushalte. Nur, was heißt da schlicht jährlich? Zum Jahresanfang sogar, exakt um 24.00/0.00 Uhr. Der Rundfunk geleitet in jedes Neue Jahr mit dem „pummernden" Läuten hinein. Für die meisten im Land wird das dann zum Zeichen für Aufbruch, Vergangenheit, Novitäten und beklommenem Stehen vor neuen 365/366 Tagen. Und, herumgefragt, später dann, während des Jahres: „Na, das große Läuten, die *Pummerin* zu Silvester? Was empfindet man dabei, und sei's auch nur jetzt in der Erinnerung?" Es wird vor allem die Antwort kommen: „Mir rieselt es, schon bloß in Gedanken, in der Erinnerung wohlig und zugleich schauerlich den Rücken hinunter."

Dieses ausgewiesene und stolze Musik-Land Österreich – so begeht man hier feierlich (?) ein neues Jahr. Dass anschließend dann im Medium, die *Pummerin*-Klänge übernehmend und als Angebot zum Ins-Neue-Jahr-Hineintanzen, der *Donauwalzer* erklingt, gehört ebenso zum unverrückbaren Brauchtum wie zur musikalischen Funktion eines Anlass-Satyrspiels. Aber, nicht jetzt wieder nachgefragt, was noch alles an Antworten folgte, würde noch mehr über diese Mischung: Glocke/Walzer-Eingangstremolo geschwärmt.

Und, zusätzlich und apropos Satyrspiel: Die *Pummerin* wird gar nicht mehr live übertragen, das Schwingen und Wellenschlagen kommt vom Tonband aus dem Radio-Studio. Der Umweltlärm und die Neujahrsfeiern sind viel zu laut geworden, um noch eine gute Übertragung zu gewährleisten. Und, Verzeihung, aber nochmals und zusätzlich und ergänzend: Der zwingend-swingende darauf folgende *Donauwalzer* wird in einer Kurzform abgewickelt. Man will die Hörer und die Feiernden nicht überstrapazieren! So heißt es offiziellerseits. *Tu felix Austria, tu infelix Austria.*

Kurz noch zweitens: Anton Bruckner soll als alter Mann während der Komposition seiner unvollendet gebliebenen letzten Symphonie, der *Neunten*, oft zu Fuß den Dom umkreist und in die Türme hineingeblickt haben. Angeblich um sich Inspirationen zu holen. Auch hier bloß ergänzend: Die Histörchen-Biographik gerade zu Bruckner ist besonders dumm, oft kindisch, sehr oft ganz einfach aus den Fingern gesogen. Seine *Neunte* hat er dann aber doch (sicherheitshalber?) *dem lieben Gott gewidmet. –*

St. Stephan hält im Innern überhaupt nicht, was es von außen verspricht. Ja, natürlich und schon zugegeben. Die Kleinodien in Form etwa jener zu Recht weltberühmt gewordenen spätgotischen steingeschnitzten Kanzel, fabriziert von der Wien-Legende namens *Meister Pilgram* (der „Fenstergucker"), oder der Flügelaltar links, oder sogar noch die Prunkgräber und jene *Dienstbotenmadonna*, eine Steinstatue aus 1320 und damit eine der frühesten Menschen-Ganzdarstellungen der Stadt, die faszinieren.

Doch es gibt auch ziemlich Banales. Ein Hochaltar im Barock-Manierismus ohne den Anspruch des Besonderen. Österreichs auch nur theoretisch in einer hierarchischen Reihenfolge gesehene Kult-Stätte Nr. 1 präsentiert sich somit lediglich als und in einer „Steinigung" ihres Schutzpatrons. Über die „liebende Kirche" wäre vor diesem für die Stadt wichtigen Altar viel zu diskutieren. Aber das ist hier sicherheitshalber sowieso verboten. Außerdem darf man ungeführt gar nicht näher heran. Oder daneben: viel anderer hingeknallter Barock. Oder Riesenlüster von den Decken wie in einem Protzpalais. Oder recht eigenartig ausstaffierte Seitenkapellen. Das Innere von *St. Stephan* macht stets ein wenig den Eindruck einer unaufgeräumten Sakralkunst-Schausammlung oder einer Kunstausstellung mit inhaltlicher Beliebigkeit, dafür aber noch im Aufbaustadium.

Doch der eigenartige Klemens Maria Hofbauer, auch so eine adorierte Wien-Legende als Wohltäter für Leib und Seele, der hat zum Beispiel an den Säulen über Maßen viel Platz bekommen.

Es gibt alte Seiten-Orgeln und es gibt die vergleichsweise neue Riesenorgel über dem Haupteingang zwischen den beiden so genannten *Heidentürmen* (der Name ist voll gerichtet gegen Fremde, gegen weiland die Türken, gegen alles andere und Neue oder nicht gleich Begreifbare und Vertraute?; ist er damit wieder ein Zeichen für die „liebende Kirche"?). Sie gilt als d i e Repräsentations-Musikmaschine Österreichs schlechthin, eignet sich hervorragend für Konzerte und lässt dabei vor allem die Spätromantik und die so genannte Moderne höchst differenziert klingen. Es gibt in der Kirche ungewöhnlich viele eigenartige Tafeln und Hinweisflächen. Die simple und immer leicht in's Dämonenhafte kippende Marien- und Schutzheiligen-Verehrung ist da, ist aber hauptsächlich – wie weltweit in allen Groß-Kirchen – schmückendes oder (Wienerisch) *verschandelndes* Beiwerk. Aber es gibt auch Danksagungstafeln profanerer Absichten. In Prominenz platziert etwa eine folgenden Inhalts: „Die Bundesrepublik Deutschland spendete einen namhaften Betrag für den Bau der neuen Riesenorgel." (?)

Sonst ist alles teuer geworden. Es unterscheidet sich damit der Dom zu Wien wieder überhaupt nicht mehr von sonstigen ähnlichen Institutionen europaweit. (Man versuche, zum Beispiel, in Italien oder in Frankreich und mit wenig Geld Sakral-Kunstschätze besuchen und studieren zu wollen. Oft kostet schon der simple Eintritt in die Kirche bis zu 5 €, aber ohne die Garantie, drinnen den desiderierten Bildern oder Skulpturen von Weltgeltung tatsächlich auch nur nahe kommen zu dürfen oder sie in irgendeinem, die Details erkennbar machenden Licht zu sehen.) Auch zu *St. Stephan* verlangt man, überall und zwar einzeln, immer ein gerütteltes Maß an €-Münzen oder -Scheinen. Für den Katakombenbesuch, für eine Stippvisite zur *Pummerin*, für allen Kitsch aus dem, zentral im Gotteshaus situierten Dom-Shop (sic!) einschließlich seiner Dom-CD-Roms (auch sic!), zum Einwerfen in die Abhörautomaten mit frechen, aber nicht einmal minutenlangen Texten.

Doch nirgends (auch in den Texten nicht oder im teuer erworbenen Begleitmaterial oder auf den oft komischen Dank-Tafeln) gibt es vernünftige Hinweise auf Musik, auf die Musik hier, damals; keine Auskünfte über die Musikmachenden, die einstigen Musik-Stars, hier, damals, über die Regens Chori und Domkapellmeister, die Aufführungsserien.

(Wienerisch) *Schmecks!* Such' dir das selbst zusammen, Besucherin und Besucher, holt euch das von woanders her oder ab, ihr Gläubigen, ihr Musik-Auf- und -Nachspürer!

Angebote als Ausgangspunkte zum Weiter-Schürfen und Weiter-Spüren (ein paar bloß, zum Appetit-Machen):

Johann Strauß, der Sohn, zum Beispiel. Hier herinnen hat er geheiratet, am 27. August 1862, eine um viele Jahre ältere Ex-Sängerin mit bereits sechs Kindern aus verschiedenen Verbindungen, die sie alle sofort wegen des damaligen schon Europa-Musikstars Nummer 1 verlassen hatte. (Strauß hat nach dem Tod dieser seiner Jetty dann noch zwei Mal geheiratet. Seiner dritten Frau zuliebe, sie war Jüdin, er von der zweiten nach kurzer Katastrophen-Ehe wieder geschieden, ist er zum protestantischen Glauben übergetreten und Bürger des diesbezüglich heiratsliberalen deutschen Herzogtums Coburg geworden. Man kann sich gerade in Wien seine Religionen ja oft augenzwinkernd richten und einrichten.)

Nur – es hatte dort, zu *St. Stephan*, auch schon Straußens Urgroßvater, Johann Michael Strauß, sich verehelicht, ein getaufter Jude aus Ofen. Doch. *Tu felix Austria* (?) Keine 150 Jahre später: Im anhebenden und nach Österreich transportierten Nationalsozialismus sah man so etwas natürlich gar nicht gern. Die Sträuße waren in der Partei- und Diktatur-Hierarchie äußerst beliebt und leidenschaftlich gehört, bis in allerhöchste Höhen hinauf. Also wurde man seitens des Reichs-Sippenamtes in Berlin aktiv, ließ sich das alte Trauungsbuch kommen, überklebte den Folianten aus *St. Stephan* und schickte nur eine Kopie zurück nach Wien. Die Sache wurde erst einiges an Zeit nach der Befreiung wieder getilgt.

Oder. Mozart hat hier dann doch geheiratet (4. August 1782). Es wurde die Demoiselle Constanze Weber ausgewählt, und zwar gegen den Willen ihrer Mutter, und vielleicht auch bloß in zweiter Wahl, denn Schwester Aloysia war vom damaligen Wiener Musik-Avantgardisten Nummer 1 zuerst noch mehr verehrt und beworben worden. (Er dürfte ihr aber zu unheimlich gewesen sein, der Amadé. Constanze hat Mozart auch wohl erotisch mehr gefesselt.)

Weiter. Am 6. Dezember 1791 endlich hat man den tags zuvor verstorbenen Leib Mozarts aus dessen Wohnung in der nahen *Rauhensteingasse* hierher zur Einsegnung übergeführt. Hernach wurde die Leiche − der umliegende Dom-Friedhof war schon seit 1735 nicht mehr in Betrieb − ganz den Vorschriften entsprechend „auf den Friedhofe vor der St. Marxer Linie" gebracht. Die Sache war irgendwie ein Fehler. Denn bald begannen die wildesten Geschichten um des Wolfgang Amadeus Mozart's Tod und vor allem um sein Begräbnis sich zu ranken. Viele Bücher wurden verfasst, einschlägige Theaterstücke und Romane geschrieben. Es gibt wenig plausibel zusammenfügbare Fakten. Aber die Themenpalette ist breit: Ermordung durch Antonio Salieri, Freimaurer-Komplott, Constanzes ehelicher Betrug, Nacht-Aktion und daher kein Trauerzug, das „Armengrab" deswegen, um es dem Herrn Mozart, diesem Schuldner und Spieler, auch noch im Tod heimzuzahlen, Ansteckungsgefahr, josephinische Schikane, Schlechtwetter oder (Wienerisch) ein *Sauwetter*.

Mozart hat übrigens am Dom-Rand dann doch noch eine Gedenktafel zugestanden bekommen. Er war ja immerhin der vielleicht innovativste Mensch in der Gesamtgeschichte der Menschheit, der je drinnen im Gottes-Monster gewesen ist. Die Tafel hängt bezeichnenderweise am Katakombenausgang!

Schwindelfreie und Kräftige können/dürfen jetzt den Südturm von *St. Stephan* wieder nach Erlag guten Geldes besteigen und nach rund 2/3 Turms die Türmerstube besichtigen, einst die Feuererkennungs-Stelle für ganz Wien und der Platz zur Erst-Warnung vor allfällig heranziehenden

Heerscharen. Mit Spezialerlaubnis mag es sogar möglich sein, noch höher in das Geäst der sich zuspitzenden „Rakete-zu-Gott" zu klettern oder (Wienerisch) zu *kraxeln*. Position und Ausblick sind atemberaubend.

Drüben: die Slawen und die Ungarn. Die Musik Wiens wäre ärmer ohne sie (gewesen). Dort: der *Wienerwald* mit seinen hineingedichteten, verkomponierten und tatsächlich sich noch alleweil ereignenden, manchmal grausigen „Geschichten". Der Ort für süße Morde und besoffene Koitus-Lernwillige. Oben die Donau, sowieso immer sich wälzend und kaum blau. Das *Burgenland* grüßt andeutungsweise, Österreichs milde Form von Steppe und Puszta.

Unten, im Hauptschiff, gibt man gelegentlich Großkonzerte zum Zweck des Spendensammelns oder für ein komisches Österreich-Historizieren oder nach etwas bigotten Gebets- oder Gedenk-Veranstaltungen für halbe Regierungs-Kabinette oder verflossene oder alt gewordene Habsburger. Sogar die schon legendären *Wiener Philharmoniker* spielen dabei gelegentlich auf. Vielleicht krähen dazu auch die noch legendäreren *Wiener Sängerknaben*. Man überträgt's mittels TV und das weltweit, macht Geschäfte und macht dann CD's und Videos draus.

Kyrie eleison.

oder

Requiem aeternam dona eis, Domine,
et lux perpetua luceat eis.

(Ein Hinweis noch. Wem kalt oder mies oder seltsam geworden ist, oben im und am Turm, der/die steige rasch hinab, verlasse den Platz Richtung Nordwesten, biege in die *Wollzeile* ein und dort gleich in's *Café Diglas*. Da gibt es neben den Torten auch Riesenbackbleche voll mit Kuchen und Beeren drinnen und gebackenem Zuckerschaum drüber; offeriert werden die Apfel- und sonstigen Strudel, natürlich; im Angebot sind auch geheimnisvolle Gemüseaufläufe ... eine ganz hervorragende Gelegenheit, sich vorsätzlich zu überfressen.)

Giovanni
und
Alma

ein auch verschwitzter Eros,
in Dauerbeschallung, beim Essen

Wien:

Musik ist Historisches.
Musik ist Eros.
Musik ist falscher Bürgerstolz.
Musik ist vorweggenommene Psychoanalyse.
Musik ist Gotteslob, Teufelsaustreibung und Personenkult.
Musik ist höchst ordinär.
Musik ist frauenfeindlich.
Musik ist ein Umarmen wie unter Drogen.
Musik ist Essen, Speisen, Vertilgen, Futter und Fraß.
Das ist also Wien.
Denn Musik ist auch ein Absurd-Sein zur Mittagszeit.
Nehmen wir einmal an, Mann und Weib und Weib und Mann. Beide
reichen im Augenblick ganz bewusst nicht „an die Gottheit an", wie das
der Herr Schikaneder aus den Kehlen von Pamina und Papageno vor-
schlägt, sondern Mann und Weib und Weib und Mann promenieren
locker durch die Stadt, haben dabei viel Zeit, bekommen langsam
Hunger, goutieren, (Wienerisch) *gustieren*, und sind überhaupt recht
guter Dinge. Wir wollen den Herrn vielleicht nun ganz herkömmlich einen
Herrn „Johann" taufen (Wienerisch wird es bald sowieso ein *Hans/
Hansi/Hansibub/Hansiburli/Jonny/Tschonni/Jo/Tschoh/Schani* ... sein).
Die Dame nennen wir hingegen schlicht und einfach „Alma" (also auch

irgendwie was mit „Seele"). Der Herr lebt ohne festen Beruf. Er braucht so einen aber auch nicht auszuüben, er ist nämlich vor allem Ex-Adeliger und Rentier (somit ein bisschen vergleichbar dem *Fledermaus-Eisenstein*, nur eine Spur nobler, und außerdem als Verführer erfolgreicher als jener Herr *Gabriel* im Frack). Die Frau ist die verwitwete Gattin nach einem ziemlich berühmt und gefürchtet gewesenen Dirigenten, der auch viel und bombastisch komponierte. Außerdem hat sie schon einige Affären hinter sich gebracht, über welche Wien tuschelte und sich amüsierte und auf die man vor allem neidig gewesen ist. Ein Maler war darunter, einer, der die grellsten Farben so dick auf die Leinwände zu schmieren pflegte, dass die Bilder stets in Gefahr gerieten, aus den Rahmen zu fallen. Außerdem ist sie, die leicht mondäne Alma, für kurze Zeit auch mit so einem Architekten zusammen, (Wienerisch) *verbandelt*, gewesen. Dieser Künstler (!?) nun hatte damals sogar versucht, die Innere Stadt zu modernisieren. Man ist sich in den einschlägigen Wiener Gesellschaftskreisen noch immer nicht schlüssig, ob sie (die Kreise) ihn nun deswegen bewundern oder hassen sollen oder beides gleichzeitig.

Alma und Johann (im Sinne der Europa-Erweiterung müsste man zu ihm auch noch sagen *Juan/Jean/Jan/Ivan/Giovanni*) spazieren, eingehängt, an den Schaufenstern vorbei. Die beiden, Mann und Weib und Weib und Mann, überlegen währenddessen heftig. Sie checken gleichsam ab, prüfen ihr bereits ziemlich erfahrenes Seelenleben, ob sich aus der so angenehmen und im Augenblick noch ausschließlich als solcher bestehenden Bekanntschaft ein wenig mehr oder bald gar Nachfolgesituationen zum eben Geschilderten entwickeln könnten. Oder gar sollten?

Eine Konditorei wird passiert, ein ehemaliger „k. und k. Hof-Zuckerbäcker". Man musste jetzt gar nicht viel (Wienerisch) *miteinander in Absprach' gehen*. Nein, woher. So als wären sie schon viele Jahre hindurch miteinander verheiratet, betreten beide in nonverbaler, aber übereinstimmender Kommunikation das Etablissement. Welch' Glück, ein winziger, aber eben erst frei gewordener Tisch an einer Wand kann erobert und gegen Mit-Neuankömmlinge verteidigt werden. Und sogar das Kellnerin-Mädel ist so gnädig, dreckiges Vorgängergeschirr abzuservieren und währenddessen mit einem feuchten Wettex-Lappen über die braun-weiß melierte Marmorplatte zu wischen. Johann/*John/Giovanni* schaut dabei nicht eben unfroh auf die sich vorbeugende Gestalt der jungen Angestellten (und eigentlich nicht „auf die", sondern schon „in die"). Weiße Bluse, ein Knopf zuviel offen. Schwarzer Rock, einige Zentimeter zu kurz,

aber straff den Oberschenkeln und der schwarzen Strumpfhose an-
liegend. Dieses schillernde Gespinst führt nun seinerseits in ein Paar
dunkler und für diesen Beruf fast schon allzu hochhackiger Pumps, wobei sich links innen eine Laufmasche von der Kniekehle bis zum schmalen Knöchel hinabzieht. Der Herr (der Sir, der Monsieur, der Dom, der
Don) erspäht denn auch rasch jenen Lapsus, aber selbst einen solchen
durchaus mit Behagen. Frau Alma wiederum bemerkt sein wohliges Be-
merken mit kleiner, aber Elvira-gleicher Eifersucht. Sie bestellt daher –
das Mädchen damit vorsätzlich strafend – nur „einen kleinen Braunen",
während er, freundlich grinsend, um „ein Achtel vom Messwein und vielleicht um ein Canapé mit ein bissl einem weichen Grünkäseaufstrich bitten tät". Die Unterhaltung streift die letzte Opern-Premiere. Keine(r) von
beiden war dabei. Man tut aber so, hinterfragt nicht insistierend Fakten
oder Details. Die beiden haben ja nur einen Ausgangspunkt gebraucht
für ein Sich-wieder-Versöhnen jenseits jeglichen Sich-schuldig-Machens
gerade ehedem. Der Operndirektor wird gelobt und getadelt. Dem
Orchester ein hervorragendes Zeugnis ausgestellt. Sängerinnen und

Sänger werden taxiert wie bei einer Audition oder in *A Chorus Line* oder
im Rahmen einer Aufnahmsprüfung zum Akademiestudium. Doch, vorüber, ach vorüber. Nach wenigen Minuten im kleinen Genuss mit Lippen,
Zungen und herkömmlichem Flirt-Verhalten, wird's ein bisserl fad. Allein,
zumindest der Appetit, der wurde leicht angefackelt. (Wienerisch) *Ich
werd' jetzt schon langsam richtig appetitlich.*

„Was halten Sie davon, gnädige Frau, wenn wir uns nun ein wenig
verlagern und was Richtiges essen gehen? Und vorher ganz einfach
noch auf einen guten Aperitif? Nachher such'n wir uns schon etwas
Feines. So ein Wirtshaus, das jetzt noch allemal auf Beisel spielt, in Wirklichkeit aber nobler ist und besser kocht, als die meisten Restaurants
sonst, von den Pseudo-Italienern oder den Fernostlern erst gar nicht zu
reden. Darf ich Sie da bitten und selber dabei hoffen? Wär' das nicht
eine ganz passable Idee? Der könnten wir doch näher treten? Oder?"

Keine sechs Sekunden an Anstands-Zier folgen.

Dann. Wieder einmal (zum wievielten Milliarden-Mal wohl?):

Là ci darem la mano …
sowie
Vorrei, e non vorrei, mi trema un poco il cor …

(Wienerisch, denn man hat hierorts schließlich noch zu allen wunderbaren Melodien frische und stupide und unanständige und doch erst auf diese Weise neu erkenntnisfördernde Texte gefunden:

Reich' mir die Hand, mein Leben,
komm in mein Bett mit mir!
Will dir 'ne Knackwurst geben,
ja, und ein Krügel Bier.)

„Hier herein. Bitte sehr, ich darf vorgehen? Gell? Und nicht schrecken. Man kennt mich nämlich ziemlich gut in dieser Tages-Bar. Ganz harmlos und hochanständig aber alles. Nur deswegen sag' ich das so vorwarnend, weil man mich drinnen wie einen lieben alten Freund begrüßen und willkommen heißen wird. Ich kenn' das schon. Natürlich ist's auch wegen des Geschäftes, aber es schmeichelt einem ja doch."

Auf zwei Hockern. Knabbergebäck, salzig, mit Sesam. Ein wenig schmal geschnittenes rohes Gemüse (Karotten, Stangensellerie, sogar kleine und ungekochte Röschen vom Karfiol, dazu Rahm, mit Topfen eingedickt, mit Kräutern und Schnittlauch durchsetzt).

„Am liebsten hab' ich um diese Tageszeit einen Pernod oder einen Ricard, ist eh' dasselbe. Ja, schon, sagen Sie jetzt nix. Franzosenzeug und so. Aber, ich mag auch den Debussy und den Brel Jacques und sogar, viel früher, so Typen wie Lully, Jean-Baptiste, oder noch vorher, diese Mittelalter- und Renaissance- und Burgund-Menschen, Binchois und Perotinus und Machaut. Sie werden sich jetzt denken, meine liebe gnädige Frau, ich geb' einfach ein bissl an, schon wieder. Aber, zu meiner Entschuldigung gesagt, ich habe sogar die Musik studiert! Das glaubt mir zwar niemand, die Damenwelt schon überhaupt nicht. Aber Tatsache. Versprochen und Wahrheit. Küss' die Hand wegen ihres süßen Nicht-Widerspruches ad hoc. Außerdem hat mich die alte Musikgeschichte wirklich interessiert. Einmal so richtig wegrudern von immer demselben in immer denselben Musen-Tempeln. Weg von dem Brahms mit seinen Symphonien oder dem Haydn, auch der immer wieder mit denselben Symphonien. Pardon, was darf ich für Sie ordern?"

Beide reden über Dinge, die sie kaum mögen und die sie überhaupt nicht verstehen. Kulturpolitik. Bilder. Salzburg. Aber auch von Leuten zwischen „Seitenblicke"-Auftritten und innerer Emigration. Sie trinken, beide, jeweils zwei Glas. Ricard und Grand Manier. Dann.

Alma: „Ich komm' gleich wieder." (Zum Barkeeper) „Wo? – Ja, ahja, aha. Danke."

Ivan/Giovanni (auch zum Barkeeper) (nachdem sie, Alma, Richtung Damentoilette abgeschwirrt ist) (Wienerisch: *auf's Häusl*): „Na? Gar nicht so schlecht, oder?"

Der Barkeeper: (nickt müde)

Alma (draußen) (denkend): „Wenn ich jetzt weiter mir so den Alkohol hineinzwingen lasse, na dann, gute Nacht, in des Wortes beiderlei Bedeutung sogar." Sie ordnet ihre leicht strähnigen Haare, übt vor dem Spiegel Schmollmund und beleidigten Mund, zieht den Büstenhalter noch um eine Ösen-Reihe straffer an.

Der *Don Juan*/Der *Dom* (vornübergeneigt): „Geh, bitte, geschwind noch einen, bevor sie wiederkommt; sie soll glauben, es ist noch derselbe. Aber, ich brauch' das. Gerade heute. Aufmunitionierung, sowieso. Ein gelungenes Investitions-Trinken."

Er schaut nach, ob er noch genügend frische Papiertaschentücher eingesteckt hat.

„So! Alles paletti?! Jetzt geh'n wir auf ein gutes Papperl!"

Während er ihr in den Mantel hilft, riecht er die frischen Spritzer Parfums, die sie sich abschließend im Ladies-Room noch gegeben hat. Sie, die Spritzer, überdecken fast völlig das ganz leichte, flatternde und erwartungsvolle Schweiß-Aroma aus der Gegend ihrer Achselhöhlen. Er aber hat, so lange bis sie wieder im Bar-Raum erschienen ist, kräftig an seinen Fingernägeln gelutscht, um allfällige Tages-Beschmutzungen vorsorglich zu beseitigen.

Jetzt sitzen sie, Mann und Weib und Weib und Mann, an einem Nischentisch in einem dickewandigen Gewölbe. Wieder hat man Platz-Glück gehabt, heute, in dem Lokal. Das lässt weiter hoffen.

Die Speisekarten in Händen. Selber lesend. Einander vorlesend. Einander Süßes und Saueres vorschlagend. Einander Köstlichkeiten präsentierend. Rohes Fleisch und weiche Nockerln zum Beispiel.

Leider erklingt aus einer Lautsprecher-Wirtshaus-Beschallung Musik. So von oben. Wie schon fast überall auf dieser noblen Welt. Die Musik (wie schon fast überall auf dieser noblen Welt) swingt zu leise, um ihre Inhalte gut mitzubekommen, sie ist aber eine Spur zu laut eingestellt, um sie beim Speisen ganz vergessen zu können, um sie scheinbar schon vor den Ohren abzustellen. Mozart, g-Moll, jene so genannte „Große in g". Mozarts hastige und beklommene Trauer, sein vergebliches Werben; es ist, wie so oft bei ihm, eine Musik, mit der man besser allein sein will.

Doch das ist den Restaurant-Gestaltern und ihren Innenarchitekten weder in den Sinn noch in deren Ethos-Bereich (haben die überhaupt einen solchen?) gekommen. Aber – egal. (Wienerisch: *Is eh' scho olles ganz wurscht.*)

Doch Johann und Alma merken nichts. Sie sind viel zu beschäftigt einander vorzulesen, einander Genuss-Präferenzen zu schildern.

(Geheimnisvoller Mund)

Beinfleisch mit sechs verschiedenen leicht geraffelten Gemüsen?

Terrine aus dem Waldviertel mit Kürbiskernöl aus der Steiermark?

Frischer angerösteter Erdäpfelschmarrn, Kipfler, mit Vogerl-Salat?

Mozart leidet aus dem Lautsprecher. Es geht in den Symphonie-Satz Numero Zwo. Bewegungen, dann drüber lange Töne. Genussvolles Stillehalten im Körper über rhythmischer Hochleistung?

Kalbsgulasch in Rahmsauce, sehr sämig, wie hineingeschmiert?

Zander, fast ohne Öl, viel Knoblauch, offene Mandelsplitter?

Heller Sud aus feinen Flugenten und drinnen Kalbs-Vögerln?

Unheimlich, bestimmt, zornig oder vielleicht auch nur ehrgeizig kommt ein Menuetto mit wiederum verzeihendem Trio daher. Mozart macht Musik, die man nie wirklich einordnen kann. Das ist gut so, sehr gut, hervorragend. Und. Er hat das alles in Wien gemacht! Hat er damit ein Beispiel und gleichzeitig dessen geniale Überhöhung formuliert?

Weiches Mousse, man darf sich aussuchen wie und was und womit?

Käse und Feigen, beide gerade noch nicht fortrinnend, aber bald?

Geöffnete Palmherzen, zart angerieben, und dazu Apfelspalten?

Schluss-Satz vom Mozart. Es bleibt harsch. Die Verbindung von Klassik mit einer erst an die Tür klopfenden Romantik klingt beinahe schon wie ihre Hörerschaft tadelnd. Vernichtet so normalerweise aber dummes Alltags-Denken und seichtes Geschwätz.

Jetzt geht er auf die Toilette. Auch dort hängen die kleinen Lautsprecher von der Decke. Im Waschraum gleichviel wie schräg über den Kabinen und neben den Pissoir-Muscheln. Mozart wird immer brutaler.

Haarebürsten. Haareabbürsten vom Kragen. Zwischen die Zähne-Hineinschauen (es gab als Bei-Gebäck Mohnstriezerln).

Mann und Weib und Weib und Mann haben dennoch bewusst keinen Ton gehört. Auch nicht er, der Johann, der Ex-Student der Musik.

„Ich bitt' Sie, Liebste. Ein Fluchtachterl in Ehren kann niemand verwehren. Auch nicht, wenn man so galant und abwehrend die Hände vor's Gesichterl klatscht wie Sie jetzt. Dann schon gar nicht!"

(Süßer Mund)

„Und wissen Sie, wenn ich mir jetzt spontan was wünschen sollte, dann würde ich, auch spontan, sagen, so was wie dieser Vormittag und dieses Mittag miteinander, das sollte zur kleinen Institution werden. War das jetzt zu viel oder zu frech oder was?"

Das Fluchtachterl kommt aus dem nördlichen Burgenland. Aus dem Orte Rust mit seinen Storchennestern.

Alma: „Und, leider, ganz leider, aber wie schon vor ein paar Stunden gesagt und angedroht, ich muss jetzt gehen, wirklich. Sie bleiben noch? Ich muss eigentlich schon rennen. Und ich weiß gar nicht, wie ich Ihnen danken kann. Na ja. Wieder einmal. Dann aber. Sie rufen mich an! Am Handy aber. Zu Hause weiß man nie, wer da abhebt. Ja? Versprochen? Danke. Danke noch einmal. Wir sollten viel mehr über die Musik reden. Sie wissen überhaupt nicht, wie mich das interessiert. Ich weiß viel zu wenig davon. Aber Sie haben so klare Vorstellungen und Urteile. Also, nochmals danke. Und – nein, lassen Sie das Handküssen da im Lokal! Sie kriegen jetzt ein Bussi auf die Wange. Belohnung und so. Und, die Handy-Nummer haben Sie ordentlich eingesteckt? Wir werden sehen. Nein, Blödsinn, was sollen wir denn groß sehen? Immerhin. Immerhin."

Schon wieder beginnt nach dem Gesetz der Endlosschleifen-Programmierung Mozarts g-Moll-Symphonie, Satz Numero Eins.

Die vorgezogene Streicher-Begleitung schafft abermals sofort eine Unruhe. Die ersten Geigen oben repetieren die Seufzer. Drei Mal hinunter, ein Mal hinauf. Alles vier Mal wiederholt, dann Anlauf genommen. Dann wird im schalen Schmettern die Eröffnungs-Phrase abgeschlossen. Matrazenrhythmus.

„Zahlen!"

Denkend.

„Ich komm' mir schon vor wie beim Schnitzler."

Weiterdenkend. Und sich dabei gebildet vorkommend.

„Weihnachtseinkäufe oder Reigen ab der 3. Szene und am einsamen Weg und so. Na, aber schlecht?!"

Noch einmal weiterdenkend. So ein Kultur- und Theaterverständnis!

„Zahlen! Danke. Sagen Sie, rennt diese Musik da immer von dort oben? Beethoven, nicht wahr? Ich hör's jetzt ganz deutlich."

Sir John tritt hinaus in die reine Luft. Dieses Essen!, so seine etwas unzusammenhängenden Assoziationen. Fressen und Gefressen werden. Fleisch dringt ein in anderes Fleisch. So oder so. Kann man nichts machen. Ist ja außerdem nie ungut für einen dabei. Aber, wie gesagt, unzusammenhängend. Noch. Dann.

Wir begleiten ihn, den *Juan Don*, imaginär, was allerdings nicht auf eben komplizierten Pfaden erfolgt. Ein paar enge Gassen, dann jenes alte Durchhaus. Der Kirchenplatz, die Himmelpfortgasse, tatsächlich: „Himmelpforte". Noch einmal hin, noch zwei Mal her. Das Etablissement, das kennen wir doch schon? Die Tages-Bar. Vor keinen zwei Stunden erst gemeinsam mit Frau Alma verlassen. Jetzt zum Beschließen der schönen Mittagszeit und vor allem zur Belohnung nach den Erfolgen während dieser schönen Episode noch einmal solo aufgesucht.

Mit klopfendem Herzen die Tür aufgestoßen … irgendwie Gestank jetzt drinnen … fliegender Atem … viel mehr Männer … fast schon in Zweierreihen vor der Bar … fressen auch in sich hinein … irgendwelche Tagesteller mit Brot, mit viel Brot, weil es das gratis gibt … manche tun sich überhaupt keinen Zwang mehr an … einige stochern ungeniert in ihren Zähnen herum … zum Kotzen … tatsächlich, man kann seinen Blick noch so herumschweifen lassen, es ist im Augenblick keine einzige Frau im Lokal … schade, oder Gott sei Dank eigentlich, und zwar grauslich … das führt nämlich dazu, dass die Männer sofort ihre Hemmungen verlieren … wahrscheinlich wird jetzt auch schon ungeniert gefurzt … gerülpst wird sowieso … .

Er hat an der Schmalseite einen Hocker ergattert. Der Macho kommt auch in ihm voll heraus. Aber, wer wirft jetzt wütend und emanzipiert den ersten Stein?

(Wienerisch:

Nach dem Essen sollst Du singen
und den Menschen Freude bringen.
Oder meinetwegen rauchen
oder eine Frau gebrauchen.
Kannst Du beides nicht ergattern,
lass' ihn durch die Finger rattern.)

Zum Bar-Keeper:

„Eigentlich stinkt es. Hier. Riechst Du das nicht?"

„ – ?"

„Gib mir noch was."

„ – ?"

„Ein Glas Roten. Spanier."

Zu sich selber:

„Irgendwie ist alles auch immer eine kleine Höllenfahrt. So mit Posaunen und so. Der Mensch ist ein Genuss-Wesen und er muss dafür jedes Mal bezahlen. So ist das. So. Ah. Fühl' mich schon besser. Dieser

Körper. Eine Rundfahrt. Im Gallengang umsteigen! In der Milz abgespritzt werden wie nach einer Verseuchung beim Atomkrieg-Üben."

Der *Dom G.* lehnt sich zurück. Er schließt die Augen.

„Warum ist man derartig rasch überfüttert? Selbst von Musik. Dieser Beethoven soeben, ich glaub', das war die III. Symphonie, diese Eroica, wie man so sagt nach dem Napoleon. Oder? Nein, das war überhaupt die Achte. Ich werd' nachher zu Hause einfach die alten Furtwängler-Aufnahmen herausholen und spielen und vergleichen. Aber, die Symphonie, was immer das auch für eine gewesen ist im Nobel-Beisel, die geht nicht aus dem Kopf. Sowieso, eh' klar. Beethoven. Der hat sich natürlich überhaupt keinen Zwang angetan beim Ausreizen von Seele und Hirn. Schon ein toller Bursch, aber erst hier in Wien. Immer wieder. Und ich glaub' auch, die Alma hat überhaupt nichts gehört oder mitge-kriegt. Das heißt, ‚mitgekriegt‘ hat sie bei mir ganz etwas anderes. Na, sowieso. Haha. Immer noch ganz gut drauf. Ich. Ganz egal wo. Hier oder im Angesicht des Jenseits. Mir kann niemand an. Und drüben ist es wahrscheinlich überhaupt erst recht spannend! Rawapzibappziwapzi-bappbumm!"

Und dann summt der *Don Giovanni* höchst genüsslich und langsam, sachte, fast zärtlich in ein ganz schauriges d-Moll verfallend, dahin:

Don Giovanni, a cenar teco m'invitasti, e son venuto.
… Eccola … Ohimè! … è ultimo momento …
… Tutto a tue colpe è poco; vieni ! c'è un mal peggior ..
… Nò! … Nò! … Che inferno! …
… Ah!

Man sollte ein wenig aufpassen und nicht locker vom Hocker purzeln, Herr *Giovanni* !

Außerdem, es läutet jetzt doch tatsächlich, noch dazu das eigene Handy. Peinlich in einem so vollen Lokal, wo man, nobel nobel, erst was gilt, wenn nicht dauernd das Handy losmeckert.

Die Melodie: Haydns *Paukenschlag*-Musik.

Anrufend: Alma.

Warum?

Na ja.

„Wissen Sie eigentlich, Sie unmäßiger Mensch, der überhaupt zu Mit-tag viel zu viel säuft und den Frauen schöntut? Also. Wissen Sie eigent-lich, dass Sie mir eine CD versprochen haben? Zum Anhören. Während wir ewig lang uns nicht und nicht entscheiden konnten, was wir bestellen sollen, da haben Sie nichts als Werbung gemacht. Für die CD nämlich. Kalbs-Vögerln? Also! Und die CD? Mit dem tollen Carlos Kleiber, wieso eigentlich Carlos, nicht Karl? Wie komm' ich jetzt dazu? Sie bringen sie mir? Halt! Ich bin ja am Nachmittag sowieso noch einmal in der Stadt. Ja. Hab' ich das nicht gesagt vorhin? Nein? Also? Bis gleich. Ja. Wo? Jetzt reden Sie schon!"

109

Staatsrettungsvorschlag.

Man mache den Johann Strauß zum Ministerpräsidenten und es wird sofort die allgemeine Zufriedenheit hergeste...

Scylla
und
Charybdis
des
Geistes

Wien-Musik besucht im Archiv mit „Säulenheiligen"
zwischen Brahms und Bruckner

Wenn Sie in Wien auf Musikspuren spazieren gehen, dann geht das
auch zwischen den Aufbewahrungsorten für die Musik selbst und – mehr
noch – für ihre Voraussetzungen dahin. Doch, was heißt da „Orten"?
Wien hat, so lautet – beinahe schon – der Terminus, „Quellen-Tempel".
 Schließlich besteht eine Überlieferung nicht nur aus CD's und
Nostalgie, nicht nur aus aktivem Musizieren zwischen Vorstadt und
Konzerthaus oder nur mehr aus Radio und falschem Eigenlob der jeweiligen Kulturpolitiker (Kulturpolitikerinnen gibt es hier kaum, tatsächlich). Die Überlieferung, also dasjenige, worin die Musik vorerst einmal
niedergelegt worden ist und was dann gleichzeitig angreifbar, irgendwie
schon befühlbar, was übrig blieb, besteht nämlich zunächst einmal fast
ausschließlich aus Papier. Futter für Bibliotheken, Sammlungen, Archive.
 Sie leiten aus dem Bewahren, dem Anbieten für Interessenten, dem
vertraglich festgelegten wissenschaftlichen Aufarbeiten oder eben aus
diesem „Befühlbaren" ihre Existenzen und Existenzberechtigungen (sie
sind auf die Dauer sehr teuer) ab.
 Wien beherbergt drei große, vor allem fachspezifisch orientierte Institutionen, wobei allein diese drei schon zu den rund ein Dutzend wichtigsten in der ganzen Welt überhaupt zählen. Dann existieren auch noch mindestens zehn mittlere Sammlungen und eine ganze Menge anderer
kleiner, halböffentlich und privat.

Es rentiert sich für Sie auf jeden Fall ein Besuch, auch nur mit partiell wissenschaftlichen Interessen und Anliegen. Denn Wien-Musik ist, jetzt solchermaßen weiter und tiefer in dieses allemal verblüffende Phänomen und Faktum eindringend, erst so ganz abgerundet zu begreifen. Aber für diesbezügliche Stippvisiten sollten Sie, durchaus serioso, jeweils einige Zeit einkalkulieren und in Ihr Wien-Musik-Budget aufnehmen. Es zahlt sich aus. Auch wenn Sie Anläufe brauchen werden. Kommen Sie aber ja nicht als begieriger Tourist oder als Bildungsbürger daher, sondern als Lernwillige! Sonst ist's nämlich schwer oder unmöglich für ein Schauen und Benützen und In-die-Hand-Nehmen (oder es ist von vornherein sowieso überhaupt gleich wieder vorbei; denn die Leute in den nun vorgestellten Institutionen sind streng). Apropos „vorstellen". Die kleinen, Ihnen jetzt angebotenen Plätze und deren Charakteristika sind hier inhaltlich weder erschöpfend noch anhand auch nur der wichtigsten Sammlungs-Schwerpunkte mitgeteilt. Das geht gar nicht. Ein paar durchaus liebevoll gemeinte Hinweise sollen es sein, mehr nicht, denn „mehr" muss selber entdeckt werden.

Bloß eines noch: Musik soll man zwar hören, oder soll sie vor allem machen natürlich, meinetwegen auch erleben und verstehen und in sich dringen lassen und bekämpfen. Und, in ihr gebadet, sollen Sie scham-frei meinetwegen mitheulen oder was auch immer. Aber mehr noch. Steigerung. Auch die Quellen zu ihr, dieser Musik, bekommen für werdende Insider rasch einen Reiz selbst jenseits der Sammelwut oder der Geldanlage (Musik-Autographen sind teuer) oder wichtiger musealer Verpflichtungen. Die Notenblätter und Musikdrucke (und vielleicht auch dünn Gegenständliches oder Überliefertes sonst) nämlich dann leibhaftig anzuschauen, in die weiche Hand zu nehmen, zwischen die Finger zu bekommen, das hat schon seinen Eros, kriegt sogar abermals noch so ein „mehr", eines auch über diesen simplen Sinnenreiz hinaus. „Ein haptisch-daktyles, durchaus bald körperliches Erlebnis", so formulieren die diversen Wissenschaften von und mit der Psyche solch eine mögliche Epiphanie.

Die Numero eins. Die *Musiksammlung der Österreichischen Nationalbibliothek*, das Riesenflaggschiff aus der „Reede für Quellen-Tempel", ist noch über der *Graphischen Sammlung Albertina*, also an der Hinterseite der *Neuen Hofburg* und thronend über dem Antifaschismus-Mahnmal am Platz davor situiert. Die Sache mit den Graphiken lässt die Leute in der Musiksammlung oben oft verzweifeln und in ihrem Berufsethos zornig werden, weil sie dadurch oft als Musik-*Albertina* benannt, tradiert oder zitiert werden. Nichts hat hier miteinander zu tun, außer dass die permanenten Umbauten im Haus und den Prunkgebäuden alle in Mitleidenschaft ziehen. Zu Fuß die vielen Stockwerke hinaufzusteigen ist gesund, mit dem lächerlichen Lift zieht es sich auch. Oben nehmen Sie sich Zeit. Warten Sie ab, lassen Sie sich belehren. Lernen Sie still und brav die diversen Katalog-Recherchen kennen, die Handapparate zu benützen, die Diensthabenden richtig anzusprechen und zu befragen, Ihre Wünsche und Vorstellungen wenigstens halbwegs im Jargon der Fachkräfte zu formulieren und vor allem (!) die affichierten oder barsch mitgeteilten, Ihnen im Augenblick nicht eben sinnvoll oder, im Gegenteil, publikumsabweisend erscheinenden Vorschriften widerspruchslos zu akzeptieren. Sie sitzen anfangs immer und ausschließlich am kürzeren Ast.

Aber Sie sitzen bald, haben Sie einmal einen Benützer- und Leseplatz zugeteilt erhalten, über oder zwischen Tausenden, ja vielleicht sogar Millionen an Prunkstücken aus der Geschichte der Musik. Schon die wichtigsten Sammlungs-Schwerpunkte aufzuzählen erforderte ein mehrbändiges Bibliotheks-Werk. Aber schließlich steht als ehemalige Hof-Bibliothek die ganze Habsburger-Monarchie dahinter, Mittelalter und Minnegesang, Neumen und Renaissance, Barock-Glück und Klassik als Zentrum, Anton Bruckner mit seinem Haupt-Nachlass ist der Säulenheilige. Doch so was sind vor allem museale Schätze. Die Fachwelt mag die Musiksammlung noch mehr wegen der riesigen Sonderarchive, vor allem das von Hoboken, dann ob der Ressourcen der Österreichischen Bibliographie sowie der Musikdokumentations-Abteilung reichend bis in die Gegenwart. Und, aus den Tausenden an sonstigen Schwerpunkten sei einer doch noch hervorgehoben: Theateraufführungs-Materialien, alle echt, alle in Millionen von alten Notenblättern, zumeist handschriftlich, stammend aus den Wiener Opernhäusern, auch aus den schon nicht mehr existierenden. Und schlussendlich aber mit baffer Verwunderung mitgeteilt: Gar viel ist und bleibt unaufgearbeitet, ja lagerte Jahrzehnte hindurch in nassen Kellern oft nicht einmal mit elektrischer Beleuchtung. Die Begründung für die Bibliotheksschande: Kein Geld da, aber zu viel Material da. Die zum Teil wichtigsten Zeugnisse der Welt-Musik konnten nicht einmal sicher verwahrt werden.

Wien und Österreich sind anders; aber noch jeder Sammlungs-Chef oder Archiv-Generaldirektor, der mit solchen realen Problemen selbst bei höchsten politischen Institutionen und WürdenträgerInnen vorstellig geworden ist, wurde zuerst einmal belehrt ob der prekären finanziellen Allgemeinlage, dann eher für blöd angesehen und so rasch als möglich wegkomplimentiert.

Sie gehen jetzt am besten durch die Mahler-Straße und vorbei an den ehemaligen Dependenzen der Musik-Akademie, die Ringstraße querend und (Numero zwo) zum Hauptgebäude der *Gesellschaft der Musikfreunde in Wien* am Karlsplatz. Das so genannte „neue Haus", auch schon 1870 errichtet, dasjenige also mit den Prunk- und Prachtkonzerten bis hin zum weltweit angebotenen und vor-geworfenen Neujahrskonzert am jeweiligen 1. Jänner, beherbergt sein Privat-Archiv mit Bibliothek im ersten Stock. Es ist das größte diesbezügliche weltweit. Ein Solitär für die Geschichte der Musik.

Kränken Sie sich nicht, wenn Sie das alles nicht gleich finden. So ist es schon vielen Menschen in den engen Gängen und auf den Stiegenhäusern ergangen. Man muss sich die Sache irgendwie erkämpfen. Wenn Sie aber in das Archiv dann auch hineinwollen, denken Sie nicht daran, dass es wahrscheinlich einfacher ist, in's Pentagon zu gelangen. Wenn Sie aber drinnen sind, dann suggerieren Sie besser sich selbst, dass es Ihnen sowieso nichts ausmacht, dergestalt besucher-kritisch empfangen und behandelt zu werden. Es ist eben eine Privatinstitution.

Die kann von Ihnen verlangen, was ihr richtig erscheint (bis zur einmaligen Höhe von Repro-Gebühren). Sie sitzen dann da (nach diversen Eintragungen in Bestätigungs-Bücher) wie auf der Wartebank in einem Gefängnis. Aber, auch hier sitzen Sie umgeben von Tresoren und Depots mit dem Feinsten vom Feinen. Folianten und Briefe und ganze Nachlässe und Konvolute, das sowieso; aber eben auch die Größen der österreichischen Symphonik und vor allem Johannes Brahms als Hausheiliger hier. Auch jetzt bloß herausgehoben: Der Nachlass des „Herrn Köchel-Verzeichnis" liegt da, und eine Reihe von den berühmtesten Musiker-Portraits schaut vor allem ernst und würdig von den Wänden.

Vor dem Haus wird auch schon seit Jahren aufgegraben, halbe Platzbereiche sind bereits unterhöhlt worden, mit dem gegenüber liegenden *Museum der Stadt Wien* und dem parallelen *Künstlerhaus* macht man, so heißt es seit langem, gemeinsame Tiefenspeicher-Projekte, kommt dabei zu keinem Ende und behindert auf Dauer den Verkehr draußen und die Abwicklungen drinnen.

Seien Sie aber weiterhin nicht traurig oder enttäuscht oder gar wütend, wenn Sie bei den *Musikfreunden*, auch nach guten Katalog-Studien, bei weitem nicht alles das zu sehen oder ausgehändigt bekommen, was Sie gern einmal bearbeitet oder auch nur betrachtet hätten. Allein, schon konservatorische Überlegungen stehen wie in den übrigen Bibliotheken von Weltgeltung dagegen. Zudem will man, ob zu Recht oder zu Unrecht sei dahingestellt, in den großen Sammlungen Österreichs und Wiens die Besucherscharen nach Interessenlagen selektieren und keinen Massenbetrieb aufziehen. Aber viel erledigt sich sowieso schon von selbst. Internet und Ähnliches. Auch wenn die österreichischen und Wiener Bibliotheken und Spezialsammlungen in diesen Bereichen fast generell auch noch Jahre nach 2000 einen Entwicklungsstand wie in einem Entwicklungsland aufweisen. Manche Leute sagen, das sei Taktik, manche nennen es die Schläue des digitalen und nicht-digitalen Vorselektierens, manche reden vom „Wien und anders", manche sagen auch bloß und schwer zu widerlegen „Frechheit" der Kulturpolitik.

Und jetzt doch noch zwischendurch was anderes, Zusätzliches, sozusagen ein kleiner, aber nützlicher und generaliter gefasster Hinweis am Rande, ganz praktisch gedacht und gesagt: Fast alle Mitarbeiterinnen und Mitarbeiter in solchen Sammlungen, mögen sie nun Direktor oder Abteilungsleiter oder Referent oder Gehilfe heißen, sind ausgeprägte Menschen, sehr ausgeprägte, fast alle auch positiv-schwierig; fast alle haben ihre Vorlieben und Spleens.

Und Numero drei. Sie gehen jetzt am besten über die Ringstraße bis zum Parlament, dann biegen Sie links hinauf, Stadiongasse, Ecke Bartensteingasse, 1. Stock, das spezielle Stadt-Archiv (auch wenn sich die Stadt noch ein anderes Großarchiv mit oft überlappenden Agenda leistet), die *Musiksammlung der Wiener Stadt- und Landesbibliothek*, untergebracht in einem ehemaligen Großbürger-Wohnbereich, zum Teil einst ausgestaltet aber von Adolf Loos. Charakterisierung: Klein, aber fein. Spezielles ab der Klassik, Schubert ist der Hausheilige hier, wichtig sind die Verlagsnachlässe, die Quellen zur Wiener Musik, die Zeugnisse desjenigen, was Wien & Musik seit 200 Jahren auch jenseits des vergleichsweise schmalen gängigen Konzert- und Opern-Repertoires ausmacht. Der exquisite Hinweis hier: Alt-Wiener Volkskomödien-Musik, unbekannt, aber zu Tausenden oft sogar in dicken Partituren lagernd, Musik aus dem Wiener Musiktheater, sowie überhaupt Notenausgaben mit einer Ikonographie, die in jeder anderen Stadt für sich allein schon ein eigenes Museum zuerkannt bekommen hätte. Doch selbst als diesbezüglich einschlägiger Wissenschafts-Pool wird fast nichts durch die Stadt gefördert.

Im Gegenteil, die Bürokratie erstickt die meisten Initiativen sogar im Keim. Dennoch ist die Tradition gewährleistet. In all dem Vielen. In der tatsächlich un-beschreiblichen Masse an so einem satten Pulk namens Wien & Musik & Geschichte & Quellen. (Gefördert nach dem durchaus bösartigen Gedicht: *Wann i, verstehst, was z'redn hätt', i schaffert alles a. Was brauch ma denn des alles net? Is eh' gnua da.*) Denn, wie schon gern und oft gesagt oder erkannt, *Wien ist anders, auch mit seinen Musikquellen.* Zum Beispiel, „anders", immer wieder auch die Menschen aus dem Ausland damit verblüffend: Die Johann-Strauß-Forschung findet hier statt. Nur privat ermöglicht. In Eigeninitiativen wenigstens das Riesenmaterial für den wahrscheinlich am bekanntesten gewordenen Menschen aus Wien sichtend und katalogisierend. Aber bekämpft ihrerseits von anderen Institutionen.

Wundern Sie sich nur nicht. Das ist kein Einzelfall, ist nur die Eisbergspitze. Es existieren in Wien auch Dutzende an anderen, ganz verschiedenen Musiker-Gesellschaften und diversen seltsamen Genie-Verehrungsvereinen. Die meisten hassen sich untereinander (auch wenn sie oft aus denselben Leuten zusammengesetzt sind), schon deswegen, weil jeder Verein zu Recht vermutet, der andere nehme ihm seine sowieso kleine und nie auslangende öffentliche Subvention wieder weg.

Aber es gibt dennoch und trotz dieser verschiedenen „Hausheiligen" fast keine einheitlichen und ernst zu nehmenden Institutionen oder Stadt-Gesellschaften, die hierorts sich auch wirklich innovativ um ihre Stars kümmern. Die Edition von Kritischen Gesamtausgaben, sonst die Voraussetzung für jede vernünftige Tradition und ein Aushängeschild für jede Stadt, ist schon lange nicht mehr Wiens Sache. Um Joseph Haydn kümmert sich Köln (wo Haydn nie gelebt hat), um Schönberg Berlin, um Schubert Tübingen (wo Schubert nie war), und so fort und so fort. Ja nicht einmal um ein neues und vielleicht auch entsprechend kritisches Brahms- oder Bruckner-Bild sind die vielen Einzelinstitutionen wirklich bemüht. (Es kämen dabei allerdings, allein nur im Falle dieser beiden, vielleicht auch „menschliche Komponenten" an's Tageslicht, die – bei allem Respekt vor den überragenden Kompositionen – nur mehr als schlimme [Sexual-]Pathologien gewertet werden müssten.)

Aber dann – ja, doch, die Kirchenarchive, auch und sogar in Wien mit seinen brutalen Gegenreformationen einst und jetzt! Bei den *Schotten* und den *Minoriten* mit Beständen auch aus Zeiten, als Amerika noch nicht einmal entdeckt gewesen. Die *Michaeler* oder die *Piaristen* nicht zu vergessen. Und dann existieren auch noch die Sammlungen der Universitätsvorgänger und die von der einstigen Akademie, vom Konservatorium, von Privaten auch.

Weiter. In der Stadt selbst sitzen (alles nur musikalisch gesehen) Beiräte und Interessenvertretungen, Management-Großfirmen und Gesellschaften, so genannte „Gemeinden" und Dokumentations-Archive. Ein einschlägiges Verzeichnis zählt deren über fünfhundert Adressen (!) auf. Aber spazieren Sie doch nach dieser dritten Musiksammlung durch das gleich daneben liegende Riesen-Rathaus. Auch eine formidable Wien-Handschriftensammlung verbirgt sich in den Gemäuern, die ausschauen wie im Fantasy-Film. Sie ist übrigens nur eine von drei weiteren großen in der Stadt. Aber es herrscht hier eine Art von Föderalismus-Sport, sich gegenseitig Konkurrenz zu machen, die schönen, aussagekräftigen und wichtigen Einzelstücke einander wegzuschnappen oder vorzuenthalten und die Einzel-Budgets gießkannenmäßig zur Verteilung zu bringen.

Wieder Ringstraße. Banken. Burgtheater. Franz-Schubert-Dreimäderlhaus-Pseudogedenkstätten.

Universität. (Nicht die jetzt so genannte „Musik-Universität", die liegt weit weg im 3. Bezirk und hat Dutzende an Außenstellen weiterhin, auch Musikforschungsinstitute, auch Musikgeschichtsabteilungen). Nein, die Universität zu Wien, die legendäre *Alma Mater Rudolfina*, auch sie mit vielen Außenstellen. Der Votivplatz mit der gleichnamigen Kirche liegt daneben. Am Platz steht ein, für ihn beleidigender, kleiner Sigmund-Freud-Gedenkstein, aber in der Doppelturm-Kirche eine der intensivsten romantischen Orgeln. In dieser Universität selbst ist während der Jahrzehnte ihres Bestehens in verschiedenen Häusern untergebracht: das schon etwas legendäre *Institut für Musikwissenschaft* (mit seinen angeschlossenen mindestens ein Dutzend an Sub-Instituten), in dieser Form das größte des deutsch-sprachigen Raumes überhaupt, wahrscheinlich sogar der Welt. Eine höchst eigenartige Institution, die trotz ihres Umfangs und der noblen personellen Besetzung ein vergleichsweise nur schmales Band an Unterricht und Forschung über ihre und aus ihrer Disziplin anbietet. Aber formal ist man hier noch allemal raumgreifend. Als Welt-Unikum wird *Historische* und so genannte *Vergleichende Musikwissenschaft* betrieben. Unter dieser „Vergleichenden" versteht man sowohl Physikal-Physiologisch-Akustisches als auch die Musik-Ethnologie im Erdmaßstab.

Und – schauerliches Wien und Österreich, Sie, ja Sie dürfen und müssen das wissen und sich dann darob allerhöchst verwundern und meinetwegen auch aufregen, werte Besucherinnen und Besucher und Hörerinnen und Hörer und so weiter! – noch bis in die 70er Jahre des 20. Jahrhunderts hinein (!) gab man hier für die gesamte musikwissenschaftliche Studentenschaft verpflichtende Vorlesungen und Übungen in folgender Trennung: *Außereuropäische Musik – Musik der Hochkulturen (Weiße, Chinesen und andere) und Musik der Primitiven (vor allem Neger).*

Im schnurgeraden Labyrinth

auf den Spuren der Erfindung der U-Musik,
Bälle und Lanner und Brutales

„Einsteigen bitte. Platz nehmen, die Herrschaften. Einen Handkuss den Damen. Ein bisserl zudecken, damit die schönen Beine nicht frieren. Los geht's nämlich und hinein in die beste Stadt von allen. Am Ring entlang und hinüber in den Zweiten. Wie gewünscht, g'schamsta Diener. Versteh'n Sie mich überhaupt? Es gibt keine zweite Straße wie den Ring, die so was hat und – mehr noch – die so was gewesen ist! Achtung, hüh-hott, sag'n ma jetzt bald. Weil das ist bekanntlich a so: *„A Kutscha konn a jeda wean, aber foan, des kennan's nur in Wean!"*

Ein blondes Mädchen (ca. 18 oder 19) geht vorbei. Lächelnd. (Sie amüsiert sich wohl über den, über „diesen Heldenplatz"?!). Immer wieder Heldenplatz. Die Protestlergruppen dort im Camp vor den Kanzler-Gebäuden sind heute ruhig. Machten sich's wahrscheinlich recht gemütlich in ihren Dauerquartieren. Man rückt lieber zusammen. Wärmt sich, Mann an Weib und Weib an Mann. Das Mädchen streicht mit einem Zeigefinger über die Maulpartie des linken Kutsch-Pferdes. Sie trägt eine Blume in einem Knopfloch ihrer einfärbig-hellen Bluse. Die nimmt sie jetzt heraus und füttert das Ross damit.

Aus dem Mund des Fiakers kam eine kleine Knoblauch-Zwiebel-Wurst-Obstler-Wolke. Er rückte sich selbst am Bock zurecht. Dann schnalzte er mit Zunge und Peitsche. Ein kurzes repetierendes Zügelziehen folgte nach. Die schwarze Melone wurde leicht in den Nacken hineingeschoben. „Fahr'n mir, Euer Gnadn! Hinaus und nach rechts, den Ring entlang, an den Prunkbauten vorbei, am Rathaus und am Burgtheater mit seinen scheußlichen Sachen drin. Wieder hinein und dann über den Abhang zum Donaukanal. Dann meinetwegen über die Bruckn. Zick-Zack. Wie Sie wollen, meine Herrschaften. Zum alten Sperl. Ich weiß noch immer nicht, was Sie da suchen. Das gibt's doch sowieso gar nimmer. Aber bitt' schön. Mein Gast ist König, und die Gästin ist die Kaiserin! He! Das war jetzt gut gesagt, was? – Geh', Mädel, lass' das Pferd in der Ruh'. Das mag keine Pflanzen die blühen. Das mag was anderes. Du weißt schon."

Ein Hufekratzen. Ein Hinausdriften des Gefährts. Langsam anrollend. Wie ein Schiff, das den Kai und die Mole verlässt. Die Eisen schlagen am Asphalt. Es klingt nach Polka mazur. Lehnen sich die Insassen zurück, dann dürfen sie sich auch der Imagination hingeben, rechts und links würden große Laufbilder, Diaramen oder riesige Kulissenbänder vorbeigezogen. Ein wenig gleicht es einschlägigen Überraschungs-Kabinetten oder Geisterbahnen in alten Vergnügungs-Parks. Wienerisch-nostalgisch: so wie im „Alten Prater" (dem Volksprater zwischen Ausstellungsstraße und Hauptallee im Zweiten) vor allem links hinten gegen die Bierwirtshäuser, oder oben beim „Böhmischen" vorn (beim Böhmischen Prater im Erholungsgebiet Laaer Wald im Zehnten), oder seinerzeit im „Musik-Tivoli" (in der Tanz- und Belustigungsstätte am Grünen Berg gegenüber von Schönbrunn und im Zwölften). Und drinnen wird gefahren, in solch einer Imagination. Dabei? Also gehen wir doch einmal davon aus: Frühsommer, Helligkeit, Belebtheit ohne Hektik, sauber geputzter Himmel, hellgrünes Alleen-Laub und Antikes, Innenstadtglück und leichte Weinberauschung, weggeschobene Tages- und Existenz-Sorgen, aber dafür PartnerIn neben sich, Knie an Knie gerieben und noch mehr und versprechend/versprochen, der Taktschlag der Hufeisen wie aus „Moulinet" vom Josef Strauß oder im feschen Satz-Schluss des Ersten aus der „Vierten Mahler", imperialer Prunk und Kaffeehausglück, Schneidigkeit und Ach und Weh' im wohligen Seufzen, Weltstadt Wien und Europazentrum und schönster Ort der Erde, und alles voll sich eingebildet und den anderen stolz nur so hingeschmiert, denen da daneben, die sich jetzt sowieso schon nicht mehr zu widersprechen …, also: in solch einer Imagination fährt man noch immer dahin, als säße man als

Hauptprotagonist in einem alten Wien-Musik-Film situiert so zwischen Willi Forst, Ernst und Hubert Marischka oder Franz Antel.

Der Fiaker drehte sich auf die Ringstraße hinaus. Die beiden Pferde („Sie werden's nicht glauben, aber die heißen Sissi und Romy") trabten brav-versonnen neben den Straßenbahn-Gleisen. Bellaria-Kreuzung. Links das Gebäude einst für den Stadtschulrat von Wien, nun ein politischer Dauerbrenner, hätte dort doch nach dem Willen einiger Meinungsmacher verschiedener Couleurs sogar ein „Haus der Geschichte" einzuziehen. Was das soll, so ein „Haus der Geschichte (Österreichs?)", wie es aus-zusehen hat, wer es leiten würde, vor allem aber: warum überhaupt? Für ein Bedenken? Ein Daraus-Lernen? Ein Dokumentieren?

Wirklich gute Antworten gibt es nicht. Nur wirklich gute Lobbys.

Viele Denkmäler folgen während der kommenden rund 300 Meter. Es sind immer nur hässlich geformte Köpfe und es sind immer nur Männer, so als gedächte man da im nordwestlichen Ringstraßen-Knie den Öster-reich-Zombies. Das Parlamentsgebäude (die Verhöhnung der Antike). Auftaucht daneben das Riesen-Rathaus (das größte der Welt?, jeden-falls die Verhöhnung der Gotik). Grüßt von ferne schon die Universität (Verhöhnung von Spät-Renaissance?).

Die Pferde trabten. Die Insassen lehnten noch immer genuss-erwar-tungsvoll in den abgewetzten Ledersitzen herum. Burgtheater, Hauptge-bäude, Riesenbühne und zugleich die wohl reichste Bühne der Welt. Wien und Österreich lassen sich nicht lumpen mit ihrer „Burg" und den Stars von überall her. („Ich sag' Ihnen ja nix. Aber was dort drinnen schon alles passiert ist. In der letzten Zeit. Ich geh' ja nicht hin. Woher, bin doch nicht blöd. Fernsehen und Video und jetzt auch surfen im Internet mit den Angeboten von Hausschlapfen bis ordinäre Bilder. Aber hier hat es Direktionen gegeben, die haben sogar richtige Nackerte auftreten las-sen. Und die Regierung ist drinnen von der Bühne aus beschimpft wor-den wie im Bierzelt. Und Schließtage und so. Keine Achtung mehr vor den Klassikern; und die Modernen, die können sowieso nur ein Wort schreiben und das heißt ,Scheiße', Entschuldigung schon, aber es ist doch so. Ich bin froh, dass ich da nie hineingehen muss oder mir das an-hören oder so was lesen. Die Kronenzeitung sagt uns eh', was das für ein Saustall geworden ist. Früher! Kennen Sie die Namen noch? Da haben der Hörbiger gespielt, beide Hörbigers sogar, und die Wessely und die Gold und der Iffland und der Nestroy. Das heißt, bei dem weiß ich das gar nicht so genau. Aber der O. W. Fischer natürlich und die

Hannerl Matz, die war vielleicht süß, nicht so gewöhnlich wie die Mädln heute, die geh'n ja nur auf die Bühne, um sich auszuziehen! Das muss man einfach einmal sagen. Auch wenn das die angeblich so fortschrittlichen Zeitungen überhaupt nicht gerne hören.")

Zwischen Volksgarteneingang und Burgtheaterseitentor biegt der Fiaker ab, streift eine Prominenz-Tankstelle (einer der schönsten noch bestehenden Anachronismen auf ein versunkenes Wien, aber der Wiederaufbauzeit), er biegt in die Innere Stadt zurück, gleitet vorbei am Außenministerium, an den Ungarn-Botschaftsgebäuden, als herrschte noch Doppelmonarchie, am Ballhausplatz und an der Hofburg. Die Kutsche passiert also, ohne irgendwo kontrolliert zu werden – tu felix Austria –, ganz nah die Palais und Amtsgebäude mit den höchsten Regierungsstellen in Österreich. Jetzt biegt sie scharf nach links über einen Bruno-Kreisky Platz, der keine Einzeladressen, aber einen Brunnen als Wien-Schande hat, rattert dann, weil hier noch Pflastersteine den Boden bilden, an der himmelhohen Minoritenkirche und an den Kulturministerien vorbei und erreicht, auf nicht ganz – selbst auch für Pferdegefährte – erlaubten Wegen die Herrengasse.

Die internationale Werbelinie für das Land und die Stadt ist seit den 70er Jahren stark davon geprägt, Wien und Österreich als modernes Europa-Zentrum zu präsentieren. Es wird nur so dahingeschrieben und dahinbeschrieben und mit vielen Hochglanzbildern auch völlig richtig und entsprechend dokumentiert, dass man hierorts in dem fünft-, sechst-, siebent- oder achtreichsten Land der Erde leben kann/darf, dass die Sicherheit im weltweiten Vergleich sogar noch höher anzusetzen und dass die Lebensqualität sowieso unschlagbar geworden ist. Alles mag stimmen (einschließlich eines entsprechenden Preisniveaus im €-Glück und einer das alles voraussetzenden Fremdenfeindlichkeit). Aber darstellen tun sie beide, vor allem Wien, auch anders.

Wien ist anders – mit solchen Sätzen auf Großtafeln wird man, wie gesagt, schon neben den Autobahn-Einfahrten begrüßt. Gelegentlich sogar witzig ausgearbeitete Riesen-Plakate und Wortmischungen auf Schrifttafeln folgen dieser Initial-Aussage oder -Drohung affichiert hintennach. Aber letztendlich zieht immer wieder dieselbe heftige Eigenwerbung wie ein Sog alles in einen üblichen Jubeltopf hinein: Unterhaltung, Ballgetümmel, Nostalgie, Tagesvergessen, Prunk, Glanz, Eleganz, Freiheit und sogar libidinöse Libertas, Alkohol, Verführung (Mann und Weib und Weib und Mann), ein Vergessen – sich und in und vor allem mit Musik!

Herrengasse. Die Gedanken dürfen fliegen. Die Herrengasse zählt zu einem imaginären Geviert, mit der Wollzeile noch, der Seilerstätte und dem Verlauf Mahlerstraße/Augustinerstraße. Von hier aus geht es (auch oft nur theoretisch, denn manches steht nicht mehr) zu vielen Gebäuden, in welchen mehr wichtige Musik angedacht und dann uraufgeführt worden ist als sonst auf der halben Welt zusammengenommen.

Ein kleiner Bogen zuerst noch.

Es öffnet sich ein sehr alter Platz mit der Michaelerkirche. Der beinahe kreisrunde, wir dürfen schon fast sagen „Raum" war nicht nur der Ort für weiland das Burgtheater, sondern beherbergt auch römische Ausgrabungen (*Vindobona, Du herrliche Stadt*). Es stand da nämlich das Quartier des wahrscheinlich größten trans-alpinen Bordells während der ersten nachchristlichen Jahrzehnte („Das war a Römer-Puff, aber was für ein's!"). Doch noch mehr. Viel mehr! Die Gebäude-Historie für das 20. und das 21. Jahrhundert wurde hierorts mitbegründet, mitgebaut, festgebaut. In Wirkungen weltweit. („Do, schaun's, das Loos-Haus. Das heißt nicht so, weil es dort los-geht oder man seine Sorgen los ist, haha und neinnein, sondern weil da um die Jahrhundertwende glaub' ich der Adolf Loos was hingebaut hat. Das war auch so ein Adolf, der sich was getraut hat, aber das darf man heute nicht sagen oder vergleichen. Jedenfalls. Der Loos baute ein Haus hin, ohne Schmuck. Ohne Zier und Stuckatur und so. Die Leute haben aufgebrüllt. Es war das erste so auf der ganzen Erde. Ehrlich, mir gfallt's noch immer nicht. Nach hundert Jahren. Aus. Pause. Is' eben so! Der Hundertwasser Friedensreich, der was später wieder zurück ist zu der Verzierung der Gebäude und der Natur, der hat völlig recht gehabt.")

123

Von hier aus geht es aber theoretisch auch (und ob der Fun-Gesellschaft allüberall schon nicht mehr Jahreszeiten-bedingt) in fast alle großen Ballsäle. Wien tut dabei so, als wäre die Welt: 1. noch in den Angeln, 2. so wie immer, 3. vor allem auf Wien-Ball-Musik-Transzendenz-Glück erpicht. Wien behält damit zumeist sogar recht.

Die Leute im leicht schaukelnden Gefährt haben vor dem Einsteigen durch ein Mädchen im Spätrokoko-Kleidchen, das alle Kutschfahrt-Willigen sofort gut taxierend und gezielt anspricht, auch einen bunten Prospekt ausgehändigt bekommen. In Wien kriegt man nämlich das ganze Jahr hindurch solche Inhalte: Bejubelt dargestellt wird ein dauernd neues attraktives Wien mit Hochhäusern und Millennium Towers und Twin Towers (fast schon die höchsten Bau-Projekte Europas, bloß das interessiert die

Leserschaft der bunten Glanzpapierausgaben nicht so sehr). Das schert kaum wen. Das kriegt man in Frankfurt auch. Befriedigte Lese-Desiderata entstehen vielmehr durch: bunte Prospekte mit Eigendarstellungen der Stadt und angeblich dieser ihrer Bewohner vorgeführt im steten Taumel und in arbeitsamer Bravheit gleichzeitig, mit ewig denselben Sisi-Kopien, mit junger hübscher Spaßgesellschaft in Spaß-Kaffeehäusern, alleweil alles voll von Lanner und Raimund und Schubert und Olbrich und Mozart und Klimt, aber! mit Ballkalendern das ganze Jahr hindurch, mit feschen General-Festwochen und Bezirks-Festspielen und Heurigen-Glück und „schöne neu-alte Welt im Look von Puppenstuben und Biedermeier und Operettenglanz und verruchtem Jugendstil". Mehr nicht. Mehr will auch fast niemand nachlesen. Spezielle Editionen in Millionenauflagen dieser in ziemlich vielen Sprachen massenproduzierten Ware werden über die ganze Welt durch die einzelnen Wiener Fremdenverkehrs-Außenstellen und die einzelnen österreichischen Wirtschaftskammer-Außenstellen und in speziellen und sauteuren Werbeevents zwischen New York, Mailand oder Tokyo (dort ganz besonders) unter die Leute gebracht.

Wien ist anders.

(Und dann wird in einer dieser Postillen zwischendurch und kommentarlos-unvorbereitend die ganz früh verstorbene, die suizide, die Lyrikerin Hertha Kräftner zitiert:

Ich bete Dich an mit Litaneien:
Du, der du im Wind als Leidenschaft wehst.
Du Geschmack von Pfirsichen auf der Zunge.
Wandernder Mond in der Großen Stadt.
Fledermausflügel, ruhelos zuckend im Dachbodendunkel.

Seltsam, Wien und Österreich hatten/haben fast alles: Lieder und Symphonien und Theater und Stadtromane und Klassik und Moderne und Schrammeln und Tausende andere Glänzerinnen und Glänzer und so. Hervorragende Lyrikerinnen und Lyriker waren/sind ganz selten.)

Das Gefährt ist auf die Ringstraße zurückgekehrt. Über die Freyung mit ihren anschließend wuchernden Platzformationen, die sich bis zur Bezirksmitte erstrecken. An den Juridischen Fakultätsgebäuden vorbei. Die Wipplingerstraße ging's stadtauswärts. Hinten noch das so genannte Alte Rathaus mit einem Saal im Innern, der einer norddeutschen Hanse-Stadt zur Ehre gereichte.

Den Pferden wird für etwa fünf Minuten eine Verschnaufpause gegönnt. („Kennen Sie den Juden-Witz vom: Der Loschek ist müde, der Loschek ist alt?") Ein dunkelhaariges Mädchen geht jetzt vorbei. Es streicht mit den Fingern seiner rechten Hand über das Maul der Romy. Dann nimmt es aus seinem mitgeführten Einkaufskorb ein Stückchen Gemüse und bietet das den Pferden an. „Geh', Mädel, lass' die Rösser in Ruh', die mögen jetzt nichts Pflanzliches."

Wie würden sie aussehen, diese Mädchen, zuerst die mit der Frühsommerblume, dann die mit den Glanz-Prospekten und nun die mit dem Sellerieblatt, kleidete eine sich für uns um, wie zu einem Debütantinnen-Ball oder wie für den in der Oper oder den im Musikverein oder einen von den Dutzenden in der Hofburg? Oder gar, nostalgisch, für ein Wäschermädel-Revival oder in den Putz des Vormärz' oder in das Abstrahierende für die Frauen nach 1900? Viel im Weiß, keine ihrer Formen betonend, weder Rundungen noch Ecken, fließend, ein paar Blumenimitationen? Alles gut haltbar drunter, nicht klebend, reißfest, denn es geht in die Prunksäle und in die Unterwelten und dort mag es zugehen wie beim Fellini und beim Kubrick und beim Kusturiča. Wiener „Kaiser"- oder „Bürger-Bälle": Zwischen dem „Delirienwalzer" am Parkett und dem Hard Rock im Keller, aus der „Fächerpolonaise" in die spät-müden Akkord-Verbindungen, die so irgendwie verlangend herausgewischt werden aus dem Bar-Pianino im Halbdunkel. Und, wer spräche da noch von Verlogenheiten? Wer zitierte nicht eher im Anblick des solchermaßen eingehüllten Mädchens, … *aber siehst du nicht an jeder Falte, / dass sie kühl ist wie die Gottesfrüh?* Außerdem (und jetzt sind die harten Fakten dran): Im Fasching (für Nicht-Einheimische: im Karneval) gibt es über 500 angemeldete Ball- und Tanz- und G'schnas-Veranstaltungen, gibt es aber drei bis vier Mal soviel Privates. Es werden Ballzeitungen und einschlägige Vormerk-Kalender herausgegeben, als handelte es sich um eine Konzern-Werbestrategie für ein Product-Placement mit Millionenumsätzen (was es im Fall solcher Tanzvergnügungs- und Fress-Ausschüttungen etc. ja auch wiederum ist). Und die schon leicht ausgeleierten Lehár-Walzer und Ziehrer-Polonaisen und Strauß-Polkas werden wieder frisch herausgeputzt für Hunderte, nein, für wahrscheinlich viele Tausende an Wiedergaben, an Rhythmusvorgaben und an Hintergrundklangglück, immer neu an- und durchgespielt.

Und alles passiert da drinnen, in den nun im Frühsommerlicht keusch vorbeiziehenden Prunkgebäuden, geschieht dort draußen in den Häusern und Stätten und umgestellten Wohnungen und Garagen und

Kaschemmen und Loggien. Und jeder Schmerz dann und dorten (als Verschmähte vielleicht oder Unerkannte oder schlecht Ausstaffierte) ist in jenen besonderen Augenblicken „dort draußen und dort drinnen" größer als sonst je erlebt; und jedes liebende Erkennen oder gar jeder Blitz, von der und dem einen, in die und in den anderen, sind heftiger, sind sogar: fahrend durchs Hirn und durchs Herz und hinein in die Eingeweide und in die Genitalien und sofort zurückschießend, das Rückenmark hinauf und in der Halsschlagader pumpernd sich festgesetzt.

Mann und Weib und so weiter ...

Schottenring. Den Donaukanal gekreuzt. Der Fiaker mit seiner Kundschaft rollt in den zweiten Bezirk. Es geht auch durch die Gassen des frühen Arnold Schönberg. Keinen rechten Winkel erzeugen irgendwelche Straßen aufeinander. Keine Spur von Cuadras. Die Karmeliterkirche. Das Krankenhaus der Barmherzigen. (Der Kutscher, das Toleranzverhalten und die Toleranzschwellen seiner „Fuhr'" prüfend, leise. „Kennen Sie das Krüppel-Lied? Eines der besten in Wien und ganz leinwand, weil nicht sentimental, sondern brutal und echt. Jeder singt es, heimlich. ‚Krüppel, habm' so was Rührendes! Krüppel, so was Verführendes. Wenn ich so einen Krüppel seh', wird mir's im goldnen Weaner-Herz so weh'!'". Man versteht sein Gegrunze nicht.) Kleine Sperlgasse. Taborstraße.

Die Sperlgasse! Die Kleine Sperlgasse 2c. (Nicht zu verwechseln mit ähnlichen Wien-Punkten unter dieser oder ähnlicher Ortsbezeichnung; auch nicht mit dem Café selben Namens.)

Wien, wie ein böses Märchen: *Also, es war einmal.*

Als das Wünschen noch irgendwie geholfen hat. Denn einst gab es hier ein Etablissement. Dort traten die Führenden ihrer Zeit auf. Musiker, Genies. Dort und mit denen wurde Welt-Musikgeschichte gemacht. Im „Sperl" ist für die U-Musik und das Entertainment mehr erfunden worden als in New Orleans, Paris und Buenos Aires zusammengenommen. Na gut. Das war jetzt ein wenig übertrieben. Aber nur ein ganz klein wenig übers Ziel hinausgeschossen. Schließlich sind wir ja noch im bösen Märchen. Also. Damals war rundum auch noch nicht alles erschlossen und bebaut, aber die Gegend zählte zu den Top-Adressen in der Stadt. Außerdem gab es gleich nebenan das so genannte „Hirschenhaus". Einstmals auch einer der den Bezirk prägenden und historisch einmalig zu überliefern notwendigen Großbauten.

Und wenn sie nicht gestorben sind, dann leben sie noch heute, die Barbaren in der Stadtverwaltung des 20. Jahrhunderts. Und weil doch so viele Vernünftige gestorben sind, gibt es eine Schande mehr für die Stadt. Eine ordentliche. Eine historische. Eine musikalische. Eine, die auch nicht mehr zu tilgen ist. Eine, die bloß im Erinnern gelindert werden kann.

Also. Der Reihe nach. Und Nachschauen und Erinnern:

Die Kutsche rollte in der Mitte der kleinen Gasse aus. Die „Fuhr'" verließ das Gefährt. Man schlenderte und trippelte vergeblich suchend herum. Ein armer, ein lempriger Bezirk am Donaukanal, dem Inneren gegenüber. Der Kutscher zog sich zwischenzeitlich einen Staubmantel an. Dann hockte er, beobachtend, beinahe lauernd, oben auf seinem Bock und gerierte sich ein bisschen als Kleinstrollen-Darsteller in einem Western.

Erinnern und Suchen!

„Zum Sperl" war ein Etablissement in der Leopoldstadt gewesen. Ein besseres, wie schon vor 1830 offiziellerseits gern betont wurde. Denn es war eines mitten auch im Dirnen-Viertel. Aber Musik und Prostitution sind schon immer gern Zweckgemeinschaften eingegangen. Und noch heute beherbergen die Gassen rundum eine einschlägige Lokalgegend, wenn auch nicht immer die vortrefflichste, manchmal sogar eine verruchte mit gut verwaltetem Huren-Milieu, was man in Wien aber wieder voll Stolz und höchstens ein bisschen hinter vorgehaltener Hand präsentiert. Aber damals, schon im Biedermeier? Eine existierende „Szene" gab es auf jeden Fall. Eine der Vergnügungen und eine für die Musik, die tolle Musik, die, man muss es so schreiben, die NEUE MUSIK. Die Szene: Von „Zu den Zwey Tauben" am Heumarkt im dritten Bezirk hin „Zum goldenen Lamm", „Zum grünen Jäger", „Zur Kettenbrücke" in der Nähe vom „Sperl", oder die Tanz-, Fress-, Sauf- und Musik-Lokalitäten draußen in Döbling oder in Hietzing, bei den Hauern – gut und schön, ganz wichtig und fesch und fein; aber dann gab es eben noch dieses „Sperl", nach seinem Hausschild „Zum Sperlbauer" benannt. Und deswegen schon berühmt und welthistorisch? Das Etablissement wurde oft umgebaut, erweitert, es wurde Platz und Bühne geschaffen für immer größere Ensembles (Bandas, Konzertorchester, die „Bands" des 19. Jahrhunderts), aber auch für die Besucher, bald schon oft im Massenandrang, Platz für das immer ausladender, freier und heftiger werdende so genannte „Tanzvergnügen" (für die „Discos" des 19. Jahrhunderts). Man darf sich ein Grundkonzept vielleicht so vorstellen: zentrale Räume, Speiseplätze, Lauben, Veranden, dann aufgebaute Geschoße, aber überall Möglichkeiten, sich ins Freie und zu den noch nicht gemauerten Kais und den noch nicht streng ins Baukorsett genommenen Böschungen des Donaukanals zu begeben, Toiletten in Massenverschlägen außen, Begegnungsstätten in der Abgeschirmtheit von Baum- und Strauchwerk und auch außen (Dunkelheiten!) vorhanden. „Musick = Director" oder wenigstens leitender Kapellmeister dort im „Sperl" zu werden, glich einem Ritterschlag. Zu „Rittern geschlagen" wurden etwa Joseph Lanner, der Vater Strauß und seine Söhne, fast alle Größen der Zeit. Ein gutes Dutzend an Star-Kompositionen von allen diesen ist dem Etablissement gewidmet und mit dessen Namen im Titel komponiert und veröffentlicht worden. 1873, als das Feiern und Tanzen und Walzer-Spielen in Wien entweder sich in die Prunksäle oder zu den Vorläufern der Schrammeln, der Natursänger und deren ersten Adepten in die Außenbezirke zu verlagern begann, demolierte man das „Sperl" zugunsten eines Schul-Neubaus.

Und was war denn dort so neu und welthistorisch-wirksam, im „Sperl" und in den anderen?

Ja, natürlich. Die heute schlagend gewordene Trennung von E- und U-Musik (eine vor allem theoretische und ideologische Sache, an welcher wir heute mehr denn je leiden), die wurde natürlich vor allem in jeder dort uraufgeführten neuen Komposition, während eines jeden Festes, innerhalb der Aufführungsserien von neuer und immer mehr desiderierter Musik sukzessive vollzogen.

Aber? Sonst?

Es gab noch ganz was anderes, was Neues, was Aufregendes.

Das Kutschenpublikum bewegt sich. Vorbei im Geist und im Erinnern, entlang dieser „schwimmenden Inseln" in einem so straffen Labyrinth der Wiener Musik-Vergnügungssucht und deren Folgen. Und es lässt sich so ein Labyrinth trotzdem ganz einfach und scheinbar beinahe ungeordnet in ein paar Fakten auf-, er- und nacherzählen.

Denn auch das ist Wien und Musik und Eros und „Wiener Blut".

Vor allem sogar.

Schon wieder:

Wien ist anders.

Wir reden jetzt einmal von den so genannten Deutschen, dann Walzern, Landlern, Polkas und deren Abspaltungen. Auch von ihren Entwicklungsgängen schon ab dem Barock. Von dem Schub, den die Wiener Tanz- und Unterhaltungsmusik durch die europäischen Auf-

Mischungen im Wiener Kongress 1814/1815 erlebte. Von der Weiterentwicklung aus fast zackig-abgehackten Tanzbewegungen in ein schlittschuhlauf-gleiches Gleiten übers Parkett oder ins Jenseitige auch seiner Drüber-Textierungen in Wienerlied und Operette.

Wir sprechen von Begriffen wie Freizeitgestaltung, Rausch und Etablierung einer Tanz-Wirtshaus-Kultur.

Und dann reden wir natürlich jetzt endlich einmal vom Geschäft: Vom Massendistribuieren Neuer Musik dieser Art mittels billiger Notendrucke. Von den geradezu verordneten Stadt-Events. Auch vom musikalischen Ablenken aus Alltag, Seuchen-Angst, vor allem Politik. Davon schließlich, dass sich im nachfolgenden 20. Jahrhundert die Musik in der Rolle eines Unterhaltungsfaktors Nummer 1 zu einem der weltweit größten Geschäfts- und Erwerbszweige überhaupt selbst hochgepuscht hat. Wir reden vom Vorläufertum auch für Medien-Politik.

Denn so etwas geschah in nuce und in radices auch in einem „Sperl".

Aber, es ereignete sich noch mehr.

Tanz, neue musikalische Verhaltensweisen, Umbewertung, ja Umwertung von gesellschaftlichen Regeln. Das war's, auch und oft vor allem!

Geduld. Kurz noch.

Ein wenig ratlos steht die kleine Reisegruppe in der Kleinen Sperlgasse herum.

Es herrscht Randbezirksflair. Die Menschen dort wundern sich ein wenig über den „parkenden" Fiaker.

Verschiedene Zinshäuser weisen ab. Einige abgehalfterte Geschäfte laden nicht unbedingt zum Kaufen oder Goutieren ein. Ein paar neuere Etablissements, hinter welchen sich bloß nichts sagende Cafés verbergen. Ein größeres Geschäft für Auto-Zubehör. Ein Koscher-Laden. In den Gebäuden drinnen ein paar ganz hübsche geschwungene Stiegenhäuser.

Ganz Schlaue lassen nicht locker. Denn es gibt keinen Hinweis darauf, da in der Gasse, hier auf einem Platz, dort neben einem Ort von ehedem welt-musikhistorischer Bedeutung zu stehen oder herumzulungern, suchend, aber nicht findend. Da gibt es doch glatt im Gedenk- und Hinweistafel-freudigen Wien weder was zum Gedenken vor so einer Tafel noch wenigstens einen noch so kleinen Hinweis!

Ganz Schlaue und gut Sehende kommen dennoch auf ihre Kosten, auf eine ganz klein wenig sich irgendwie schlau versteckt haltende Flair-Teilhabe. Auf einer hellen Wand, Richtung Donaukanal, bricht doch tatsächlich eine Kopfabbildung hervor, heraus, scheinbar jenseits jeder Ratio, und?, ist das nicht der alte Strauß?, oder der Lanner in Gips? Einer der Heroen auf jeden Fall? Aber ja. Aber sicher. Kein Witz, keine Lüge. Hinschauen! Wohlig schaudern. Die kleine Gesellschaft schaut und schaudert pflichtgemäß.

Ein Kind, ein Mädchen von noch keinen 10 Jahren Alters, geht vorbei, schreckt ein wenig vor der schnaubenden Sissi und der hufekratzenden Romy zurück. Bleibt stehen. Blinzelt. Geht weiter. Dreht sich noch einmal um. Winkt den Rössern zu, aber mit einem Sicherheitsabstand.

Ja, noch immer, und noch nicht zu Ende. Das Nachfragen: historisch und sozialhistorisch.

Die Musik im „Sperl", vor allem die vom Lanner und den Sträußen und einiger Nachahmer ab 1830 und bis über die Jahrhundertmitte hinaus, machte Revolution. Im Ausführen sowieso, wenn da die tollen Wien-Stars auf der Bühne standen, die Geige untergeklemmt oder mit ihr und dem Geigenbogen herumdirigierend, aufpeitschend das Hör-, Schau- und Tanz-Publikum unter sich. Die Menschen aufgeilend. Ohne deswegen sofort von diversen Sittenpolizei-Wächtern verhaftet und arretiert zu werden. Im Gegenteil.

Revolution passierte, mehr noch. Denn schon das Angebot war klar: Die offerierte und immer länger und wilder werdende Musik erforderte ein Reagieren zu zweit. Nur zu zweit zuerst. Dann kollektiv. Im Saal. Öffentlich. Bei Licht. Um nämlich zu den neuen Walzern und Polkas richtig zu tanzen, muss man (allen erlaubt, auch ohne verheiratet oder auch nur verlobt oder einander versprochen zu sein) sich aneinander, fast schon sich ineinander festkrallen. Die Menschen kamen, Mann und Weib und Weib und Mann, sich damals und erstmals öffentlich so nahe, wie das bisher nur im ehelichen Schlafzimmer erlaubt gewesen. Und, noch mehr: Es eröffneten sich im Tanzverhalten und im Tanz-Anhalten die ersten Möglichkeiten für junge Menschen, öffentlich zu verspüren, wie sich das andere Geschlecht denn überhaupt so anfühlt, aneinandergedrückt und -gekuschelt. Man durfte sich dabei sogar bewegen, beim ersten Anfühlen, hin und her und auf und ab, konnte einander (endlich einmal) im Original riechen, miteinander schwitzen, miteinander den Atem tauschen. Animalisch sein ohne ordinär zu werden oder vergewaltigend oder einander beschämend. Und, noch mehr: Die Tanz- und Musikfolgen wirkten nicht nur aufpeitschend oder erzeugten Verlangen nach einer steten Fortsetzung, einem Neuen. Die Menschen durften (sich) ein Gruppenerlebnis der besonderen und wiederum zutiefst körperlichen Art bereiten. Das „Sperl" und die anderen: die In- und die Underground-Discos in Vormärz und Gründerzeit Wiens. Denn was war denn ein Ziel, beim Polka-Tanzen etwa, in jenen Musik-Rhythmen, wo man paarweise im Kreis zu hüpfen begann? Wo es im wahren Wortsinne rundging. Immer enger. Drängender. Ein großes Reiben im Bogen. Die Musik wird hektisch, schwirrender, eine Coda. Die Musik rennt gegen eine Schlusswand und bricht mit einem Akkord-Knall ab. Der so sehr schon die ganze Zeit in allen Paaren, zwischen den Gruppen, im Rausch jedes engsten Kreises erwartete Höhepunkt, er ist da! Man fällt schreiend und kreischend und jauchzend und ängstlich und mit einem bisher noch nie in sich gespürten oder erkannten Gefühl in Bauch und Hoden und Uterus – wenn schon nicht übereinander her, so doch miteinander und untereinander hin!

Aber, mehr noch. Da drüben, wenige Schritte in die Taborstraße hinein, an der Ecke, dieses große Gebäude mit einem überlebensgroßen Tier am Dachfirst als Zierde, das ist oder eigentlich das war einst auch noch so ein Erfindungs-Ort für Teile des Musik-Entertainments und seiner Geschäftspraktiken später?

Der doppellebensgroße Hirsch lässt das Gebäude noch heute „Hirschenhaus" heißen, obwohl das originale etwas anders situiert gewesen. Johann Strauß, der Vater, war Mitte der 30er Jahre im Neunzehnten mit wachsender Familie in einen Neubau, damals so etwas wie heute einer Hochhaus-Wohnanlage vergleichbar, eingezogen. Er, der Musikstar Wiens und bald Europas mit laufenden Auftritts- und Neukompositionsverpflichtungen, er mietete einfach gleich drei Wohnungen nebeneinander an. Denn der Maestro Johann Strauß hatte mehr oder weniger intuitiv eine Erfindung bestehend aus mehreren Teilen und in vielen Vorteilen gemacht: Erstens hielt er damit die Familie unter Kontrolle, konnte den Söhnen später besser das Eigenmusizieren verbieten (oder das wenigstens in umgekehrten oedipalen Anflügen versuchen zu verbieten). Zweitens war er so frei, sich in und aus einer dergestaltigen „Firma" jederzeit entfernen zu können, um sein Parallelleben auszuleben, welches allerdings bald sich darauf beschränkte, mit einer anderen Frau ebenfalls ein halbes Dutzend an Kindern in die Welt zu setzen. Drittens blieben die Orchester- und Einzelprobemöglichkeiten für Dirigenten, Geiger und Musiker streng am Ort seiner Observanzen. Und viertens: Strauß lebte noch in einer Musik-Epoche ohne Urheberrechts-Schutz. Jede seiner neuen Noten, jede Phrase, vor allem aber jede Melodie und dann die zusammengestellten und ausgefertigten neuen Stücke – sie waren höchst gefährdet. Jedes neue Notenblatt hätte von Konkurrenten gewinnbringend kopiert werden können. Aber so – bis zur Verlagsdistribution beziehungsweise zur ersten öffentlichen Aufführung blieb die Musik unter Straußens Kontrolle, in Straußens Verschluss, ausschließlich Straußens Verdienst. Die „Firma", die „Fabrik Strauß" wurde hier geboren und zugleich Vorbild für „Musik-Fabriken" bis heute.

Die Kutschen-Gesellschaft wanderte noch immer etwas ziellos auf und ab. Jemand bekundete Verlangen nach einer Wurstsemmel. Man ließ das Gefährt langsam hinter sich hertraben.

Gedenkstätten, die so richtig aber wieder gar keine mehr sind, frustrieren oder machen müde oder unentschlossen.

„Wollen die Herrschaften vielleicht noch was trinken? Ich wüsst' da schon was ganz Exquisites. Nicht weit von hier."

Die Gesellschaft bedeutete ihm höflich, aber nicht eben heiter, im Augenblick nicht durstig zu sein. Sie wolle vielmehr noch ein wenig schlendern.

Und das Gefährt bewegte sich abermals langsam hinten nach.

Eine Mädchen-Schulklasse, offenbar auf Ausflug, überholte Pferde und Wagen und schlüpfte zwischen den langsam und etwas frustriert Gehenden hindurch. Die Letzte, rotblond, drehte sich leicht zur Seite, als sie die Schlendernden passierte, und streckte ihre gepiercte Zunge ganz weit heraus.

Die „leicht Angefadeten" studierten noch einmal den bunten Prospekt von vorhin. „Melange und Ball, Kultur und Kulinarium", so lautete drin eine, ziemlich brutal die echte Wiener Kultur ins Gesicht schlagende, Überschrift. Damenkapellen und Orchester in Kostümen wurden offeriert, Kalorienbomben anempfohlen. Vor allem aber Kultur und Fraß: „Für jeden Geschmack etwas", vom Forellenfilet in Schlagobers über Tafelspitz mit Gerösteten bis zum Mohnparfait und zur Schokoladenpastete!

… chacun à son gout! („Die Fledermaus", 2. Akt)

Der Kutscher wird dann doch schon und endgültig ausbezahlt. Ob der horrenden Wiener Fiaker-Gebühren gibt man ihm, etwas verblüfft, kaum ein Trinkgeld. Er murmelt im Abfahren etwas von „… schäbige Kundschaft … sicher Deutsche oder Schweizer … was soll das blöde Suchen hier im zweiten Bezirk, wo sowieso nur die Depperten wohnen, die sich nix anderes leisten können … und diese ewigen Mädeln auf der Gassen

… haben die nix zu tun?, keine Schul'?; nur zum Minirock-Tragen rennen sie herum … ich hätt' denen ganz andere Lieder vorsingen sollen … so was vom Qualtinger Helmut gemeinsam mit dem Heller Andi …"

Und dann brummt er die Töne, im kleinen, aber feierlichen Echo verbreitend, dabei denkend, „… hach, fühl' mich schon wieder viel besser …".

(N. B.: Es geht in dem Lied vor allem darum, dass man die anderen, also mehr oder weniger fast alle sonstigen Menschen, in sein Gesäß-Loch verbannen will, dort wäre die rechte Anschrift für sie, außerdem sei man an diesem After-Ort ja doch selbst bloß so etwas wie ein Furunkel.)

Bei mir seid's olle im Oasch daham,
im Oasch, do is meine Adress'.
Bei mir seid's olle im Oasch daham,
und I bin dem Oasch sei Abszess!

Ein
Madrigal

die zierliche Vergangenheit vom Mittelalter über
Sängerknaben bis zur Barockoper

Bronze bei Gold.

Klapperndes Geschirr, klingendes Besteck. Verlangend hinsterben-
der Klang.

Andeutung von Stadt. Über die Dächer.

Am Fenster, hoch droben, hinausschauend.

Sind sie nicht da durchgezogen? Vor 700 Jahren schon? Diese Min-
nesänger. Oder wie man sie auch immer nennen mag? Durch ein Wien
zwischen Baustellen und Friedhöfen bei St. Stephan. Vor die damals
schon alte Ruprechtskirche, die mit ihren Märkten rundum sowieso andauernd in die vielen Arme des Donaukanals zu rutschen drohte? Vielleicht auch noch zum Stift von den Schotten. Dort war geebneter Platz,
seit der Römerzeit.

Babenberger. Österreichs und Wiens Stolz. Dabei könnte, nachgefragt bei den stolzen Wienern und Österreichern, sowieso fast kein
Mensch nähere Auskunft geben über sie. Selbst die Wissenschaft tut
sich schwer. Aber allein der Name, „Die Babenberger", der klingt so
schön weich und poetisch.

Walther von der Vogelweide, Ulrich von Lichtenstein, Neidhart von
Reuenthal, später vielleicht Oswald von Wolkenstein, wahrscheinlich
viele andere noch vor allem auf der Durchreise, sie machten in Wien ihre
Reverenzen und Geschäfte und vor allem Frauen-Dienste, was aber

sicher mehr war, als bloß ein schmachtendes Ansingen „im Dienst". Solche Live-Musiker haben es sich nämlich immer gut und hervorragend eingerichtet (gehabt) für ihre Werbungen und zum „Anmachen" dem anderen oder auch dem eigenen Geschlecht gegenüber. Mit Show und Neuer Musik und frischen Rhythmen und verschlagenen Forderungen und einem falschen Jammern zugleich. So arbeiteten sie nämlich, diese Troubadoure, und dann die Künstler später von den Hofkapellen abwärts und sowieso auch die galanten Barock-Manieristen. Alle kann man in einen Topf werfen. In so einen Topf, in dem später ein ziemlich gemischtes Publikum wie die Sträuße und Lanner, Liszt mit den übrigen Virtuosen noch fünf bis zehn Generationen nach ihm, ein Tripel wie Fendrich/Ambros/Danzer (um nur sie pars pro toto für den Austro-Pop zu nennen) oder die Tenöre aus Silberner oder Blecherner Operette gelandet sind.

Ich minne, sinne, lange zit (Walther von der Vogelweide)

Klingend schwenken die Gläser. Raschelnd die Kleider und die gemustert-gerippten Strümpfe drunter. Die Blusen.

Einige, zusammengedrängt vor dem hohen Fenster, hoch droben. Über die Dächer.

Hinten, ein wenig zu laut aufgedreht, die Musik aus dem CD-Player. Weltmusik-Sampler. Musik von überall her, weil man der eigenen schon nicht mehr traut.

Als Walther etwa dort unten durch die Spätromanik und die Frühgotik Wiens tanzte, da gab es noch gar keine rechte Hochstil-Musik in Mehrstimmigkeit. Da wurde das gerade erst erfunden. In Paris und in der Toskana und möglicherweise auch schon in Spanien. Vielleicht sogar parallel in österreichischen Klöstern. Die österreichische Tradition der schreibenden und ihre Neumen in die Choralbücher zuerst versteckt, dann offen hineinkritzelnden Mönche ist groß gewesen. Aber so richtig „vielfältige Musik machen", wie das von den Vaganten und den Sängern und den Belustigern schon gang und gäbe war, das blieb noch verpönt, am Hof oder gar in den Kirchen des 13. und beginnenden 14. Jahrhunderts.

Ich bin verlegen als ein su („Ich bin träge geworden wie eine Sau")

Orgeln und Trompeten und Pfeifen und Saiteninstrumente, gestrichen und gezupft. Vor allem aber Stimmen aus Kehlen. Gut. Mehr nicht.

Wirklich nicht?

Ein paar Flaschen werden herangebracht. Verschiedene Weine. Besondere. Fast schon Prototypen hier in der Stadt. Ein alter Uhudler. Ein Goldburger. Ein Rotgipfler-Zierfandler-spät. Ein frischer Malvasier. Und sogar endlich wieder einmal ein echter Gemischter Satz.

Ein Herumstehen am vierteiligen Fenster. Es ist oben im Halbbogen gerundet, hat goldene Barockdrehgriffe. Blicke. Über die Dächer. Und: Bitte keine Sängerknaben jetzt, auch wenn sie schon seit Hunderten an Jahren hier singen! Paul Hofhaimer, meinetwegen, oder gar Heinrich Isaac. Ja, die schon. Karg zum Müller-Thurgau-Wein.

Unter den Dächern der alten Burg-Teile der Stadt hat man knapp vor 1500 eine Hofkapelle für „polyphone Musik" gegründet und damit Paris und Burgund und Rom Paroli geboten. Viel ist dort passiert. Schauen, imaginieren. Durch die Wände hindurch. Schon wieder ist was los.

Unter den Dächern der alten Burg-Teile der Stadt hat man sich nämlich eben noch hektisch vorbereitet, damals, welthistorisch vorbereitet sogar. Eine Aufregung muss das gewesen sein, ein Putzen und Binden, ein Verschnüren und Bestreichen, ein Hochhissen der Kulissenteile und ein Zügeln der Triumphwagenpferde. Es herrschte nämlich Oper – in Wien nämlich! 17. Jahrhundert! Erstmals rechts oberhalb des Alpenkammes! Immer wieder mit dem Mythos vom *Orpheus* zuerst, in all den Schattierungen. Dann Prunk und Selbstdarstellung der Monarchie.

Seither ist Wien Opernstadt, und was für eine.

Will man über Wien wirklich einmal mehr und anderes wissen, dann gehe man etwa in die Nationalbibliothek, frage sich durch bis zu den Barock-Büchern mit Theaterprospekt-Illustrationen im Holzschnitt, bestelle, überwinde Hindernisse, ertrage das Misstrauen der Bibliothekare und Bibliothekarinnen, insistiere und betrachte: Die Szenerien mit all dem Allegorischen in einer Über-Welt des Verzierenden, des Verkleidenden, des Schmückenden, des Schein-Grandiosen, sie übersteigen weithin die Phantasiewelten der Filmer im 3. Jahrtausend. Solchermaßen Lesende und Schauende vergessen dann Lucas und Spielberg und die Computer-Animationen auch im Riesenformat, ja sie mögen dann nicht einmal mehr die Video-Psychodelics und die diversen neu bebilderten Kino-Märchen von Kindern im mittelalterlichen Über-Techno-Land oder aus scheinbar mythischen Zeiten prae-mediaevistischen Zuschnitts; alles zusammen aber bloß schüchterne Desiderata der Konsumgesellschaft.

Mit Glanz und Gloria hat man in den heute noch genau so zu querenden Burghöfen einst neue Opern gegeben, vor 5000 Leuten angeblich. Hat man – nur ein Beispiel unter vielen – 1666 dem Marc Antonio Cesti den Auftrag erteilt, zur Vermählung des Kaisers Leopold I. mit Margareta von Spanien gleich eine ganze frische Oper herzustellen, *Il pomo d'oro*. Und die Kaiser's spielten einfach mit. Die Allegorie traf und saß. Denn der Goldapfel ging selbstverständlich an die Braut. Alles paletti.

Man stelle sich bloß vor: Die Oper! Damals der neue Hit in Mitteleuropa! Volle Avantgarde, auch wenn man schon ein paar Hundert Jahre Bühnen-Erfahrung hatte, doch das war was anderes gewesen, fades Belehrungstheater der Jesuiten oder derbe Possen. Man stelle sich also vor, ganz Wien macht in so einer Oper mit. Und, jetzt sogar noch ein bisschen mehr vorstellen: Man machte das heute genauso und sogar außerhalb der Stadt. Man machte es aber zurechtgerückt für dieses 3. Jahrtausend. Eine ganz neue Kunst-Medien-Spektakel-Form drehte so sich in Runden, würde zur Sensation. Und zur großen Repräsentations-Sache eines Weltereignisses genützt.

Doch, schmecks und parablue: Wer hätte so etwas in Auftrag gegeben, neu? Woher! Die Avantgarde in der Musik noch immer als deklarierte und akzeptierte Kunst für die aktuelle Gesellschaft? Beileibe! Aber, das wäre doch die Sache schlechthin: So zum Beispiel zur Amtseinführung eines Präsidenten der USA? Oder als fesche frische Papstmesse? Oder nach einer geglückten EU-Erweiterung? Lustig, nicht wahr? Die EU erweitert sich abermals um ein paar bettelarme Staaten, denen man dann bald günstig seine Überschüsse (Wienerisch) „andrehen" kann, und feiert sich daraufhin nicht mit dem *Freude, schöner irgendwas*, sondern mit einem, zuvor schon in Auftrag gegebenen, größten theatralisch-musikalischen Event, welchen es bisher in der EU- und meinetwegen auch in der Welt-Geschichte je gegeben hat. Toll. Witzig. Unmöglich. Schlicht und einfach: zu trocken.

Die trockenen Weine schmecken. Auch jene, die scheinbar so voll und fruchtig sind, dass vermutet wird, sie seien aufgezuckert worden.

Aber, dialektisches Wien, alles war auch immer und gleichzeitig anders. Hinterhältig hat man währenddessen in den Kapellen der Stadt die schnöden Traditionen weitergepflegt, gefördert vom gegenreformatorischen Hausmeister-Geist der Leute. Dem schließlich noch alleweil wichtigsten Ferment in der Stadt. Die Sängerknaben jubeln orthodox weiter. Seit Jahrhunderten als das Vergnügen für alte Frauen und jüngere Männer. In Renaissance und Barock gab es Achsen mit Prag und anderen dunkel-brodelnden Städten. Die Wiener und Österreichischen Hofkapellen in den Residenzen sind heute noch ein vorgezeigter Stolz der Historiker. Sie waren auch Träger des musikalischen Spießbürgertums und der Dauer-Restaurationen.

Wien-Musikbesuchern sollte nach einiger Genuss- und Bestaun-Zeit in der Bibliothek und vor Folianten und Druckausgaben aber auch etwas streng gesagt werden: So, Gegenteil jetzt, auf Spurensuche! Hinein in die

Kirchen und die Kapellen, in die Klöster und zu den finanziell gut geför-
derten und abgesicherten allabendlichen Konservativ-Veranstaltungen. Zuhören, dann die Einheimischen in Gespräche verwickeln. Fragen stellen,
infrage stellen. Ihr werdet euch wundern, ihr Wien-MusikbesucherInnen.
Wien ist nämlich musikalisch-gläubig-untertanenmentalitätsfreudig und
noch viel verbohrter (war es immer, ist es, wird es sein), als man das nach
und neben solchen sonstigen tatsächlich prestigevollen Präsentierungs-
Achsen (wie vielleicht Isaac-Mahler-Schrammeln, Wolf-Berg-Hanswurst,
Suppè-Ziani-Heuberger, oder gar Dittersdorf über die Müllers, Drechslers,
Hebenstreits oder Storchs und Kreutzers) je auch nur vermuten würde.

Zwar, das Glück ist oft falsch!

Glauben Sie's mir!

Doch hoff' ich, daß niemals mein Glück sich verdreht,
weil in Ihrer Freude mein Glück nur besteht.

Bartholomäus Quecksilber

Der Barometermacher auf der Zauberinsel

Ferdinand Raimund

Die Köpfe weiterhin zusammengesteckt. Bronze bei Gold.

Beim Hinausschauen, durch die föhnig-kühlen Straßen.

Das eine oder andere Zigaretten- und Zigarren-Wölkchen steigt auf.

Ein Teebrett wurde abgesetzt.

Passt gut zum eben Verkosteten.

Dazu etwas Bäckerei.

Die Namen von den Konditoreien fliegen durch den Raum.

Die Namen der Selberbackerinnen.

Wenn sie so am Fenster stehen und hinausäugen in die Stadt, auf die
Dächer, zwischen die Gassen hinein mit ihren Traditionen zuhauf, dann
ist es schließlich unvermeidlich, auch schon einmal Schenkel an Schenkel, Knie an Knie, sozusagen an-berührt zum Stehen zu kommen.

In dieser an-berührten Situation zu verweilen.

Längere Zeit hindurch.

So tuend, als verspürte niemand was. Cool.

Ganz kleine Pasteten werden herumgereicht. In Blätterteig einge-
backene Sacher-Würstchen. Ein Weißbrotstück mit Butter und Emmen-
talerkäse und Petersilie und einer Zitronenscheibe drauf.

Die Weltmusik wird ein bisschen penetrant.

Jemand protestiert, schwingt sich gar zu einer ironischen Rede gegen
diese Art von globalisierendem Zeitgeist auf. Man lässt ihn (milde, gerne,
verzeihend, amüsiert?) gewähren.

Zuerst geben sich alle die Hindu-Exotik, und dann tschundern sie durch Schwarzafrika, sitzen dort am Boden, zitternd vor lauter Ethno-Korrektness und spielen dazu Musik aus dem Beduinenzelt und von den Inuits, inzwischen gibt's nix anderes als Trinidad-Bewegungen und am besten ist es überhaupt, wenn dazu noch einer auf Norwegisch jodelt. Chineser und Mauretanier rocken durch die Gegend. Hochlandtibeter und Höchstlandperuaner und Tiefstlandaborigines veranstalten dazu den Basislärm. Jede und jeder verhält sich in dem Multi-Kulti wie im Kloster oder vor strengen Prüfungen, um nur ja nichts falsch zu machen im Weltmusiktaumel. Aber, wehe, es kommt jemand daher und will zwischendurch was anderes hören oder spielen, etwas das nicht gleichzeitig aus sechsundzwanzig Welt-Himmelsrichtungen besteht und zusammengesetzt worden ist. Dann herrscht Aufregung und Beleidigung im Ideologischen. Früher penetrierten uns die historischen Instrumentalisten, diese Aufführungspraxler, die Großinquisitoren. Heute sind es die Weltmusik-Freaks. Jeden Dreck kann man unter diesem Titel der Allgemeinheit unterjubeln ...

Nachdem man ihn zum Schweigen gebracht hat und sich ein wenig anders gruppierte, geht die Unterhaltung wieder voran.

Jemand schlägt vor, Lautenmusik aus dem fernen Renaissance-Wien aufzulegen, oder Judenkünig, Gallus, de Monte, Regnart, Finck, von Bruck, Senfl. Man weist ihn zurecht, nicht so angeberisch mit frühen Namen herumzuwerfen.

Sehnsüchtige Blicke in den Himmel, über die Dächer abermals.

Dabei sind die Großen der Zeit immer auch die Verbissenen gewesen, die Trockenen, die Politikergleichen.

Die Theoretiker, die glaubten, mit ihrer ins System gezwungenen Theorie auch schon so komponieren zu können wie die bewundert-bekämpften anderen. Der Fux zum Beispiel oder der Caldara oder der Albrechtsberger oder der Salieri.

Und ihre Entsprechungen heute. Wien besitzt mehr Komponisten als prozentual vergleichbar sonst irgendeine Stadt dieser Erde. Viel mehr. Sehr viel mehr an Komponisten. Fast alle komponieren aber nicht zuvorderst, sondern schreien, dass man sie zu wenig fördert, dass sich die Stadt täglich neu und noch mehr in Schande stürze. Mit dem Mozart und dem Schubert und den anderen Armen hätte man es genauso gemacht! Das hätte man nun davon. Aber gelernt habe sie nichts, die angebliche Musik-Stadt Wien, noch immer werden die Genies unterdrückt.

Durst. Schon wieder.

Die Gesellschaft will ein Bier.

Das heißt, einige möchten. Drei, vier Männer sogar nur, um genau zu sein.

Doch das nun folgende Spiel ist dasselbe, wahrscheinlich auch schon seit Generationen.

Man bittet eine der jungen Damen in der Runde (wohl ausgesucht, tatsächlich sehr jung oder wenigstens tatsächlich noch so etwas wie naiv oder zumindest dies kokett vorgebend),

1. die erste Bierflasche doch für die Herren charmanterweise öffnen zu wollen;
2. aus dieser, geöffneten, den Herren zuzutrinken (schließlich könne das nämlich sowieso keine Frau, also – bitte – Probe auf's Exempel).

Außerdem wird die Musik im Player gewechselt. Die Vielfalt der Weltmusik weicht der unendlichen Vielfalt in Beethovens *Missa solemnis/Gloria.*

Sie (naiv?) nimmt die kalte und in ihrer Feuchtigkeit blind gemachte Flasche in die Hand. Streicht die tropfige Hülle sacht zurück und wischt sich dann ihre Handfläche mit einem Papiertaschentuch wieder trocken.

Glooooooria in exceeeeelsis Deo! …

Gloria! Gloria! Gloooria-Gloria!

Ein paar etwas drängendere Herzschläge rundum.

Aus dem Strauß dort am Kamin fällt still ein hellrosa Rosenblatt zu Boden.

Musik hat Zauberkraft, sagt Shakespeare angeblich.

Ein, etwas im Hintergrund der Szene stehender, junger Mann beißt noch rasch in ein Sandwich, ergattert von der bereits fast leer gegessenen Silberplatte. Die im Zimmer weich gewordene Mayonnaise quillt ihm als hellgelb-schlierige Sauce aus beiden Mundwinkeln. Auch er braucht nun ein Papiertaschentuch.

Sie hat die Flasche jetzt aber fest im Griff.

Oben, am Auslass des Flaschenhalses, der wie eine Knospe sich ringelt, jetzt aber noch durch einen Kronenkorkenverschluss geschützt ist, legt sie den spiralförmigen Öffner an.

… benedicimus te, adoramus te …

Ein kleiner Knall, eigentlich ein pffffh.

Applaus rundum, während ein winziger Bierschaumspritzer langsam aus der Flaschenknospe (Gösser?, Ottakringer?, Schwechater?) herauslugt.

Weiter im Tempo der Szene, so wird gerufen und verlangt. Beweise sollen erbracht werden für die ewige These, keine junge Frau könne geschickt-geläufig aus einer Bierflasche trinken.

Keine!

… gratias agimus tibi propter magnam gloriam tuam …

Fast die Augen voll Mitleid blind nimmt sie mit der linken flachen Hand die Bierflasche vom kreisrunden Boden her und hoch. Daumen und Zeigefinger der Rechten halten ein wenig spitzfingerig noch den Hals der Bottle.

Dann setzt sie an.

Scheulos.

Atemlos das Rundum sonst.

Ihr Atem, der voll Leben ist.

Eingezogen noch die Luft.

Dann angehalten.

Ganz wenig zittert das Mädchenhaar neben dem rohrartigen Gefäß.

Die Knospe wird an die Lippen gepresst. Die obere bleibt stramm, fest, ja geradezu steif. Die untere umfasst aber weich den Wulst. Wie eine junge Schlange, in die Ecke getrieben.

(Die Posaunenmundstücke im Orchester werden, erstmals!, von den drei Instrumentalisten an die gut geleckten Lippen gelegt, denn!)

Was fast keine junge Frau zusammenbringt, sie kann es. So aus der Bierflasche zu trinken, dass oben zischend ein Luftaustausch herrscht, unten hingegen der volle Erguss in den Mund.

… ooohhhmm – ni – po – tens …

Lautes und verschämtes Gelächter. Ein paar Bravo-Rufe. Die Flasche darf, dergestalt freigemacht, nun kreisen.

Man tritt in Gruppen wieder an das Fenster.

Schaut in die Gassen mit ehedem jener vielen Musik hinein.

Es ist unumgänglich, einander wieder Schenkel an Schenkel zu berühren und so ein wenig zu verweilen.

Bronze bei Gold.

Hinten noch mehr Flaschen.

Pfff.

… tu solus Altissimus …

Musik ist in vielen Nationen.

Ein Epitaph.

Irgendwo bleibt aber jeder angedachte, angespielte Ton bestehen.

Stehen bleibt er.

Dort drinnen.

Dort unten.

Klappern vom Geschirrabräumen.

Antiquitäten auf den Kaminsimsen.

Seidenüberzüge auf den Sitzgarnituren.

Jemand bläst in den leeren Hals der Flasche.

Es wird okuliert.

Hinüber, hinein. Denn es sitzt sich sicher gut jetzt beieinander.

Dort drauf und drin.

Letzte Worte in der *Missa*.

Ja, Epitaph.

Dämmrung. Kaum mehr Bronze. Nicht mehr Gold.

Geschafft!

Gigantomanie
vor
dem
Glasl

eine Beisel-Tour zwischen Schlagern
und volkstümlichen Musiksüchten

„... *n n n ... no noáh noáh ...*
o o oa oa ... oa oa oa ...
äh – ba, äh – ba,
... Wina Bluht ...
... o ho ó ó ! ...
... very good ...
... Medizin ...
... o ho ó óhhh ..."
(etc.)

Die angerissene Stimme der Wiener Pop-(?), Rap-(?) oder auch Sprech-
gesangs-(?)-Legende namens Falco (Hans Hölzel) plärrt aus dem „Wurlitzer". Man versteht – wie immer – kaum einen Text.

Aber man versteht hierorts unter einem „Wurlitzer", pars pro toto und
leicht historizierend, noch immer blinkende Musikboxen. (Manche hoch-
geschraubte Künstler gefallen sich auch noch darin, allerweilen „Die
Jukebox" zu sagen und davon zu schreiben.) Es sind das die vor allem in
Wirtshäusern noch sporadisch existenten hell blinkenden „Platten-
Hobel", die tiefen Lärm-Kisten oder dann halt deren digitale Nachfolger.
Der Name kommt von der „Wurlitzer-Orgel", also dem einstigen Be-
schallungs-Großapparat vor allem für Kinosäle, umgelegt und umge-

deutet später (und ebenfalls von der so wunderbar heißenden Firma „Wurlitzer" geliefert) als Wirtshaus-, Spielsalon-, Branntweiner- und Beisel-Belustigung im Status des elektroakustischen und wohlfeilen Alleinunterhalters.

(N. B. und nur zur Sicherheit gesagt, damit jetzt kein Blödsinn verzapft wird. In Wien, in Ottakring, draußen nach dem Gürtel und so beim und ums Altlerchenfeld, gibt es nämlich außerdem noch eine „Wurlitzer-Gasse". Die ist verwinkelt, ist eine „vom Grund", noch immer und allemal, und ist Synonym für wildes, messerzückendes und „g'schupftes" Vorstadtglück. Ein Mittelunterwelt-Wesen. Das Bühnenstück vom „Mord in der Wurlitzergasse" war jahrelang eine Parade-Schauder-Theaterpiece für Kleinbühnen am Rande des Stegreifs.)

So geschehen eben gar manche Spontan-Assoziationen beim und vor dem plärrenden und scheppernden „Amadeus Falco".

Doch sie gehören trotz des Namensdoppels und ganz bestimmt hierher, liefern jetzt den schein-visuellen Randbereich, spenden ihrerseits wohlfeil akustisches Umfeld, Atmo und O-Ton.

Den gelackt-geschmeidigen Falco hat man sowieso gleich nach seinem Tod (Februar 1998, verunfallt, daher diskussionslos: Heldentod) irgendwie heilig gesprochen, bewusst zur Ikone hochstilisiert, mit süßen und schiefen Erinnerungen behängt wie einen Wiener Christbaum. Man braucht das in Wien. Immer wieder Mozart und Schubert und Bernhard und Schrammeln und Schiele und scheinbar nur verblichene Opernstars wie d i e Jeritza oder d e r Kiepura und sogar (so brutal ist die Stadt) die ehemaligen KZ'ler, sie sind nur die Eisbergspitzen beim Nachweinen und Hochstilisieren, beim späteren Gräber-Behübschen und vor der schönen Leich'. Es geschieht solches im Angesicht scheinbar überaus kostbar werdender Devotionalien und gleichermaßen im Vereinnahmen jeglichen gemachten Furzes zur höheren Ehre des eigenen Landes und seiner Geschichte und vor allem seiner Wertvorstellungen.

Heimat, bist du großer Söhne und Töchter,
und begnadet dafür,
täglich als Morgengebet psalmodieren zu lassen:
Unser Motto: „ERST WENN EINER TOT IST, IST ER GUT."

Falco ist tot. Wirklich gut war er nie. Er und seine Manager und Arrangeure und Backstage-Musiker) hatten nur ihre Tricks. Wienerisch: Sie konnten und machten die richtigen Schmähs.

Es ist jetzt schon nach dem Arbeitsende an einem beliebigen mittleren Wochentag. Drei Männer stehen in einem Wirtshaus. Es ist noch nicht einmal halb fünf am Nachmittag. Aber in Wien (und weit verbreitet in Österreich) werkt man lieber ab dem frühest möglichen Zeitpunkt und macht dafür eher Schluss. Am Bau oder bei den anderen „Schaufel-Hacklern" beginnt's um 6 oder $1/2$ 7. Viele Büros öffnen schon um 7 (um dann nur ja vor allem seine Mitarbeiterinnen und diese wieder täglich vor allem ordentlich gehetzt – weil die Kindergärten zwar um $1/2$ 7 aufgemacht haben, aber spätestens um $1/2$ 4 schließen werden – schon um 3 Uhr am Nachmittag wieder wegrennen zu lassen). Im nahen Rathaus beginnt die Dienstzeit offiziell um $1/2$ 8. Es gibt in vielen Abteilungen noch immer keine Gleitzeit, weil niemand das will. Man könnte dadurch ja irrtümlich zu lange arbeiten. Und so fort. In Abwandlung eines Bonmots gesagt: „Ich weiß nicht, wozu ich so früh' anfang', aber dafür bin ich früher damit fertig." Warum? – egal! Freizeit-Recht ist das!; und überhaupt und gewerkschaftlich erfochten und, und, und.

Und auch solche Assoziationen gehören hierher. In das Wirtshaus, zu den drei Männern.

Behaupten wir einmal, das Etablissement steht im 8. Bezirk, dort wo sich der hinsichtlich seiner satten Bürgerlichkeit und seiner kleinstädtischen Verlogenheit recht bunt gemischte „Hieb" hinter dem so genannten „Grauen Haus", also dem Ozeandampfer-gleichen Palast der Wiener Hauptjustiz, dem Landesgerichtsgebäude (wo man bis zur Mitte des 20. Jahrhunderts noch hingerichtet hat), eben in die Höhe zu ziehen anschickt.

Drei Männer saufen.

Gute Gegend.

Beethoven, der Alkoholiker, wurde in der Nähe aufgebahrt und eingesegnet. Keine 300 Meter von hier. (Originaltext auf der Einladung zur Begräbnis-Ordnung: *29. März* (1827) *um 3 Uhr nachmittags … Man versammelt sich in der Wohnung … am Glacis vor dem Schottenthore … Der Zug begibt sich von da nach der Dreyfaltigkeits=Kirche bey den P.P. Minoriten in der Alsergasse … für die Welt … ein unersetzlicher Verlust …*) Am Leichenzug beteiligten sich angeblich über 20.000 Menschen, was beinahe 8 % der damaligen Wiener Einwohnerschaft (mit Vororten!) entspricht.

Vor den Männern ruht die Schank (für Unkundigere: „der Tresen") hingestreckt wie ein fettes Rubens-Weib. Sie ist feucht, aus geripptem Metall; rechts eine Abwasch' für die Gläser; sie werden ins selten aus-

getauschte lauwarme Wasser hineingehalten, auf einem dort drinnen befestigten Besen herumgedreht, weggestellt. Bierschaum-Hähne. Ein ver-
glaster Schaukasten mit Wurst, Fischdosen, Knabbergebäck. Alte Salzstangerln. Auf einem Ständer noch ältere dunkle, harte Brezeln. Vom
Plafond hängen zwei Fliegenpapierstreifen herunter, noch viel älter als alles sonst hier Feilgebotene. Hinten ein gediegener und daher noch holz-
vertäfelter Eiskasten für die „Spezialitäten". Die Weine allerdings stehen
nur in einem Wasserschaff, auch die Roten (*Heuriger, Alter, Spezi,
Blauer*). Möchte man einen Schnaps, so bestelle man entweder einen
Slibowitz (einen *Zwetschgernen* resp. einen *Slibo*) oder einen, gebrannt
aus mehreren Obstsorten oder aus deren Maischeabfällen miteinander,
demnach: den *Obstler*; hierin und hierorts gänzlich Eingeweihte aber
outen sich als Bestellerinnen und Besteller mittels eines euphemisti-
schen und die Zusammensetzung des so desiderierten Getränks vorweg
betonenden Bestell-Doppelworts: „*A* (= ein, = ein Glas voll oder ein
ordentliches Stamperl mit) *Kompott!*" Und auch der uralte Witz wird
irgendwann an diesem dahinschleichenden Nachmittag wieder daher-
148 kommen: *A Mo* (ein Mann) *kummt* (kommt) *in's Wirtshaus, stollt si vurn
hi* (stellt sich vorne hin, pflanzt sich vor dem Tresen auf)*, sogt* (sagt, bestellt)*: A Ochtl.* (Ein Achtel) *Der Wirt: Weiß oda* (oder) *Rot? Da Mo* (der
Mann): *Slibo! – Und, no bessa.* (Noch besser) *Also, da Mo un so weida
…* (und so weiter …) *Da Wirt: Weiß oda Rot? Da Mo: Seit wonn*
(wann) *gibt's an rodn* (einen roten) *Slibo?*
    Hahaha! Haha! Ha!
    Sich dazustellen. Zuhören.
    Der Tagesfrust wird langsam weggeschwemmt. Die Welt wird ge-
ordnet. Dasjenige dahinter (Frau, Ängste, Regierung, Unfesch-Sein,
Gott, Fresserinnerungen mit Speiberinnerungen, Spitalerinnerungen mit
Blut- und Harnbefund und Leber-Werten) sowieso.
    Es mag nicht uninteressant sein, sich nach einigem stummen Lau-
schen zunächst dezent als fragend herangekommener Fremder (aus
einem anderen Hieb zum Beispiel, oder gar von auswärts, Niederösterreich?, Böhmen?, Steiermärker oder Tiroler?, ein Piefke?!) auszugeben
und sich dann sehr sachte als Unkundiger, aber durchaus Lernwilliger
vorzustellen. Sodann ein wenig auf den Lärm aus dem Wurlitzer zu
schimpfen. Flotte Antworten wird man bekommen. Und damit den Be-
rufs- und Genuss-Trinkern rasch vertrauter, ihnen bald gar familiär werden: „*Des war'n sowieso alles Hasch- und Opium-Gfrasta* (= etwa
„schlechte Menschen", „Verbrecher", „Widerlinge", „Ungusteln", jeden-

falls aber Drogenabhängige). *Unsre Volksmusik, die im Fernsehn jedes Wochenende, is besser. Die lustigen Zillertaler oder wie die si nena (sich nennen) und die Steyrerbuam und der Hansi Hinterseer und die …? … die? … die Hertel und da Mross und Al Bano und so heißen's, glaub' ich. Oder da Groh Brie* (Grand Prix) *für die Volkstümliche Musik überhaupt mit der Reiber und dem Rjöh* (André Rieu) *und überhaupt der Moik und der Hias neben ihm. Aber am liebsten san ma* (sind mir) *de, i glaub' Stoakogler heißen di. Kennen's des eh':* (im vollen Gesang nun) *Steirermen san very guat, very, very guat for Hollywood! Des is Musik, und des is außerdem der Schwarzenegger in da USA, der Muskelpintscher!"*

Nein, nicht nur so, nicht passiv die Elogen auf die Fast-Food-Volksmusik genießen. Anders in's Gespräch kommen und neu nachfragen.

Also, bitteschön. Hier im schönen Wien, kenne man da überhaupt noch die Größen vergangener Zeiten?

Und dann wird es wohl Überraschungen hageln. Antworten werden hervorschießen, eines Inhalts, als wäre der Gefragte früher mindestens Hausmeister beim Genie gewesen, eher aber schon Kammerdiener, wahrscheinlich hingegen weiland sogar der Busenfreund. *„Jo, da Schubert! So arm, aber ganz hervorragend, wirklich, muss man sagen."* – *„Der Schani, der Teufelsgeiger! Mit n'm Guschlbauer und dem Nestroy."* – *„Na, der woa a bisl früa"* (Nein, der lebte ein wenig früher). – *„Wonn ma* (wenn wir) *wenigstens wüssten, wo er genau liegt, der Mozart."* – *„De Schrammeln, de hab'n gschpült sogar vor dem Rudolf, Sie wissen's eh', dem, der sich in Mayerling zusammen mit der Vetsera hamdraht hot"* (der dort Selbstmord begangen hat). – *„Unser Beethoven war terrisch* (taub), *aber das hat beim Komponieren ihn überhaupt nicht g'stört."* – *„Wissen's, ich kann ja mit dem Schönberg und wie die Leute alle g'heißen hab'n, net wirgli* (nicht wirklich) *was anfangen, net so wie mit'm Lehár oder dem Kálmán mit seiner Mariza, aber angeblich war'n die schon damals so was wie Weltmusikanten mit ihrer schiachen* (hässlichen) *Musik."* – *„Ewig schad' ist's um alle die. Warum haben die so früh sterben müssn!? Mozart und Schubert und der Pepi Strauß und sogar der – wia haaßt er … (wie lautet sein Name)? Wurscht. Sogar der Mahler. Der war so ein Operndirektor, wie da Karajan."*

Wien – Musik – Klang – Eros.

Es liegt schon ein ganz leichter Dämmer in der Luft. („Dämmer"?, gibt's den? Ja, doch, eine „D.-ung" wäre jetzt noch zu stark.)

Den 8. Bezirk weiter nach dem Süden hindurch. Abgehen die kleinen

Irrgärten zwischen *Laudon-* und *Josefstädter Straße.* Es ist schon wieder ein Ort für Gedenktafeln. Wieder und wieder. Zeit nehmen! Und etwas herausgreifen. Zum Beispiel: Josef Matthias Hauer. Der „Zwölfton-Spieler", welcher vor allem darum gekämpft hat, als der tatsächliche Erfinder jener Methode anerkannt zu werden. Ein „Irrsinns-Typ, ur-cool", so sagte man heute: Hauer berechnete nämlich, Computer-los und neben dem Verfassen seiner eigentlichen Kompositionen (immerhin sind Opern und Oratorien dabei), dass es 479001600 Möglichkeiten gibt, die 12 temperierten Töne der Oktav-Leiter zu kombinieren, aus welchen sich dann angeblich 44 Grundtypen herausschälen lassen. Hauers *Tropen.* Seine Schüler und Enkel-Schüler verehren den 1949 in der *Josefstädter Straße* Verstorbenen noch allemal wie einen Guru oder wenigstens so, wie man es sonst nur noch beim Rudolf Steiner tut.

Es lohnt, im Dämmer die Gegend weiträumiger abzugehen, hier, wo Hauer und seine Jüngerschaft auch lebten und arbeiteten und eifern. Vielleicht mag man dann seine Klang-Gespinste ein wenig mehr.

Es ist schön, retour den *Dreizehner* (die ehedem sich durch die Gassen windende Doppelstock-Autobuslinie mit der Nr. 13) zu besteigen und viel im Fahren vorbeiziehen lassen: Die Kirche *Maria Treu,* ehedem eine der zentralen Ausbildungsstätten für spätere Top-Musiker, das *Josefstädter Theater* mit den *Sträußel-Sälen* (wenige ähnliche Etablissements in der ganzen Welt haben eine derartige Geschichte des Neuen, des Künstlerischen, des Besonderen im Musikalischen und Theatralischen und Unterhaltenden), die *Lerchenfelder Straße* und dann *St. Ulrich.*

Eine dringende Aufforderung zwischen den Wirtshausbesuchen und Beisel-Verkostungen: Den Dreizehner stehen-bleiben-lassen, aussteigen zwischendurch, hineingehen, ansehen, hinsetzen, mitschwingen, die Faltblätter der Bezirks-Museen erstehen und drin nachlesen, oder noch direkter gesagt, richtig nach-schauen! (und sich die Musik nicht unkommentiert gefallen lassen!), diese unendliche Vielfalt der hier binnen weniger Jahrhunderte gepflegten Stile und gemachten Novitäten in sich aufnehmen. Es ist das auch eine Form der unendlichen Leichtigkeit des Seins, gerade in solchen Gassen, die das alles vor(aus)setzen.

Folgendermaßen.

Lokal Nummer 2. Man konnte wählen aus einem guten Dutzend an guten. Wir essen jetzt ein kleines Beuscherl mit Knödel, nein, noch besser, eine Portion geröstete Nierndln. Wir „zwitschern" ein Seidl Bock-Bier dazu, eines vorher, eines danach. Der Fernseher rennt im Eck. In einer Vorabend-Talk-Serie treten „junge Nachwuchskünstler auf, die sich unserer schönen Musik verschrieben haben, Menschen, die wieder zu den Wurzeln gehen, original singen, die das Dudeln neu beherrschen und das Spielen auf der Kontra-Gitarre". Der Fernseh-Ton begleitet jetzt den Klein-Konsum. Die „jungen Künstler", alle tatsächlich unter Dreißig, geben zum Glück nicht jene ausgelaugten Wienerlieder, mit denen die Massen an Autobus-Touristen etwa in Grinzing oder in Wein-Kellern abgespeist werden. Man singt also nicht von den *Engerln, die heut' auf Urlaub nach Wean kommen* oder vom *Glück, das a Vogerl is, gar lieb, aber scheu, es losst si schwea fonga, oba furtgflog'n is glei* (es lässt sich schwer einfangen, aber es ist auch gleich wieder fortgeflogen). Es geht um Härteres im stets süßen Dreiklangskleid, weich accompagniert, süß formuliert, naiv wiedergegeben.

Und wann's a mei Tod is / so trink ich an Wein, / a Tröpferl, ein echtes / so goldig und rein. / Das kann doch wahrhaftig / ka Todsünde sein, / sonst ließ er'n ja net wachsn, / der Herrgott – den Wein.

Man schenkt hier einen *Zierfandler* aus. Will man Brot zu den Nierndln, dann bestelle man „Gebäck". Durstig geworden zwischendurch auch einen „Spritzer" (*Weiß oder Rot? …*).

Um unsern Lanna / wird mancher wana / … denn wenn er hat einen Walzer g'macht, / so ging langmächtig / s'Tanzen so prächtig, / dass an das Herz hat im Leib völli' g'lacht. / … D'rum hat mein Suserl, / so manches Pusserl / weg'n seiner Musik beim Tanzen oft krirgt. / … Die Frauenzimmer / seufzen noch immer, / … denn jeder Geigenstrich / war von ihm meisterlich, / so wie der Lanna / … der seine Walzer so schön komponiert.

Und?!

Zwischen den großen Innenhöfen des Bezirks verläuft noch immer gut gepflastert die *Mechitaristengasse*. Auf Nummer 5: das weiterhin existierende Geburtshaus des Joseph Lanner (1801). Er kam in einer Gegend zur Welt, die bald davon strotzte, was für ihn Voraussetzung werden sollte. Wieder dahin gehend offen geworden soll man unbedingt auch hier die Gedenktafeln anschauen! Für heute fast Vergessene wie Michael Pamer oder die Pechatscheks, eigentliche „Erfinder" von Tanzmusik, aber einer richtigen Tanzmusik jetzt und einer für alle Stände, um und nach dem Wiener Kongress 1815. Ein historischer Boden liegt (nur etwa 10 % von der damaligen Bausubstanz ist noch erhalten, aber immerhin) zwischen der unteren *Mariahilf* und diesem hiesigen Bezirk mit dem bezeichnenden und doch falschen Namen *Neubau.*

Ein mildes Flucht-Achterl von einem recht schweren Wein stammend aus den südlich von Wien situierten Gumpoldskirchen (vulgo *Gumpolds*) oder Perchtoldsdorf (vulgo *Pedersdorf*). Das elektroakustische Medium der Television vermittelt dazu nun auch Revivals von Musik des Genres *Aus da untersten Lod* (Aus der untersten Lade, Aus dem untersten Schrankfach), *Solang no a süffiges Tröpferl gedeiht* und *I brauch kan Kranz – i brauch kan Pflanz* (… keinen Kranz beim Begräbnis, keinen falschen Aufwand …).

Auch hier wird es nicht wirklich kompliziert oder (zuerst wenigstens noch) auch keineswegs peinlich sein, mit den Leuten, die am späteren Nachmittag „ihre wohlerworbenen Freizeit-Rechte nach der Arbeit" ver- und aus-kosten, ins Gespräch zu kommen. *„Ah, ja, unser Lanner Joschi …" – „So was versteht nur der Wiener." – „G'soffen hat er halt, wie alle anderen auch. Ich bitt' Sie, was ist Musik und Wien ohne Alkohol?" – „Jeder Musiker hat getrunken. Es geht gar nicht anders, wie soll ma dann sonst komponieren?" – „Ja, die Wiener und die Musik. Egal jetzt, die Tschuschn und die Flüchtlinge, die seit a paar Jahren die Stadt regelrecht überschwemmen, die haben keine Ahnung." – „Der Osten und die Osterweiterung machen Wien und seine G'mütlichkeit nur kaputt." – „Was brauch' ma denn das alles!" – „Das war früher auch schon so; da sind dann halt auch noch diese Juden dazugekommen." – „Aber, des hab'n wir irgendwie gelöst." – „Gott sei Dank." – „Hahah!" – „Haha!" – „Ha!"*

Schnell zahlen! Gehen! Weg!

Die weiche, dunkle, beklommene Wiener Musik-Seele ist gleichermaßen grausam, ist „abmurksend".

Wien – Musik – Klang – Eros

Heimat, bist Du großer Totenvögel.

Durch die *Stiftgasse* und an einer, allerbestes Stadtgebiet verdrängende Kaserne vorbei zur legendären Geschäftszeile, der sehr überschätzten *Mariahilfer Straße*. Dort links steht schon wieder eine *Haydn-Kirche*. Davor, und noch zwischen dem Glas und Beton ganz gut erhalten, das weiland Haus des Ferdinand Raimund.

Brüderlein fein, Brüderlein fein,

sollst doch kein Konsum-Depp sein!

Leg' hin Deinen Hobel barsch

sag' der Welt: Leckt's mi … am …

Wieder einen Hügel hinunter, *Stiegendurchgang* zur *Gumpendorfer-straße*. Kulissenhaft schimmert da alles noch allemal und wie in einem alten Herz-Schmerz-Musik-Operetten-Streifen (Oskar Werner – er hier übrigens tatsächlich geboren – und Paula Wessely und Ewald Balser und Hans Moser kommen jetzt bald scheußlich kostümiert entgegen, man spielt nämlich gerade in einer Wienfilm-Produktion, wo der Suppè es gleichzeitig zum Girardi mit der Marie Geistinger treibt, und der Millöcker schaut zu, während er der Josephine Gallmeyer unter die weiten Röcke fährt).

Auch der Millöcker wurde übrigens hier geboren.

Über die Stiegen gehüpft, unten gelandet. Entlassen worden wieder aus diesen Treppen und Gängen, und zwar direkt dort, wo (der, unser) Lanner (Joschi) einst gelebt hat. Nichts erinnert mehr daran.

Schande den oft plötzlich auftretenden weißen Flecken auf der Wiener Musik-Topographie! (So reden die Enttäuschten und Beleidigten im Spazierengehen.)

Neuer Versuch! Neue Flucht?

Im Taxi hinüber/hinauf in den 19. Bezirk. Weiter Spurensuchen. In ehemaligen Lanner-Häusern logieren jetzt Chineser-Restaurants und vergammelte Porno-Shops. Der *Strauß-Lanner-Park* liegt exakt an der Kreuzung von *Billroth Straße/Sieveringer Straße/Grinzinger Allee*. Er ist ganz besonders hässlich. Breite Betonbänder durchpflügen mickriges Gras. Müde Bäume stehen über schlecht gepflegten Kinderspielplätzen. Zwei Grabsteinsäulen erinnern noch daran, dass hier die „Walzer-Dioskuren" zur „ewigen Ruhe gebettet" worden sind. Jeweils damals auch unter Beteiligung Tausender. Aber, „gebettet zur ewigen Ruhe"? Woher! Man hat sie, den Johann Strauß sen. und den Joseph Lanner, die Größten ihrer Zeit, Ende des 19. Jahrhunderts (also nach ihrer Zeit) natürlich genauso exhumiert und zwangs-ver-bettet in den Ehrenhain des Zentralfriedhofs (mit dem Hintergedanken, vielleicht noch Rassen- und Schädelstudien beim Übersiedeln anstellen zu können), wie man das schon (hunderttausend Mal sich bereits darüber aufgeregt) beim Beethoven oder beim Haydn oder auch dann beim Schubert getan hatte.

Der „Dämmer" ist über eine echte Dämmerung in die frühe Nacht hineingeschlichen. Ein wenig noch sitzen bleiben vor oder zwischen diesen höchst einsamen Grabstellen. Imaginär oder auch richtig auf die beiden mit Punsch anstoßen. Ein schlimmer Platz, ein wunderschöner Platz!

Wien – Musik – Klang – Eros

Heimat, bist Du großer Präpotenzen,
Volk, begnadet für sein schnödes Glänzen!
Mutig in die alten Zeiten …
Das so genannte Reparatur-Seidl vom Bier ist jetzt aber wirklich auf
jeden Fall noch drin und angesagt und gestattet! Da, Richtung Donau,
nach Döbling. Es lassen sich auch hier wieder ganz gute Beiseln entdecken. Sogar solche noch mit einem alten Wurlitzer drinnen. Der Herr
Falco muss ja nicht überall unverständlich herumplärren und sogar, sowieso kaum mehr metaphorisch-verhüllt, von seinen eigenen Vorlieben
erzählen (*„Mutter der Mann mit dem Koks ist da"*).

155

Berggasse 19

oder: wir lernen – u. a. mit Mahler –
die Überwindung unserer Angst vor der Musik

Ein historischer Punkt. Einer der wichtigen für Wien, für Europa, für die von Menschen bewohnte Erde.

Tatsächlich. Er ist wichtiger, prägender und folgenreicher gewesen als viele Wiener Musiker-Wohnungen oder als fast alle heute so hochge-schmückten Gedenkstätten in der Stadt.

Nähern Sie sich ganz langsam! Umkreisen Sie zunächst einmal das Haus, den Vorplatz, die umliegende Gegend im Bezirk!

Sigmund Freud hat hier über viereinhalb Jahrzehnte lang gelebt. Der legendäre „Professor Doktor Freud". Einer der wahren Weltstars später im 20. Jahrhundert. 1891 zog er hier ein, fünfunddreißigjährig und mit wachsender Familie. Seit 1886 schon ist er verheiratet. Manche Fami-lienkonstellationen bleiben schon ein bisschen komisch. Freud wird von seinen vielen Reisen aber immer wieder gern hierher zurückkommen, hier ein tägliches Riesenpensum erarbeiten.

Viel ist dort passiert, was alsbaldigst zu neuen und riesig werdenden, auseinander brechenden und sich abspaltenden Wissenschaftszweigen heranwuchs. Viel wurde dort aber auch formuliert, diskutiert und ordi-niert, was dann – ebenfalls bald – zum Gegenstand für Trivial-Psycholo-gen bis heute oder für zumeist recht hilflose Selbstfindungsgruppen und für höchst romantizierende und vorgebliche Seelen-Spezialisten zu mu-tieren hatte.

Wien, IX. Bezirk. Passen Sie ja auf! Vom Hügel des Schottentores, der Votivkirche und der beginnenden Währinger Straße verläuft eine zunächst vergleichsweise steile Gasse bergab. Sie hat sich bis heute zu einer wichtigen, Auto- und Parkplatz-reichen Verbindungsader nach Lichtenthal, zum Kasernbereich Rossau und zum Donaukanal entwickelt. Ein wenig wirkt sie wie der schmale Auslauf einer Schisprungschanze. Weit unten, im Flach- und Bremsbereich der Schanze, liegen großbürgerliche Häuser im Ringstraßen-Stil. Die Gasse ist allerdings weder einheitlich verbaut oder als Einheit baulich überliefert worden, noch ist sie irgendwo besonders schön oder interessant zu nennen. Trotzdem, „sie", die stilistisch und dem sonstigen Angebot nach eher unspektakuläre, wenn nicht gar langweilige oder sogar (Wienerisch ausgedrückt) „verschandelte" *Berggasse*, „sie" darf doch dieses Haus Nummer 19 beherbergen.

Ja, ja, das ist dort, wo der von der nahen Universität schon damals höchst scheel betrachtete Professor täglich herumspaziert ist, wo er aus seinen Eigenbeobachtungen auf Seelenwegen in andere schutzsuchende Menschen (zunächst vor allem junge Frauen, Nausikaa!) hineinzuschlüpfen lernte, wo er die Träume zu deuten und dann zu analysieren verstand und wo ihm dadurch quasi ein Zipfelchen des menschlichen Unbewussten (des, wie man manchmal nicht eben exakt sagt, des „Unterbewussten"?) zu greifen vergönnt gewesen war.

Ja – es war jene *Berggassen*-Wohnung der behäbigen Großfamilie, es war die Adresse auch der Ordination. „Berggasse 19, 1. Stock", zwei ineinander übergehende Bereiche und auch ineinander verschachtelt. Am Türschild stand zu lesen: „Prof. Dr. Freud 3–4".

Und abermals: ja. Das ist schon auch der Ort mit dem (für das) Sich-Niederlegen bei der Analyse und mit dem (für das) manchmal dann quälend nachfolgende(n) aber vom Professor eingeforderte(n) Assoziieren, alles auf dieser legendären Couch. Nur – einstmals war das so, früher stand das Möbelstück und das Ordinationsmittel dort drinnen. Denn Freud hat sie seinerzeit noch selber mitgenommen, die Couch, damals, als man ihn, einen der Größten des 20. Jahrhunderts, im Greisenalter und schwer krank, aus seinem Wien unter Androhung von Deportation, Konzentrationslager und Mord, nach mehr als 40 Jahren Lebenszeit da, aus dieser Wohnung und aus Wien hinauswarf, entfernte, als man ihn gleich vielen anderen wie ein ekeliges Insekt aus seiner Stadt, die er wie zuvor vielleicht nur ein Mozart oder ein Strauß weltberühmt gemacht hatte, auszuradieren versuchte.

Die Couch: Signum, Topos, Mysticon und Psycho-Altar. Sie steht nicht mehr hier. (Recht so!)

Doch davon später. –

Aber sind Sie vorsichtig beim Annähern!

Schon häufig wurde zum Beispiel dabei die simple Frage gestellt, ob denn der Sigmund Freud in einer anderen Stadt als Wien dergestalt erkennen, forschen und praktizieren hätte können.

Schon in so einer Formulierung liegt natürlich ein gerüttelt Maß an Selbstüberschätzung, ja an Frechheit und üblicher Hypertrophie in der vor allem Wiener Bevölkerung, getätigt im gegenständlichen Fall – und ganz egal – von Politikern oder von Wissenschaftern oder genauso von Presseleuten oder auch bloß von sich andauernd ziemlich gewitzt vorkommenden, so genannten gestandenen Bürgerinnen und Bürgern. Trotzdem, auch wenn Freud manchmal nur sehr viel zusammengefasst, gebündelt hat, was einem seit der Antike sowieso jedes halbwegs gute Theaterstück mitteilt, was Pfarrer können sollten und Schamanen intuitiv zu vermitteln vermögen, was Traum-Bücheln wissen und wovor sich beispielsweise jede/r Pubertierende/r schon gefürchtet hat. Warum geschah das hier, in dieser Stadt? Weshalb „enthüllte" sich da etwas?, 1895, wie Freud später erzählte, und worauf jetzt noch eine Tafel am Ort des Geschehens verweist, beim Schloss *Belle Vue* am Kobenzl-Berg, oberhalb der Stadt, oberhalb der Weingärten, oberhalb der berühmten Grinzing, Sievering und des blauen Donaustromes. Und banaler berichtet. Es geschah während einer Sommerfrische der jungen Familie und nach einem höchst sexualsymbolischen und gar Vergewaltigungen spiegelnden Eigentraum Freuds.

Es wurden also gerade hier „die Geheimnisse des Traumes enthüllt" (so der immer noch weiter verblüfft forschende Doktor später, so dort der Inschrifttext auf einer Marmortafel heute, denn *Belle Vue* steht nicht mehr).

Oder? Weshalb gab's für den König Ödipus und seine Nachkommen beziehungsweise seine Konsorten (in des Wortes ursprünglicher Bedeutung) erst von der Berggasse 19 aus endlich halbwegs plausible Angebote und Verfahren zur Komplex-Überwindung?

Man sagt dann auch: „Klar, sowieso, hört euch doch nur die Musik der Stadt an; Freud formulierte bloß literarisch höchst eigenwillig, aber perfekt, was man seit Jahrhunderten und dann in der eigenen Lebenszeit sowieso dauernd zum Hören und Empfinden und Verstört-Werden und Seelenkrampf-Lösen vorgeführt, ja vorgeworfen bekommt! Und von

Schubert und Lanner und den Couplets aus den Raimund-Theaterstücken und schlussendlich dem Todestrieb im Wienerlied und so weiter und so fort wollen wir gar nicht erst reden." Flottere antworten zudem: „Der Gustav Mahler hat hier seine *Kindertotenlieder* konzipiert, ein paar Hundert Meter nur entfernt von der Berggasse, damals, als Freud mit dem Analysieren hauptsächlich von gealterten Mädchen begann. Und des Mahlers teilweise geradezu wüste mittlere Symphonien, die ‚Adagietto'-Fünfte, die so genannte ‚tragische' Sechste und die enigmatische ‚Nachtmusik'-Siebente, die entstanden, als der Professor eben seine *Abhandlungen zur Sexualtheorie*, seine grundlegenden Fallstudien aus den *Hysterie-Analysen* und *Der Witz und seine Beziehung zum Unbewussten* erarbeitete. Außerdem: Als die *Doktor-Faustus*-Vorlage namens Hugo Wolf hierorts und in der Wien-Umgebung seine ungemein quälend-befreienden, jedenfalls aber arbeitshypothetisch alles bisher Dagewesene in den Schatten stellenden Schaffensschübe erlebte, da erlebte der Herr Freud die Macht des Traumes. Als Johann Strauß starb (auch nur ein paar Hundert Meter weit entfernt von der Berggasse), da war der Professor gerade in der Endredaktion der *Traumdeutung*. Als Arnold Schönberg die orthodoxe Tonalität bewusst so geartet, nämlich als zwingende Folge musikalischer Entwicklungsgänge, infrage stellte und zertrümmerte, da begründete Freud (auch nur einige Hundert Meter weit weg) die Internationale Psychoanalytische Vereinigung mit. Ja, mehr noch. Als weltweit, aber vor allem von Wien aus angezettelt, die Neue Musik in mindestens ein Dutzend an Einzelstilen auseinander zu driften begann, verfasste Freud *Jenseits des Lustprinzips*, und als Alban Berg mit dem *Wozzeck* (komponiert abermals bloß vier bis fünf Kilometer entfernt von der Berggasse) zum avantgardistischen Opernkomponisten Nr. 1 aufstieg, schrieb er seine Abhandlung über den *Humor*." –

Am besten wird es sein, Sie kommen doch nicht von oben.

Stellen Sie sich vielmehr auf den großen Kreuzungspunkt schon im *Berggassen*-Auslauf und beobachten Sie zuerst einmal. Locker bleiben, atmen, den Witz des nun Folgenden auskosten, es ist auch *Wiener Blut!*

Fünfeinhalb Wege treffen sich in einem *Jörg-Mauthe-Platz*, benannt nach jenem eigenwilligen und seltsamen Journalisten und Politiker im Wien der 60er und 70er des 20., welcher eifrig gegen die Verkrustungen verursacht von stadtregierenden Dauer-Sozialisten anrannte, der „Grätzl"-Lebensgefühl predigte und sich mit politisch Grünen der Urgesteinszeit über das Menschen- und Citoyen-Recht auf „Schönheit" als eine bürgernahe und aktuelle Forderung einigte. Dass sein „Schönheits"-

Begriff bald nichts anderes war als der Versuch einer postmodernen Stadt-Behübschung, macht den Platz, keine 50 Meter unterhalb von „Berggasse 19", höchstens noch skurriler.

Und die Aufzählung der Seltsamkeiten rundum lässt sich fortsetzen. Das Freud-Haus ist umgeben von – nun sagen wir im Hinblick auf das, was dort einstens geforscht und erkannt wurde – von vielen kleinen Überraschungen. Die Menge der Wiener Geschichte zwischen Alltag und Intellekt spiegelt sich ebenso, wie sich hier auch die „Darstellungsweisen und Sensationen" der Seele höchst unterschiedlich auf „winziger Weltbühne" im Nudelbrett-Format ein gemischtes Stelldichein geben.

Fahren Sie doch mit der Straßenbahn heran. Mit der rotweißroten Linie „D", dem so prononcierten „Deh-Wagen". Wer hierorts Straßenbahnlinien bloß aufgrund der gängigen Lokaldiktion finden will, der wird es manchmal nicht ganz leicht haben. Da existiert auch etwa die Linie „J", nicht norddeutsch die „Jott-Straßenbahn", sondern der „Jeh-Wagen". Gleiches gilt für die „O", wohinter sich nicht Null, sondern der „Oh-Wagen" verbirgt. Die Linie „N" ist hingegen schlicht nur „der N", die Linie „13" der „Dreizehner". Die Linie „71" aber, sie führt nach Südosten, nach Simmering und zum Zentralfriedhof hinaus, heißt nicht nur der „Anasiebz'ger", sondern auch der „Express zum Probelieg'n".

Sie kommen also mit dem D-Wagen vom Ring daher, sanft hinabstechend zwischen den Gebäuden der Bundespolizeidirektion Wien bezeichnenderweise vor und am *Deutschmeisterplatz*, und haben, stilistisch zwischen Las Vegas, Düsseldorf und Kuala Lumpur austauschbare, so genannte Nobel-Hotels sowie das wie im Dornröschenschlaf erstarrte Börsegebäude passiert. Es geht bezeichnenderweise durch *Schlick*-Platz und *Schlick*-Gasse, benannt nach dem Wiener Kreuzritter des 20. Jahrhunderts für reine, sogar „schöne" und jedenfalls schlackenlose philosophische Empirie. Sie landen jenseits des *Jörg Mauthe* und vorbeihuschend an Gründerzeit und Jugendstil am *Servitenplatz* mit Kloster und Carnevale-Kirche, wunderhübsch-heimelig, im barocken Dorfglück typisch für viele ähnliche Sakralorte in Wien. Das Gotteshaus ist der „Maria Verkündigung" geweiht, sein Inneres ist besonders protzig-überladen. Der (seelen-analytisch müsste man fast schon sagen: bedrohlich) angebotene Marien-Komplex wird in einer Seiten-Kapelle mittels einer nachgebauten Lourdes-Grotte in Gips und im Gesamtumfang einer Kleinbühne noch gefördert.

Die zwei jetzt noch übrigen Kreuzungsstraßen sind Bezirksadern. Die *Porzellangasse* läuft parallel zur *Liechtensteinstraße*, welche sich ihrerseits an der weltliterarisch so bedeutend gewordenen *Strudlhofstiege* vorbeiwindet. Es ist das alles überhaupt die Gegend für eine Menge an Erinnerungstafeln an den Hauswänden, beinahe großkoalitionär aufgeteilt auf Personen aus dem Linken und dem Rechten Lager. Es ist jedenfalls eine gelegentlich sogar wunderbare Nobel-Wirtshaus- und Beisel-Gegend, sowie eine auch für noch existierende und profan-theatralisch bespielte Mittel- und Kleinbühnen. Es ist vor allem aber ein Bezirks-Teil mit vielen Franz-Schubert- und Arnold-Schönberg-Erinnerungsstätten.

Sie stehen jetzt, mutig, noch immer am Fünfstern-Platz und schauen in die *Berggasse* hinein. Rechts winken schon ein paar obligate Fähnchen, wie man sie seitens der Wiener Kulturverwaltung auf alle repräsentativen oder historischen Gebäude als Hinweis gesteckt und die Fassaden damit aus dem Gleichgewicht gebracht hat. Die hierortigen „Propyläen" (nach Freud immer die hochaufgerichteten Begrenzungen am Eingang zu etwas Besonderem, also als das Tor auf der Akropolis gleichviel wie als angewinkelte Knie vor und über dem leicht geöffneten „Eingang in's Heiligtum"), die bestehen aus dem so genannten *Wiener Beisel–Berggasse* und aus einem veritablen Zeitungskiosk. Der hat es allerdings in sich, der Kiosk mit seinen Schaufenstern und Zeitungs-Ständern! Am Wege, um Sigmund Freud imaginär zu besuchen, um auf Nummer 19 vielleicht doch noch etwas vom Flair der Psychoanalyse in nuce oder der originalen Traumdeutung für Traumatisierte oder Verstörte mitzubekommen, passiert man bekleckerte und angespritzte Kiosk-Glasscheiben, hinter denen sich oft Monate lang aber in selber Anordnung einschlägige Druckwerke zum Kauf irgendwie selbst feilbieten. Video-Zeitschriften für Amateure sind besonders beliebt. Es handelt sich dabei um bunte Inhalte und Titelblätter, wo Frauen sozusagen in die *Berggasse* hinein ihre intimsten Bereiche breit gespreizt vorweisen, so als säßen sie beim Gynäkologen. Daneben steckt aber gelassen eine alte *EMMA*-Ausgabe. Dann folgen Kontaktanzeigen-Blätter hauptsächlich für die Liebhaber resch-reifer Frauen im Kühe-gleichen Mutter-Typ-Outfit. Dann liegen noch Gazetten in russischer, türkischer oder arabischer Sprache herum. (Und salopp denkt man sich: „Hätte Freud dorten täglich vorbeigehen dürfen/können/müssen, er hätte schon ohne viel Couch-Forschung viel Voraussetzendes gefunden, sich hernach in seiner und für seine Wissenschaft bestätigt gesehen und das Satyrspiel auch gleich zum Beweis mitgeliefert bekommen.")

Seien Sie immer noch vorsichtig! Es ist eine jener Gegenden von Wien, wo mehr Hunde gehalten als Kinder geduldet werden! Schauen

Sie nicht dauernd hinauf, jetzt in's steinblätterwuchernde Gesims von Nr. 19! Die Gefahr, sich sein Schuhwerk auf Dauer zu ruinieren oder wenigstens nach einem Fehltritt zu ver-stinken, ist enorm!

Oberhalb des Europa- und Welt-historischen Gebäudes gibt es auch noch viel Feines. Großgeschäfte für Schwimm- und Boot-Utensilien umgeben das Haus. (Und nicht jetzt, abermals salopp, an seine tüchtig analysierten Wasser-, Prägeburtsflüssigkeiten-, Sperma- und Urin-Träume denken!) Zwei Tore weiter kann man auch das *Cafe Freud* besuchen, ein etwas einfacheres Etablissement, welches einen lockeren Veranstaltungszyklus anbietet: *Imbiss bei Freud*, *Cabaret Magic* oder gar *Literatur auf der Couch*. Die Fenster des Kaffeehauses (mit billigem Studentenmittagstisch-Angebot) sind geschmückt durch Fotoreproduktionen der Bilder Sigmund Freuds, gemacht während seiner Vertreibung aus Wien!

Dem Haus gegenüber steht etwas eingezwängt das *Palais Festetics* mit einer Hinweistafel: „In diesem Haus wurde am 2. Oktober 1898 ... die k.k. Exportakademie gegründet." Freud konnte demnach sogar aus seinem Speise- oder Wohnzimmer zuschauend dabei sein. Und an Nr. 19 gibt es auch eine Blech-Emaille-Tafel (wieder im Behübschungs-Stil des Wiener Kulturamtes) mit dem interessanten und historisch wirklich überraschenden Text: „Sigmund Freud, Begründer der Psychoanalyse, wohnte und arbeitete hier von 1891–1938. Hier befand sich bis 1889 das Haus, in dem Viktor Adler, der Mitbegründer der Sozialdemokratischen Arbeiterpartei Österreichs, von 1881–1889 wohnte." Freud war seinerzeit also in einen Neubau übersiedelt. (Das Haus erlebte übrigens, neben dem Professor und seiner Familie und frequentiert von Kollegen und Patienten, viel. 1938 hat man es demonstrativ mit Hakenkreuz-Fahnen „geschmückt" und die Bilder davon dann protzig publiziert. Und – was mit den sonstigen Enteigneten rundum geschah, was vielleicht auch dann bis nach 2000 als Restitutions-Verpflichtung dennoch unerledigt blieb? Es ist das eine andere, grausliche und immer wieder dieselbe ekelige Wiener Geschichte. *Wiener Blut.*)

Ja und ganz exquisit jetzt. Ein bisschen gehen Sie doch noch mit bergauf. Rechter Hand begrüßt Sie die „Putzerei Spatz" mit Okkasionsangeboten zur „Matratzen-Reinigung". (Wir ersparen uns selbstständlich jetzt streng jeglichen saloppen einschlägigen Kommentar oder Traumdeutungs- und Analyse-Vergleich!) Es folgen in der Berggasse eine Perserteppich-Handlung (so, als wäre dort ein Ordinations-Depot), es gibt Balkan-Lokalitäten und die so besondere Wiener Buchhandlung *Leporello*. Und dann steht da noch ein höchst extravagantes und zugleich marodes Dessous-Geschäft, in dem man etwa auch alte Mieder und Strumpfgürtelartiges erstehen kann. Man nennt sich *Die Philosophie im Boudoir* (sic). Über dem Eingang und dem Schaufenster ist ein Riesenschild festgeschraubt. Drauf, handgemalt, sieht man ein Monster-Bett mit Seiden-Pfühlen und zerknäulten Decken-Massen, rechts und links scherzen dümmliche nackte Eroten, im Bett liegt bäuchlings eine rund zwei Mal lebensgroß wiedergegebene, einladend grinsende junge Frau im Pompadour-Outfit, ihren nackten und mittendrin auseinander klaffend gemalten Arsch hochaufgerichtet darbietend. (Einmal noch, Sie verzeihen, salopp dahergeredet: „Freud hatte so recht, und wie! Und er konnte gar keine Ahnung haben wie sehr, wie realdialektisch. Und dementsprechend geht es auch heftig zu, rundum und heute, aber in der Form der Travestie auf seine wüste Wissenschaft.") –

Und, noch einmal insistierend herumgefragt. Hat die Musik der Stadt etwas mit den Erkenntnissen von Sigmund Freud und seiner Nachfolger zu tun, beziehungsweise vice versa? Als Voraussetzung, als Katalysator, als befruchtende Parallel-Welt?

164 Weitergefragt, während Sie nun das Haus betreten. Im Halbstock, rechts und ein paar Schritte hinauf, logieren Verwaltung und einschlägige Vereinsgesellschaft, im 1. Stock dann fällt man mehr oder weniger sowieso in die Wohnung und in die Ordination hinein, beide heute das Museum für den Professor. Es war und ist ein Stiegenhaus für gediegene Wohnungen, es gibt schmiedeeiserne Gitter, geätzte Flurfenster, Kandelaber, Beleuchtungskugeln; die Eingangstüre oben ist/war vergittert („gegen die Einbrecher", so die Freuds); drinnen, gleich rechts neben der Kasse, präsentiert sich der unvermeidliche Museums-Shop.

Parallel-Welten. Auch hier. Besonders hier. Insistierende.

Sie werden jetzt zum Beispiel zwangsläufig weitergefragt (vor allem aus sich selber), und es werden Antworten verlangt: „Ja, also, wenn in Wien in der engsten Freud-Umgebung sich bereits derartige höchst primitive Manifestationen dessen finden lassen, was für ihn Basismaterial (und für seine Patienten Epiphanien) gewesen, wie verhält es sich überhaupt dann erst mit den Nr. 1-Manifestationen und wie das dann in Seele und Intellekt stets gleichzeitig und noch dazu unsprachlich: in/mit/durch Musik?"

Bloß – Freud machte sich nicht viel aus der Musik. Weder als Hörer noch als Anstoß-Empfänger. Kunst war für ihn vorwiegend der herkömmliche Bürger-Divertissement-Mittelpunkt so wie für Tausende seines Standes. Er vermochte wohl das Ratio-lose von Kunst und das vor allem als exzellenter Dilettant zu erkennen. Er, der Griechen-Fan, war aber im Altertum oft mehr zu Hause als in anderen Stilen und Epochen. Sein Werk, vor allem die *Traumdeutung*, ist voll mit Anspielungen auf die und Zitaten aus der Literatur, wobei dann (neben den Griechen-Dramen) der Bogen vorwiegend zwischen Shakespeare, Goethe und manchen Modernismen à la Ibsen sich spannt. Freud redet in seinem Gesamtwerk, außer vielleicht bei allgemeinen Ketten-Vergleichen, aber sonst keine zehn Mal direkt und sie zum alleinigen Inhalt machend von Musik: Mozarts *Zauberflöte*, der *Don Giovanni*, *Figaro*, der *Fidelio* dann, Wagner-Opern … es sind mehr inhaltlich austauschbare Raum- und Typenzuordnungen. Keine Operette, nicht Kammermusik, nicht zeitgenössische Musik (nie irgendwas zur Auflösung/Aufhebung der Tonalität, er hat es nicht einmal bemerkt) oder nie etwa was zu/über Schubert. Ja, wir müssen's zunächst einmal akzeptieren: Freud machte sich nicht viel aus der Musik. Sondern?

Schwierig, zugegeben. Freud machte neben der Installierung von neuen Wissenschaftszweigen sowie deren praktischer Konsequenzen … als einer von einigen zwar, doch in vielem als erster … vor allem aber konsequenter und nachvollziehbar und akzeptierbar für mehr oder weniger alle Klassen, Stände, geistigen Positionen oder Bildungsschichten bis heute (quasi: Meine sehr geehrten Damen und Herren, Sie werden sich schon auch noch herumwinden in der Musik mit dem Freud!) … Kurz zusammengefasst jetzt aber und nicht mehr scheu herumgeredet: Er machte salon-, gesprächs-, aussprechfähig: auch harte Wunschtatsachen im Menschen, auch Gewalt, Sex, Tabubruch (und den größten Tabubruch überhaupt, das analytische Eindringen in sein eigenes Inneres, den Besuch beim eigenen Unbewussten). Der Biedermann als messianischer Brandstifter. –

Und, gehen Sie jetzt doch ein wenig herum, oben. Fotos und andere Bilder informieren, Gegenstände machen ein wenig Aura. Die Couch steht noch immer in London, sie bleibt endgültig am Zufluchtsort (recht so!). Ex-Wohnung und Ex-Ordination sind baulich ein wenig geschönt worden für die Besuchermassen. Aber man kriegt Eindrücke, vielleicht sogar Empfindungen; man kriegt jedenfalls auf Anfrage auch einen Plan, darstellend die originale Wohnungs- und Ordinations-Aufteilung aus der ersten Hoch-Zeit der Wiener Psychoanalyse in der *Berggasse 19*. Und, den lesend, den Plan, erwartet Sie mehr Verblüffung, als Sie sich das vorstellen oder sogar zu denken trauen würden! –

Den Plan in der Hand gehen Sie ruhig weiter. Aber bedenken Sie dabei: Wien schmeichelt sich, vor allem wenn die jetzt fächerübergreifenden Analytiker in's Reden kommen, es habe doch dieses „Seelen-Herumdoktern" und gar die Lieferung der Blicke gleichviel in Abgründe und Himmel schon lange vor Freud musikalisch geliefert. Bitte, geh'n Sie! Schütteln Sie nun nur nicht ärgerlich und ungläubig den Kopf, denn, Vorsicht, man wirft Ihnen dann nämlich und vielleicht sogar gleich riesige Tabellen an denselben. Dort sollen oder müssen Sie gar nachlesen, was mindestens seit dem legendären Walther von der Vogelweide her die Männer so alles angestellt haben, um mit dem Faktor „Frau" auch irgendwie nur zu Rande zu kommen. Dort werden Sie vielleicht angehalten, in diesen schon so oft zitierten Schubert mittels etwa der *Wandererfantasie* (quasi – noch – „Kafka mit gutem Ausgang") oder der *Winterreise* („Kafka et al mit weniger gutem Ausgang") oder später *Streich-Quartetten* und -*Quintetten* respektive Klaviersonaten hineinzuhören. Bruckner und seine Probleme mit Gott, Hirn, Seele und Unterleib werden genannt.

Wienerlieder mit den dort andauernd aufgeworfenen und lockerer gelösten Problemen mit Gott, Hirn, Seele und Unterleib auch. Vom Gustav Mahler erzählt man sowieso einiges, und natürlich auch von seinem (einmaligen) Treffen mit dem Professor. Es war in Holland, am Meeresstrand!, Mahler geht mit Freud einen Nachmittag lang spazieren, mehr nicht (dann: er, Freud, über ihn, Mahler: „Es ist, als ob man einen einzigen tiefen Schacht in ein rätselhaftes Bauwerk graben würde; ... sie lieben ... in ihrer Frau ... ihre Mutter ... und glauben, die Mutter ... damit von erduldeter Schmach und Pein und Vatergewalt und was weiß ich nicht noch alles ... zu reinigen ..." – und so weiter und so ähnlich). Oder Webern! Er, der sich in den ersten Hochblüte-Jahren der Psychoanalyse selbstständig seelenreinigte, indem er ein freies und anschließend dem Publikum sofort verhasstes Orchesterstück nach dem anderen komponierte und dabei nichts anderes tat, als seine Mutter zu beschreiben und zu betrauern, als seine uneingestanden gescheiterte Ehe zu analysieren und seinem Naturmythos-Wahn zu huldigen. Und so fort: die *Opernball*-Operette Heubergers, *Die geschiedene Frau* Falls mit offenem Aufruf zum Ehebruch, Schrekers *Der ferne Klang*, die ständig präsente *Lulu*, die Kriegsliederverlogenheit, aber Dezennien lang, die Austro-Pop-Schein-Wahrheiten später, auch Dezennien lang, nur so nicht gemeint, Musiknostalgie als entscheidender Faktor für überhaupt ein Weiterbestehen fast aller Wiener Traditionalismen und, ja, abermals „natürlich", *Verklärte Nacht* und *Wiener Blut*.

So. Sie setzen sich jetzt hin! Da im Sigmund-Freud-Museum.

Sie machen jetzt die Augen zu! Ganz kühn oder wenigstens einiger-
maßen mutig sein, jetzt! Das ist kein Angebot, das ist ein ganz harter Vorschlag! Hinsetzen, dann sitzen bleiben, dann denken, dann nicht mehr
denken, dann assoziieren!

Hier, gerade hier, warum nicht? Kostet nicht mehr! Nützen Sie die Gelegenheit aus!

Auf den Wien-Wegen auch einmal etwas anderes erleben! Etwas der
besonderen, exquisiten Art! Hat man ja sonst doch nirgendwo auf der
Welt!

(Nun also ein Dasitzen, gehorsam, auf irgendeinem Sessel, beim
Freud, *Berggasse 19*, Augen zu, atmen, wegatmen, veratmen, anders
atmen, assoziieren, die Gedanken und diejenigen dahinter einstürzen
lassen, herbeisaugen wie im MTV oder im Psychodelic-Film oder in
Kubrick's *2001-Odyssee* gegen Schluss. Aber jetzt nicht Vergangenes
… oder Schuldbeladenes … oder die eigene Mutter oder die ältere
Schwester hinterm Nylonvorhang des heimischen Badezimmers … oder
den Vater … umgebracht … oder Situationen ausgenützt, wo man schon
als Stärkere begonnen hat … Urhorde … oder gar Tierschwänze gezählt
… Urszene und davor … Nausikaa … die Kindfrau lässt einen Männer-
Blick unter den sowieso schon kurzen Rock … Fliegen … Stinken …
Waschen … oder … oder …, sondern: die Musik hervorgeholt! … spontan: wie auf Befehl: was ist für Dich, für Sie, für uns hier und jetzt Musik?
… was? … und … Angst … was?! … und dann, warum denn? …

… Freude, schöner Götterfunken, Tochter aus Elysium,
wir betreten feuertrunken, Himmlische, dein Heiligtum! …

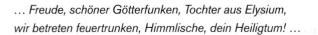

und was machen wir damit … mit der Musik … mit dieser steten Be-
drängerin … nie wirklich Ruhe gebend … wetzend, drängend … Frau
Musica, d i e Musik, d e r Ton, d a s Angstmachen … das Atmen,
Weiteratmen, Veratmen … den Hinterkopf erschöpft an den schmutzig-
weißen Wandverputz gepresst …

… wenn der Herrgott net wüll
nutzt des goar nix …

bitte, flehentlich, was machen wir, was machen Sie! mit der Musik, der
Weltmusik und der anderen … die Urszene, so die Erkenntnis, sie … be-

steht … aus den Dreiklängen und den angeblichen Dissonanzen und den bösen Kinderliedern … den müden Assoziativ-Fetzen und …

… ist die schwarze Köchin da?, ja – ja – ja!
Drei Mal muß sie ummarschier'n,
das vierte Mal den Kopf verlier'n,
das fünfte Mal muß sagen:
Du bist schön und du bist schön und Du die Allerschönste! …

Gnade … atmen, veratmen, ausatmen, aufmachen die Augen … langsam sich wieder von der Wand lösen … aufstehen … und … weitergehen … in dieser Freud-Wohnung-Ordination sich beinahe verlieren … und dann hinein in die übrigen Räume … und dann „dort am Abort" …)
–

Den erstandenen Grundriss noch immer zur Hand. *Berggasse 19.* Blickrichtung outdoor, im Rücken der kleine dunkle Innenhof des Hauses, dahinter stehend, darunter stehend, fremd, sich verlierend, sich aus der Wohnung heraussaugend, eine Muschel, eine Vagina.

Rechts: Arbeitszimmer, Behandlungszimmer, Wartezimmer, Abstellräume, davor die Wohn- und Ordinationsbereiche von Tochter Anna; im Bogen nach links weitergeschlurft in ehemalige Wohn-, Speise- und Empfangsräume, in Küche, Vorzimmer und Veranda.

Aber: Die Familie Freud wohnte nicht nur als Ehepaar mit Kindern und Hauspersonal, man logierte auch mit der „Tante Minna", mit dem, wie man brutal eben unverheirateten Frauen jeden Alters gegenüber zu sagen pflegte, mit dem „Frl. Minna", Schwester von Martha Bernays verehel. Freud und daher Schwägerin des Professors. Die Dame (einige Jahre hindurch auch Reisegefährtin des Schwagers – ohne die Schwester, in den Süden!) besaß/benutzte in der *Berggasse 19, 3–4,* auch noch zwei eigene Räume mitten drinnen, einen Salon, ganz links außen, und ein Schlafzimmer.

Aber.

Dieses Schlafzimmer des Fräulein Minna/der Tante Minna konnte ausschließlich durch das Schlafzimmer des Ehepaars Martha und Sigmund Freud betreten und verlassen werden!

… ist die schwarze Köchin da? Ja! Ja! Ja!

169

Tristan und Co.

aus dem Opern-Klo auf die erste? Bühne der Welt

Kennen Sie das Opern-Klo? Das unterm Passagen-Kreuz von Ring und Kärntner Straße? Gleich neben den Marmor-U-Bahn-Aufgängen, die aber nicht in eine Aufbahrungshalle führen, sondern zum besten und reichsten diesbezüglichen Haus der Welt? In die neue Wiener Staats-Oper.

Und drunter: Ein Welt-Ereignis: „Vienna Opera Toilet – Mit Musik". „Herzlich willkommen" – tatsächlich, alles echt dort. Im Eingangsbereich des Klos: bunte Faksimilia alter Opern-Klavierauszüge. Dann, vor den eigentlichen Häuseln, ein Halbrundprospekt mit Foto-Tapete, jenen Opernraum (den echten dort oben und drüber) von der Bühne aus darstellend. Drinnen (im Klobereich), nach dem Automaten-Erlegen von 50 Cent, immerhin, endlich am Ort der Handlung: in und mit und unter Beschallung. Von der *Macht des Schicksals* bis zu den *Geschichten aus dem Wienerwald*.

Hinauf. Hinein in die reale Oper diesmal. Heute wird's spät. Man gibt Wagner, den Meister Richard aus Deutschland.

Wir sind aber in Wien, daher gibt's immer gleich auch Sehnsucht und Satyrspiel:

Tristan und Isolde

Krischan un de Olle

I solde in's Theata geh'n, aber es va Trist an

(Ich sollte in das Theater gehen, aber es verdrießt einen)

Zu Tristan Isoldi
Will geh'n meine Poldi.
Das hat keinen Sinn
Das Bum-bum-tschin-tschin.

S e x (t) hoch, in und aus den Violoncelli; alle denken, es wären ganz bestimmt die Geigen gewesen, so hoch darf, soll, muss es klingen. Dann die erstmals sowieso nur vorsichtig angedeutete Chromatik. Schließlich d e r Akkord: 2 Oboen, 1 Englisches (sic!) Horn, 2 Klarinetten in A, 1. und 2. Fagott. Gleich wieder Chromatik. Und die Oboe wurde nach Beethoven und Schubert selten dergestalt beschenkt.

Seit jenem Akkord sieht sowieso die ganze Musik anders aus. Bis heute. In allen so genannten Kulturkreisen, im Unterhaltungstaumel und im Gotteslob. Zugegeben: Der Akkord lag damals, so vor und kurz nach 1860, bereits schon schwer in der Luft. Für Wagner war's Abreaktion. Er wohnte schließlich neben der Geliebten, durfte aber keine Sex-Erfüllung vollziehen und musste sich quasi-autistisch befriedigen.

Es gibt ganz wenige ähnliche Wendepunkte. Egal wo. Archimedische Ecken und Kanten sozusagen. Das erste Photo vielleicht. Oder der/die erste Mensch, der/die nicht nur sagen kann „ich bin", sondern auch „ich war" oder gar „ich werde".

TRISTAN UND ISOLDE / Handlung in 3 Aufzügen.
Schon dieses „Handlung": genial und solitär.
Die Sext hat eine „Einleitung" eröffnet. „Langsam und schmachtend." Was nun folgt, das füllt Bibliotheken. Es ist die Vorwegnahme von fast allem: Liebes- und Todes- und Blick-Motive für Sterben in vielerlei Gestalt, Extasen, Liebesvollzug, Irrealität. Das weite Land.
Vorbei ist alles bald. Meister Wagner hat bloß bereitet und geübt. Die letzten sechs Takte beim Vorhang-„Aufgehen" zählen zum Geheimnisvollsten, das je in langen Einzeltönen geschildert worden ist. G As G Es H F As G G G, Fundament und zugleich schon wieder Abstraktion.

Das große Wiener Opernhaus summt, dann vibriert es. Drinnen, im Zuschauerraum, ist es nicht besonders schön. Nachkriegs- und Wiederaufbau-Protz. Zuvor war es allerdings noch überladener und ausgesprochen hässlich. Auch wenn es das erste Haus der Welt gewesen ist. Mit Mahler und Strauss und Weingartner und sogar den politisch-dubiosen

Typen à la Karajan und Böhm als Direktoren. Es ist mehr denn je ein Fest-Platz für Musik-Freaks und, mehr noch, für reiche Genuss-Menschen. Man kann sich für die Pausen in den dazu adaptierten Prunk-Räumen Tische bestellen, dann dort Häppchen hineinschlingen und sogar glasweise den Marken-Champagner süffeln. Ein Glas voll kostet wesentlich mehr, als das Tagesbudget eines Kleinrentners ausmacht. Aber, die Armen trinken so was eh' nicht. Und wer hat, der hat. (Österreichische Selbsteinschätzungen)

Im Augenblick hat das Vibrieren nachgelassen. Es zittert vielmehr alles am Beginn des 1. Aufzuges. Die Luft ist zum Schneiden. Und das nicht nur deswegen, weil die neue Klimaanlage allen Bindehaut- und Augenschleimhaut-Sensiblen die nächsten Stunden zur Privat-Hölle machen wird. Es liegt Krach auch in der Theater-Luft drinnen im Bühnenraum. Und wie!

173

Ein Vormittag. Ein Licht, wie es noch heute über den lang gestreckten Landfingern Irlands liegt (Wagner war nie dort). Hell, diesig, milchig und doch so durchsichtig, dass man meint, trotz der Erdenkrümmung bis nach Amerika hinüberschauen zu dürfen (oder meint, schon in das schwarze Gegen-Reich des 2. oder in das gelbbraune des 3. Aufzuges zu blicken?).

Der Herr Wagner ist nun genau und ungenau. Er hat seine Schwierigkeiten mit der Geographie, verwechselt die Wind- und Himmelsrichtungen, verhaspelt sich sogar bei den Tempus-Relationen, welche jener „Handlung" schon vorausgegangen sein müssen und dann die nachfolgende Echtzeit auf der Bühne bestimmen sollen. Das macht aber nichts und das kümmert auch keine Regisseure.

Wagner will ein Zelt auf einem Schiffsdeck. Er sieht Teppiche vor. Frau Isolde besitzt im Frühmittelalter, hin- und hergondelnd zwischen Irland und England, Carpets ohne nähere Mauren-Kontakte? König Marke, der alt gewordene Softie in bräutigamesker Erwartung, hat der rotblonden Frau sein bestes Schiff und seinen besten Burschen zur Heim- und Einholung geschickt. Mit Teppichen? Fast niemand verfügte damals über Teppiche.

Im Opernhaus ist vor allem Gold und Gelb und Rot. Es gibt, gesponsert, elektronische Mitlesemöglichkeiten, eingelassen jeweils in die Lehne des Vordersitzes. Sponsorentafeln sind auch an der Fassade der Ringstraßen-Kröte angebracht. Es geht in Wien der Witz um, dass das Opernhaus in einigen Jahren wohl aussehen mag wie ein Schirennläufer oder der Overall eines Formel-1-Fahrers.

Isolde und ihre Dienerin Brangäne haben sich mit den Teppichen auf Deck sogar ein Häuschen gebaut. Am Männerschiff, wo es zieht. Sie wollen ja nicht mit den Brautwerbern in Berührung kommen und konnten für sich eine Insel am Schiff errichten, ein Frauenhaus, einen Frauenraum. Wir denken bald an ein Verkündigungszimmer in der Renaissance-Malerei, aber auch an die Wohnung der Wozzeck-Marie. Oder gar an den Champion-Film „The Piano". Szene nach der wüsten, über Ufer-Brecher erfolgten Landung in New Zealand. Gekaufte Frauen betreten ein neues Eiland, für sie eine neue Galaxie. Holly Hunter verständigt sich stumm mit Anna Paquin, ihrer Tochter. Die Männer sitzen rundum im Sand und wissen nicht, was sie tun sollen (Herren-Völker spielen, Weltkriege anzetteln, Frauen anbaggern?). Aber Frauen im Zelt, auch ein Afghanistan-, ein Islamismus-Bild.

Der junge Seemann singt („aus großer Höhe, wie vom Maste her, vernehmbar") und präsentiert die Dramenausgangslage. Er ist Bote und Mauerschauer mit allen den neuen Musik-Motiven, die im folgenden ersten Aufzug schlagend werden sollen. Wagner tut so etwas gern als zweiten Ouvertüre-Effekt, als stillen Aufheizer. Und der ist auch sofort wirksam geworden: im Zorn der Isolde (ähnlich dem Zorn des Achilleus am Beginn der Ilias). Die „Handlung" ist uneinbremsbar angekurbelt worden. Hier flegelt sich ein Männerhaufen an Bord, der nur deswegen stark ist, weil man einen eigenen Haufen gebildet hat. Dort Leben-Geben und Über-Leben von Frauen. Ihre Eigen-Historie wird etwas penetrant-weitausholend erzählt, was allerdings auch geschieht, um Zeit zu gewinnen vor dem drohend unausweichlichen Aufeinanderprall von Mann und Weib und Weib und Mann, was sich später, aus der Musik mit ihren Leitmotiven weiß man es sowieso schon lange, dergestalt abspielen wird, als krachten zwei Sonnensysteme ineinander. Es geht um Tristan („der Held"), den Isolde einstens als noch ein ganz junges Mädchen, allerdings schon ausgerüstet mit „Zaubergaben", so irgendwie dem Tod von der Schaufel geholt hatte. Inzwischen gebärden sich die Mannen rollendeckend mies, angeführt vom Haupt-Getreuen Kurwenal. Man verspottet die Braut und Schutzbefohlene und immerhin präsumtive Herrin. Brangäne keppelt zurück. Nur Isolde („die Frau") weiß um fast alle Zusammenhänge, sie, die Frau Ausländerin in einer noch recht- und skriptlosen Gesellschaft.

Die Wiener Oper ist, trotz eines Repertoire-Systems, so international be-stückt wie kaum ein anderes Haus der Welt. Die Kosten werden un-hinterfragt budgetiert und seitens der Öffentlichkeit gern getragen. An-dererseits: Die Wiener Theater (auch jene des Burgtheater-Bereichs, aber auch so seltsame Institutionen wie das Musical-bespielte Theater an der Wien) haben eine Verwaltungs- und Technik-Besetzung in zumeist unkündbarem oder gar pragmatisiertem Status, wie so was in anderen Ländern bestenfalls noch ein Riesenministerium haben darf.

Das Tempo hat angezogen in der Zwischenzeit. Alles wird durchschau-bar. Der „Held" und noch immer der Patienten-Krankenschwester-Effekt. Tristan schämt sich männlich.

Einmal noch. Die endgültige Aussprache. Man trifft sich zwischen den Teppichen. Tristan steht dort wie der begossene Pudel, Wagner führt ein neues Leit- und Wiedererkennungs-Motiv ein. „Tristans Ehre", angeblich die „höchste Treu", in Moll und aus Versatzstücken der schon gewonne-nen Liebes- und Sehnsuchtsmotive komponiert, in den sonst hellen Blä-sern tief vorgetragen, genussvoll sich im Bad der Chromatik wälzend.

Doch was sind schon Mannesmut und Frauenschmach? Auch wenn Isolde zunächst einmal ein bisschen hysterisch ausrastet. Auch wenn Tristan grantig ist und im Sarkasmus Zuflucht sucht. Was schon? Denn. Schlicht und einfach: Alles wird geil. Eine sonst in der Operngeschichte vergleichslose Flirt-Szene hebt an. Ja, er, „der Held", er hat sich damals, nachdem er Morold, den Verlobten der Isolde, erschlagen hatte, von ihr erkannt-unerkannt gesund machen lassen. Jetzt soll er noch eine Ab-schluss-Medizin trinken. Gemeinsam mit Isolde soll die genossen wer-den. Und Isolde will damit den Mann und sich zugleich vergiften. Aber, man kann auch so nicht los voneinander. Und auch jetzt nicht, in expectu mortuis. Sie reißen einander das Gefäß aus den Händen.

Dann: Blackout (Wagner gibt wieder ziemlich genaue Regiean-weisungen über notwendige Darstellung von „Todestrotz" und „Liebes-glut"). Sie haben gemeinsam eine Überdosis an Drogen konsumiert. (Isolde/Brangäne hatten beim Zubereiten, bewusst-unabsichtlich, die Gift-Ampullen vertauscht.) Tristan & Isolde probieren einen Schritt in die Gegenwelt, fügen ihrer Primärliebesvergiftung noch eine reale hinzu. Im Film „Pulp Fiction" haut John Travolta in solchen Fällen therapeutisch der Uma Thurman eine riesige Strychnin-Spritze durch den Brustkorb mitten ins Herz hinein. Das Mädchen reißt es empor wie unter Elektroschock. Blutverschmiert zieht man ab, einander dadurch aber mehr oder weniger ohne jede Berührung voll körperlich erkannt und erfasst habend. In „Tristan und Isolde" geschieht Ähnliches. Goldener Schuss, Outing, ein kurzer Besuch im Jenseits. Rückflug. Und die Musik macht dabei mit wie eine Prostituierte. Und jetzt sind sie, Tristan & Isolde, wieder gelandet, in der Wirklichkeit, am Schiff, zwischen den Teppichen, mit einem Aufbrüllen.

Das Tempo der Schluss-Szene wird einmal mehr von den Mannen besorgt und damit verpatzt. Marke, der König, der Chef, der Bräutigam, der Pate, ist angesagt. Da helfen keine Beruhigungs- und Einander-Versicherungs-Arien mehr. Die Chöre sollen (so Meister Wagner) jauchzen. Aus der vielfältigen Chromatik wird offene und bunte Diatonik, dann sogar das kalte, schnöde, grausliche C-Dur. Tristan hat als erster den Ur-Knall durchschaut. Von der „wonnevollen Tücke" und dem „truggeweihten Glücke" jammert er kreischend herum.

Es herrscht ein Licht. Ein Gleißen. Ein Überlicht des Erkennens. Isolde wird es später als Eigenmord-Waffe gebrauchen. Und finaliter: nur mehr nähmaschinengleiches Trompetengescheppere. Die Blech-Instrumente schmettern sogar noch ein wenig weiter, wenn der Vorhang schon gefallen ist und gnädig den dort oben vorgeführten Rumor von den Gaffern unten und hinten wieder trennt.

Das war also ein Urknall. Der erste. Und er ist nur ein paar Meter über dem Opernklo passiert.

Pause Nummer eins. Jeder in Wien ist ein Experte. Bald aber wird das Reden über Musik und Interpretationen und Tagesverfassungen der SängerInnen langweilig. Guter Tratsch überbrückt viel geschmeidiger die der Rekreation und dem Gesellschaftlichen gewidmete Zeit. Der zweite Aufzug droht sowieso. Einer der längsten innerhalb der gesamten Operngeschichte. Derjenige mit überhaupt dem längsten Liebesduett (also einer Situation, in welcher sich üblicherweise nicht eben viel auf der Bühne tut). Früher hat man vor allem in diesem Teil wilde Striche und Kürzungen gemacht. Erst Leute wie Gustav Mahler & Co. versuchten, zuerst sowieso noch ganz vorsichtig, Originalgestalten aufzuführen. Es gab Proteste, sogar von den Wagner-Adoranten.

Was bisher geschah:
Wagner, der Meister aller Klassen. Die inquisitorische Ideologie? Ein Herumschleimen mit Schopenhauer & Nietzsche? Ein Süchtigmachen von Tristan & Isolde? Angekränkelt schon jetzt vom ewigen Kundry-

Juden? Die Mannen dieses Marke sind nichts anderes als die SS, Kurwenal ihr Obersturmbannführer, Brangäne eine BdM-Chefin, Melot der Himmler, Marke selbst Altgeneral à la Keitel oder Rommel? Mathilde von Wesendonck die Winifried-Vorläuferin und daher vorgeburtlich schon begehrt? Zu viel Norden in der Oper?

Zweiter „Aufzug". Es knallt schon wieder. Es geht zu wie in einer Liszt'-schen Symphonischen Dichtung. Doch das ist wahrscheinlich nur eine List, weil man bald dem Tode ziemlich nahe kommen wird. Die Musik bereitet ihn schon vor.

Vielleicht hat sich, schon wegen dieser permanent im Raum lauernden Drohung, kaum später jemand noch im Großformat über den Stoff getraut. „Pelléas & Melisande" ist der einzige erlaubte Folge-Eskapismus. Schönberg und Debussy schafften es damit gerade noch. Alles andere blieb im Kitsch oder im Holzschnitthaften stecken. Das Mittelalter-Vorbild wirkt aber auch zu brutal. Es geht doch dauernd um das Durchbrechen von Normen, und zwar dort, wo man gar nicht mehr vermutet hätte, dass es da, noch oder schon, Normen gibt. Viele Nachfolge-Mythen hat die Dichtung seither angeboten, sozusagen um sich selbst ein wenig zu beruhigen. Nach dem Motto: „War ja nicht so schlimm! Wir sind doch alle wieder gut miteinander und davongekommen!" Geholfen hat es nichts. Auch wenn zum Beispiel geschrieben und weitergedichtet wurde, dass der Herr Tristan sich seine frühen und dann seine späteren Wunden sowieso sicherheitshalber von seinen Body-Guards hat hauen lassen, um gut aus der jeweiligen Sache auszusteigen. Tristan überlebt nämlich fast immer als so eine Art von Terminator. Aber, die Mythe lügt noch viel mehr: Es hieß, Tristan heiratet eine andere blonde Frau, wird gesund, und wenn sie nicht gestorben sind … Oder: Es geht ihm sogar ziemlich gut mit seinem frischen Blondie. Dann trifft er nach Jahrzehnten die Isolde doch noch einmal wieder. Abermaliger gemeinsamer Selbstmordversuch. Oder: Dieselbe Konstellation, also der Held, die Frau, das Blondie. Das Ergebnis: Der flotte Dreier, der Goethe-Stella-Effekt. Macho, Urweib und Meg-Ryan-Gleiche. (Übrigens. Was Isolde in der Zwischenzeit, also während Tristan die Neue ausprobiert hat, so tat oder tun durfte oder angetan bekam, darüber ist die Mythe natürlich still.)

Hörnergetöse in der Zwischenzeit. Verknappung der Sehnsuchts-Thematik im Orchester, anrollend in immer enger werdenden konzentrischen Kreisen. Gegenmotive tropfen von oben wie Vogelschreie. Der Vorhang wird aufgerissen. Ein Garten mit vielen hohen und ins nächtliche Schwarz hineinerigierten Baumstämmen in „heller, anmutiger Sommernacht" tut sich auf. Isolde und Brangäne plappern schon wieder alles noch einmal durch, die Ankunft Markes damals, die Halbohnmacht der Braut, Tristans Verwirrung. Auch das tut der Meister Wagner gern ver- und aus-komponieren, das Wiederholungsplappern auf der Bühne. Deswegen sind die Opern auch so lang, man denke nur an die Dialoge im „Siegfried", an das Terzett in der „Götterdämmerung" oder an die Monologe im „Parsifal". Musikalisch wird währenddessen (im „Tristan") über 350 Takte hindurch der Begehrens-Furor neu aufgebaut und schon einmal vorweggenommen. Marke hat nämlich nichts Besseres zu tun gehabt, als auf die Jagd zu gehen und seine junge Gattin daheim zu lassen. In der Isolde wird's immer kribbeliger, sie drängt. Es ist nämlich so, dass der Herr Tristan sich hinterfotzig, aber eindeutig vom nächtlichen Waidwerk gedrückt hat. Ein Lichtzeichen ist vereinbart worden.

Und?

Ja! Jetzt! Hypernervöses Herumgerenne in den Streichern. Dann bleibt die Musik stehen. In einer E-Oktave. Das einzig kompositorisch Reine und Schlackenfreie während der gesamten Oper in ihren drei Aufzügen.

Und was weiter geschieht, das zählt schon zu den mittleren Bühnenwundern. Isolde nämlich, die sich voll in die „Frau Minne" hineingesteigert hat, herrscht Brangäne nur mehr an, die Chefin hervorkehrend. Sie schickt die Vertraute weg und hinauf auf die Bewachungs- und Aussichtswarte über dem nächtlichen Park. Isolde packt selbst die Fackel, die Kaskaden der herabfallenden musikalischen Gegenmotive antworten seufzend aus den Instrumenten. Und dann schreit sie eine erkannte Endgültigkeit hinaus: „Die Leuchte, und wär's meines Lebens Licht, lachend zu löschen zag' ich nicht!" Die Fackel liegt am Boden. Ein guter Regisseur ließe Isolden darauf herumtrampeln wie die Elektra im letzten Bild aus deren eigener Oper.

Und wieder geht es zu wie im Aktbeginn, dieses nervöse Anrennen. Und dann liegen sie aufjaulend einander in den Armen. Und dann? Eine ungemein intime Szene folgt, Orchester-begleitet, aber mit ebenso ungemein vordergründig erotisch-intimer Musik. Wie alle verwirrten Paare während ihrer beider dritten oder vierten Begegnung ausschließlich und allein nur im Doppel plappern sie einander Unsinn vor. Tristan & Isolde turteln. Erst nach einer halben Nacht dürfen sie zum großen Zwiegesang anheben. Sie stürzen sich dabei, unterstützt von hundert Musikerinnen und Musikern, über einem Klangteppich in zwei Anläufen in Gegenwelten hinein wie schon kurz an-gespürt im 1. Aufzug. Sprachlich ist es eine Ausschüttung an Alliterationen. Das „Erkennen" und „Entbrennen" und „Ewig" und „Endlos" und „Einbewusst" und „Ich und Nicht-Mehr-Du" und so weiter, sie alle werden penetrant. Allein, jeder Liebesakt ist – von außen gesehen – penetrant, auch wenn er stilisiert und verkomponiert worden ist. Diskretion. Man sollte nun die Bühne eigentlich jetzt schwarz werden lassen. Oder alles tänzerisch auflösen.

Oder zum Luftschnappen einmal um das Opernhaus herumrennen. In einer so eigentümlichen Gegend. Vorne die satten Wiederaufbau-Häuser ohne Charme. Rechts der alles verschandelnde Kiosk für Musical-Karten. Hinten die Albertina beherbergend die wichtigsten Zeichnungen und Musik-Autographe ganz Österreichs. Bloß, an dem Gebäude wird dauernd herumgebastelt. Es fügt sich alles irgendwie nicht geläufig in ein neues Gewand. Aber daneben: Mahnmale, Denkmäler, Alfred Hrdlicka faciat, ein drohendes Stein-Tor, Schriften, die Boden waschende Juden-Figur (die am Rücken immer einen Dornenkranz tragen muss, damit sich die Touristen nicht draufsetzen und dort ihre Schweinsbratensemmeln verspeisen), rundum Toiletten (schon wieder). Drinnen, im Haus daneben, toben fast jeden Abend Opernschinken und Publikum. (Immer noch besser als auf der Straße.)

Vor und unter der Bühne: Kernschmelze und ein ejakulierendes Riesenorchester in H-Dur. Daraufhin auf der Bühne natürlich sofort: Coitus interruptus.

Die flagranti-Sache. Jeder bessere Hollywood- oder Babelsberg-Film und in travestierender Umkehr jede bessere Operette setzen voll auf diesen Effekt. Der Marke und seine Kumpels sind überrumpelnd und gaffend und bauernschlau wie ein ganzes Detektiv-Büro eingetroffen. Kurwenal stürzt zwar vorweg noch schreiend-warnend herein. Es nützt überhaupt nichts. Die Mannen stehen peinlich berührt herum. Melot, Tristans Ex-Freund, jetzt ein König-Anhänger aus Pragmatik, schimpft mit stolz geblähtem Macho-Kamm. Der Boss selbst ist wieder einmal verwirrt, will sogar verstehen und vergeben und vergessen. Tristan, ganz Gentleman, hat Isolde unter seinem Mantel vor den Spannern schützend verborgen, hat dem Weib also wieder Tschador und Burqa und Zelt umgetan und aufgestülpt. Außerdem reißt er sich jetzt endlich einmal zusammen (zum ersten und letzten Mal in seinem kurzen Leben). Er provoziert alle miteinander in ihrer Erstarrung im Morgengrauen.

Denn! Was er jetzt sagt und tut, das ist irgendwie noch viel wüster als alle Voraussetzungen dafür. Er verteidigt sich nicht, er erfindet keine Ausreden. Er bleibt abgehoben. Er schaut auf die Frau in seinem Mantel und hört sich das Jammern und das sowieso schon Verzeihen-Wollen seines Königs und Paten an. Dann beugt er sich nieder und sagt die ersten wirklich poetischen Worte in diesem Aufzug: „Wohin nun Tristan scheidet, willst du, Isold', ihm folgen?" Und dann redet er sogar, zur allgemeinen Verblüffung, noch weiter. Jammernd. Nie habe er, der Superman, wirklich Glück gehabt im Leben, alles lief irgendwie schief. Nie gab's eine eigene ordentliche Familie, keine Geborgenheiten, nichts. Jetzt endlich wäre so eine Chance – wieder nix. Und, Isolde stimmt zu, vor ihrem Herrn Ehemann, vor seinen Mannen; ertappt! „Wo Tristans Haus und Heim, da kehr' Isolde ein."

Fast könnte man meinen, man liest oder hört Lokalnachrichten. Liest über Familienkatastrophen. Von Doppelselbstmorden verzweifelter Pubertierender. Nach der Disco (mit „unserer" Musik). Beide mit uncooler Zukunft, mit Eltern- und Schul- und Cliquen-Problemen. Nur die eine Lösung scheint auch die eine Aussicht zu sein: Fortgehen, Hand in Hand und endgültig.

Melot löst sich als erster aus der allgemeinen Erstarrung. Besonders nachdem ihm Tristan zu verstehen gegeben hat, er, Melot „der Verruchte", sei ja bloß eifersüchtig. Und er, Melot, werde es sowieso nie zu einer Mann-und-Weib-und-Weib-und-Mann-Leidenschaft bringen, geschweige denn zu einer eigenen Isolde.
Tristan schmeißt sich geradezu in Melots Schwert. Marke höchstpersönlich hindert seinen Vasallen daran, Tristan endgültig zu erschlagen. Hörner und Posaunen grunzen zum Beschluss aus dem Orchestergraben herauf. Das Liebesmotiv kommt in Moll, es klingt grauslich, es wurde befleckt.

Zweite große Pause. Die Ess- und Trinkverhalten sind gleich geblieben. Die StehplatzbesucherInnen setzen sich inzwischen auf die Foyer-Bänke oder heimlich zur Erholung auf die kurz leer gewordenen gepolsterten Klappsessel. Man hat schon bis hierher mehr Noten vorgespielt und vorgesungen bekommen, als das sonst für vier oder fünf Opern reichte. Frischluft! Man sollte doch einmal noch um das Gebäude joggen. Oder gar zwei oder drei Mal. Man hat nachher viel mehr vom dritten Opernteil, der fast genauso lang ist übrigens wie der zweite. Oder man joggt sogar, mutig und süchtig geworden, die Ringstraße ein bisschen hinunter, bis zum Hotel Imperial etwa, dieser Antwort Wiens auf Paris mit all der richtigen Überheblichkeit und zugleich der Lächerlichkeit der Stadt (welcher jetzt?). Eine Tafel hat man dort, rech vom Haupt- und Prunk-Eingang, montiert. Stehen bleiben. Keuchend. Die in fabulösen Kostümen vor dem Nobelhotel (es war tatsächlich und kurzfristig die Nr. 1 der Welt!) postierten Portiere (die „Türlschnapper") damit voll irritierend. Links neben dem Einlass für Nobelgäste, für Rabatt-Reisegruppen und für Königinnen (und einstens für Adolf Hitler) wieder einmal eine Gedenk- und Erinnerungstafel. An Richard Wagner. Mit einem herausgemeißelten Profil. Besagend: Der Meister habe hier gelebt und geschaffen. Die *Meistersinger* etwa. (Für Interessierte: gerade jene Teile, wo mit den Fortschrittsfeinden abgerechnet wird.) Dann hat man ihn aber bald hinausgeschmissen. Schulden und so. Wien und Wagner, das ging nicht zusammen. Das hat nie funktioniert. Die Stadt hätte damals schon die einmalige Chance gehabt, den *Tristan* am Hofoperntheater unter seiner Leitung uraufgeführt zu bekommen. Doch schmecks. 54 Proben und noch einige Klavier- und Orchester-Übungen, sie zogen sich nur. Das war's dann. Einige Musikfetzen noch in Konzerten. Das blieb vorerst alles. Bezeichnenderweise kommt den Brüdern Strauß, ja, tatsächlich, dem Johann jun. und dem Josef, die hohe Ehre zu, sehr viel vom Richard Wagner in ihren eigenen und selbst ausgerichteten Soireen für Wien erstaufgeführt zu haben. Aber Wagner teilt sein diesbezügliches Schicksal, nämlich von der Stadt abgelehnt, gehasst und dann vereinnahmt zu werden, mit vielen. Mit dem Symphoniker Mahler. Mit den Opernkomponisten Mozart, Berg und Schönberg. Mit vielen heute in der Musik-Medienszene weltweit Tätigen. Aber: Der Ex-Musik-Papst Eduard Hanslick gilt noch allemal hier als Institution und wichtiger Musikphilosoph und Musikexperte. Es dauerte oft bis zu drei Generationen, ehe die von ihm in Grund und Boden getretenen Geniewerke endlich doch Fuß fassen konnten.

Der 3. Aufzug.

„Öd' und leer das Meer."

Das Sehnsuchtsvorspiel. Die einzig geglückte tatsächliche auskomponierte Fünfstimmigkeit in der Hochromantik. Angeblich haben einige Komponisten später gesagt, die Akkorde dort hätten sie beinahe um den Verstand gebracht. Eine Hirtenweise. Schalmeiklang. Alles wie beim jungen Seemann zu Beginn. Die Weise trägt abermals alle neuen Themenelemente für die kommenden mehr als eineinhalb Stunden bereits in sich. Sie ist aber in ihrer gackernden Art fast schon wieder eine lockere Situations-Verhöhnung.

Tristan wartet. Schaut in die Ewigkeit. Schwerst verwundet. Wartet und schaut in die Ewigkeit und in dasjenige dahinter, nachdem er vor kurzem noch, in Markes Garten und in Isoldens Schoß, schon eine Art von Hegelianischem Begriff, schon eine Form von Platonischer Idee von Ewigkeit mitmachen hat dürfen.

Die Damen und Herren RegisseureInnen gestalten zumeist viel Schlechtes mit und in diesem Eröffnungsbild und bringen selten Außergewöhnliches auf die Bühne. Unser Held liegt nämlich usuell zwischen grauen Styropor-Felsblöcken hingebettet, hat dann seine drei überaus heftigen Visionen, die Isolden-Erscheinungen und Isolden-Verkündigungen, alles bejammert von einem ratlosen Kurwenal. Sonst? Nichts. Statik. Warum lässt man das Publikum nicht miterinnern? Miterleben durch die Medienmöglichkeiten. Alles spielt sich zwar im Kopf ab. Alles spiele sich doch im Riesenraum ab!

Also. Tristan liegt in einem bequemen Fernseh-Sessel. In Kaschmir gehüllt. Es handelt sich um eine Nobel-Wohnung, so eine im Stil von Malibu-Fernsehvorabendserien-Prunk mit Rebecca-Meeresschaudern. Glasschiebewände ringsum. Eine Terrasse ragt weit aufgerichtet und gestreckt über die See hin, in s i e, in d i e See hinein. Tristan bedient einen Video-Recorder. Alles wird aus diesem noch auf eine Leinwand, ausfüllend die gesamte Hinterbühne, projiziert. Während er also nach Partitur-Vorschrift aufschreit und immer wieder in halbe Agonien fällt, zappt er sich zwischendurch riesige Isolden-Bilder und Isolden-Kurzfilme herunter und vorbei.

Die Frau in ihrer Bewegung. In ihrer Anmut. Im Urlaub, frühmorgens in der Küche und ziemlich leicht bekleidet im Baby-Doll vor der Kaffeemaschine und abends in der Kirche halb spitzenverschleiert. Alles ist mit der guten Digital-Handkamera aufgenommen, bewegt, nie verwischt. Jetzt das Mädchen Isolde, seinerzeit noch als Braut, bleich, Kindfrau, es ist ihr übel am Schiff, es wurde beim Reisen (Rauben) nach Cornwall gefilmt. Es gibt Einblendungen von noch früher. Beim Heilen dieses angeschwemmten jungen Mannes, seinerzeit, beim Wundenversorgen, beim zärtlichen Waschen des Rekonvaleszenten, ein Lächeln und dann ein Küsschen links und ein Küsschen rechts. Isolde aber auch mit Schmuck, Isolde am Pool, im Kostüm, mit ihren Hunden, lachend, Isolde im Bikini, oben ohne am gar nicht mehr öden und leeren Meer, aber nur in Rückenansicht und der Kopf etwas überrascht-ärgerlich-kokett zur Seite gedreht, gerade erst aufwachend im Doppelbett und unter gemusterten Polstern und glitzernden Decken mit zerrauften Haaren und Augenringen und die Kamera mit gespreizten Fingern abwehrend, gestikulierend, lachend-schimpfend, das Leintuch an den weichen und bettwarmen Körper gepresst. Isolde beim Einkaufen im Seebad, mit Strohhut, in bunten Tüchern und Sandalen, im kleinen Schwarzen, Eis lutschend oder frische große Bananen verspeisend. Isolde während der Hochzeit mit Marke? In einem schmalen, fast schlauchgleichen weißen Kleid. Schmucklos. Die Haare ungeschickt aufgesteckt. Der Kindfrauen-Mund immer ein wenig offen. Mit einem Blick, der nur ein Wort zu formulieren scheint, nämlich „und?". Den Herrn Helden Tristan sieht man bei Kameraschwenken gelegentlich im Hintergrund an einer Säule lehnen, er putzt während der Zeremonie andauernd unter seinen Fingernägeln herum. Nicht einmal eine Krawatte trägt er. Und, hat er sich jetzt nicht sogar einen Schnurrbart wachsen lassen?

Das Glück der hohen und saturierten Bürgerlichkeit mit Geld und Einfluss und eventuell im Paten-Milieu. Über das alles ist im gegenständlichen Fall der Himmel eingestürzt.

Um die Wiener Staats-Oper wirklich zu begreifen, soll man Bildbände über ihre Geschichte studieren oder sich alte Wochenschauen ansehen. Opernballszenen etwa, oder das Premieren-Publikum in den 30er und dann 50er Jahren (von den 40ern reden wir nicht), oder während der Wiedereröffnung nach dem Staatsvertrag. Die Leute wirken wie in Filmen aus der Zwischenkriegszeit, nur noch verkrampfter. Niemals wird so evident wie dort, dass das feierliche Begehen einer Opernvorstellung fast ein Jahrhundert lang parasakramentären Charakter in nobler Kleidung gehabt hat. Die Gesichter des Publikums in Schwarz und Frack und Abendkleid und Frisur sind aufgedunsen, hektisch, verzerrt, dummgierig.

Eine „lustige Weise" gackert los. Das Erkennungszeichen für Isoldens Schiff? Der Rhythmus dieser Weise wird Tristan bis in seinen Tod begleiten. Nach Schwierigkeiten landet das Segelboot weit unten, Tristan reißt sich die Verbände vom Leib, die Musik wird äußerst kompliziert. Der Isolden-Ruf streicht wie der Hilfeschrei einer Ertrinkenden herauf, die Musik bleibt stehen, lauscht auf sich selbst, oder ihr? Tristans Antwort ist das Berührendste im ganzen Stück: „Wie, hör' ich das Licht?" Die Kaskaden rieseln wieder nieder, alles auf ein Ziel zu, in das Liebesmotiv hinein. Isoldens Name bleibt sein letztes Wort. Die Ouvertüre scheint wieder anheben zu wollen.

Und es gibt auch Interpretationen dieses *Tristan*, die sagen: Das alles ist eine Vorstellung, ist nur mehr böser Männerwunsch-Kitsch. Nach angeblichen Heldentaten verwundet in die Arme der lieben herbeigeeilten Frau sinken?! Ja, das wär' halt was.

Wagner verfällt abermals in seinen Hauptfehler, er lässt Isolde lange rekapitulierend auf den Toten einreden. Missverständnisse ereignen sich inzwischen. Marke rauscht im zweiten Schiff an. Man kämpft, ohne eigentlich recht zu wissen wofür. Schließlich sind auch Kurwenal und Melot dahin. Der König und Pate erscheint wie immer zu spät und wird abschließend (sicherheitshalber) die Leichen segnen. Isolde aber singt sich in den eigenen, quasi-persönlichen Liebestod hinein. Ein Riesen-Orchesterlied, saftig, solitär. Ein Über-Drüber-Anhäufen. Irgendwie Schweinsbratensemmeln mit Lachs und Schlagobers. Das Liebesmotiv wird schließlich endgültig diatonisch aufgelöst. Die Schlussmasse an Instrumenten klingt hohl.

Die Leute strömen aus dem Opernhaus. Hinunter geht es wieder durch den schwarzen Aufbahrungshallen-Marmor. Abermals beherrscht ein Duftcocktail die Genuss-Unterwelt: Frisch Gebackenes, Fernöstliches, süßliches Opernklo mit leichten Urin-Essenzen. Ganz sacht dringen Anklänge von Puccini-Musik aus den inneren Gemächern des geschönten Scheiß-Hauses.

Ein paar Schritte weiter. Die tatsächliche Unterwelt der Stadt. Süchtige, Randalierer, Schwerstbetrunkene, Huren, Stricher.

Im „Tempel" drüber gab es soeben noch ein schmachtendes Musik-Colleg über Sucht und Halluzination und mehrfachen Selbstmord. Eines in den heftigsten Klangwolken der Operngeschichte.

Hier gibt es die Realität.

Keine Tristan & Isolde-Angst. Man wird in Ruhe gelassen. Die Puccini-Musik geht über in die Haus-der-Musik-Beschallung von drüben mittels Schubert und Mozart und Haydn und, und. Diese Kultur-Schande ist etwa so groß wie die gegenständliche. Aber, noch einmal, keine Angst beim ausschreitenden Durchteilen der Menge. Höchstens stolpert ein ausgezehrter Mann in Jeans-Kleidung nebstbei über sein Erbrochenes.

Vielleicht kommt auch eine junge Dame (ein Mädchen, noch keine 15 Jahre alt) hinter wegschauenden Polizei-Patrouillen ungelenk gestikulierend heran, die schwarze Schminke rinnt ihr aus den Augenlidern, die Haare sind wie Stroh. „Heast, Oida, an Tschik? Eh'? Oda? Noch da Musik do obm bei de Philis und de Scheiß-Drecksauna in da Schoin? Oda glei a bissl mehr. Kost di weniga ois da Eindridd, is sozusogn a Steh-Bloz. Haha, a Steh!-Bloz."

(Hallo, lieber Mann, haben Sie eine Zigarette zu vergeben? Ja doch? Oder reflektieren Sie auf etwas anderes? Nach der Musik dort oben vom Orchester der Wiener Philharmoniker und den – wörtlich – „Fäkal-Dreckschweinen", gemeint hingegen ist bloß ein leichtes Abqualifizieren der SängerInnen-Protagonisten in ihren Kostümen? Wünschen Sie im Augenblick aber vielleicht sogar noch etwas mehr? Das kostet Sie weniger als der Eintritt im Opernhaus, das ist sozusagen wohlfeil wie der Stehplatz – wobei in der belustigten Wiederholung von „Steh"-Platz auch die mögliche Anzüglichkeit dieses Wortes gerade in einer solchen vielleicht zweideutigen Gesprächs-Situation hervorgehoben wird.)

Währenddessen: Es klingen uns Tristans Worte über seine eigene Vergiftung und die nachfolgende Schwerst-Verwundung aufgrund des Konsums eines erhofften „Vergessens"-, tatsächlich aber eines „Liebes-Trankes" noch im Ohr:

Krachend hört' ich hinter mir
schon des Todes Tor sich schließen:
weit nun steht es wieder offen,
der Sonne Strahlen sprengt' es auf.
Mit hell erschloß'nen Augen
muß ich der Nacht enttauchen.

Die
Gesänge
der
Circe

Unanständiges, sehr Keusch-Unanständiges

Wir enttauchen noch nicht der Nacht.

Im Gegenteil, wir tauchen sogar voll noch einmal hinein.

Denn das ist nun kein Weg mehr wie einige schon unternommene.
Das ist auch kein Fremdenverkehrs-Prospekttipp. Das ist, leider (oder
Gott sei Dank), nicht einmal mehr ein Baedeker-Muss.

Das ist bloß ein Hinweis, eine kleine Aufforderung, eine zum mutigen
Selber-Suchen und Selber-Finden!

*Wien ist jetzt wieder einmal anders. Und wie. Und Achtung! Denn
wer dieses neue „jetzt" nicht mag, die/der blättere gleich geläufig weiter
und drüber. Oder die/der suche sich im Inhaltsverzeichnis was Ge-
schmeidigeres heraus. Gibt es auch dort. Versprochen.*

*Für alle aber, die drangeblieben sind, für die geht es jetzt ordentlich
los und weiter.*

Bravo! Danke!

Informationen; vorerst noch aufbauende:

Die etwas andere Wien-Musik lässt sich schon auch besuchen, vor
allem jenseits des Grinzing-Lacks, des Innenstadt-Heurigen-Schmalzes,
der Radio-Regionalprogramme und der falschen Nostalgie. Die Wien-
Musik und das Wienerlied weit weg von einer oder höchstens zwischen
Frauenbegehr und Frauenverachtung, Kleinmetaphysis-Sucht und
Todes-Trieb, schwerstem Alkoholismus, Ödipus-Komplex und bösartig-
sentimentaler Stadt-Verherrlichung …, wir überwinden mutig die Thalia-

und die Ottakringer- und gar die Neulerchenfelder-Straße und wenden uns dafür und dazu doch einfach an das *Wiener Volksliedwerk* im Sechzehnten, situiert im so genannten *Bockkeller*. Wir kontaktieren dabei eine hervorragende Sache. (Und: Der „Bockkeller" ist kein Keller, sondern ein nostalgischer, spätempire-geschmückter Alt-Wiener Tanzsaal mit Fresken von halb nackten Putten, denen man wieder einmal unter die losen Höschen schauen kann, am Plafond hingepinselt, in einem Palais in Liebhartstal – aber das alles macht die Sache von vornherein ja erst so schön absurd.) Also. Dort gibt es gratis oder wohlfeil Listen mit den Stadt-Veranstaltungen der anderen Art, mit Sängerschaften und Solisten, wie sie auf der ganzen Welt nicht zu finden sind. Ehrlich. Im Siebzehnten und im Achtzehnten, in Floridsdorf oder rund um die Bezirksfeste, in den Ortschaften am Rande Wiens, beim Zentralfriedhof und in der Nähe vom ehemaligen Etablissement „Sperl". Außerdem wird Auskunft gegeben: über die „Äktschns" in der „10er Marie" oder über Musikantentreffen im „Böhmischen Prater" oben am Laaer Wald im Zehnten, nostalgisch am Spittelberg oder über tatsächlich gutes Singen und klasse Abende beim „Schmid Hansl", im „Herrgott aus Sta", im „Weinstock", im „Reznicek" und im „Predigtstuhl" und noch in ein paar feinen Häusern und Adressen mehr. Im „Bockkeller" selber geht es natürlich erst recht gern hoch her. Ehrlich. Wer sich jetzt traut, der lässt sich informieren, bitten und einladen, vielleicht zu einem Wienerliedstammtisch (welcher so ziemlich das Gegenteil von dem darstellt, was denn so etwa ein „deutscher Stammtisch" sein mag) oder zu Treffen mit Straßenmusikern oder sogar zu einem „Offenen Singen" (ja, zum Mitmachen!, ehrlich).

Das alles (nämlich solche Etablissements zu besuchen wie auch die Angebote zur noch viel aktiveren Art zu nützen) zählt sicher schon zum hervorragenden Wien-Musik-Profitum.

Doch dann gibt es sozusagen noch etwas, angesiedelt mindestens eine Spielklasse drüber. Die Extra-Liga für die Mutigen und Abgebrühten und Feinspitze.

Denn Wien ist jetzt schon wieder einmal anders. Und wie!

Es existieren ab nun keine offiziellen Unterlagen oder Cicerones mehr. Sie brauchen Mundpropaganda. Und auf die müssen Sie halt irgendwie stoßen. Aber dann!!

Kommen Sie mit! Gehen wir, und geben Sie mir ruhig dabei die Hand, gerade weil es schon Nacht geworden ist. Spät geworden in der Nacht; so spät, dass man die alte und bald schon wieder frühe Zeit beinahe riechen kann.

Kommen Sie doch! Keine Angst. Und – darf ich jetzt gleich einmal „Du" sagen? Schon!? Mit einem späteren Verbrüderungs-Busserl oder auch nicht. Wie Sie wollen; wie Du willst. Ja? Aber, es macht sich dann leichter. Kryptisch gesagt: Leichter mit dem und in dem nämlich. „In und mit dem", das heißt: Was wir vorhaben, was wir uns trauen uns jetzt bald anzusehen und – noch besser! – uns anzuhören. Es uns so richtig rein-zuziehen. Glaub' mir!

Soll sein rund um den Mexiko-Platz (II. Bez.) oder beim Meisel-Markt (XIV.), bei der Neubaugasse (VII. natürlich) und von dort in die geheim-nisvollen alten Höfe hinein, aber gar hinterm Obst- und Gemüse-Groß-markt in Inzersdorf (XXIII.) oder, wahrscheinlich am allerbesten und hinter-gründig wie sonst nichts, angelehnt an den Brunnenmarkt/Yppenmarkt (XVI.).

Nachtstadt. Tote Verkaufsstände. Abgeräumte Pritschenwagen. Rei-hen kulissenhafter Häuser. Ein paar Lichter von oben. Kaum noch wel-che hinter den Fenstern. Drüben ein winziges Inferno aus Straßenbahn-Gleisen und -Oberleitungen. Hier nur mehr schwarzer und nasser Himmel. Wenige Geräusche. Manchmal Wortfetzen. Ein unbeleuchtetes Polizei-Auto. Drinnen zwei Personen. Ohne Kappen. Sie verspeisen dicke braune Würste („Haaße").

Das breite Tor. Einen Spalt geöffnet. Die Einfahrt im alten Bogenbau. Rechts eine Tür. Innerer Wirtshauseinlass. Drinnen Dunkel und nur Widerspiegelungen von draußen. Vorbei an der Schank mit einem Duft-pasticcio. Wieder eine Tür. Hintertür. Ein kleiner Gang. Durch eine schmale Holzloggia. Eine Pawlatschn. Geräusche aus dem Hinterhof. Textfetzen. Musik.

… und geh', leg' di … schön zucha …
und nimm ihn in die Hand …
er kann dich nicht beißn … er hat ja kan Zahnd …

Aneinander gekauert irgendwo Platz genommen. Auf einer Bank, viele Sessel sonst, Halbdunkel, eine Menge an Leuten, in Mänteln, in recht freizügigen Abendroben, in der Monteurs-Kluft, in den Halb-Lodentrach-ten. Eine kleine Bühne vorn. Nein. Es ist bloß ein freigestellter Tisch. Mit mehreren Lampen drauf. Mit vielen Flaschen und Gläsern drauf. Zwei Männer, eine Frau – singend. Noch zwei Männer um sie herum, beglei-tend – instrumental, Harmonika und Kontragitarre. Virtuos! Ja, virtuos sind sie. Und das sei nämlich gleich vorweggesagt. Zwei intensive

Künstler. Besser als in Hundertschaften sonst, unten in den In-Musik-
kellern zwischen N. Y. und irgendwo.

Komm, halten wir einander noch an den Händen. Bleib' bei mir. Und
ohne Furcht. Lausch'. Die Musik ist wie immer weich und fesch. Die Texte
sind Alt-Wiener Volksgut. Lyrik aus mehreren Jahrhunderten.

Und!!

Die Texte sind ordinär. Liebenswürdige Pornographie. Die Texte sind
zumeist ausgesprochen schweinisch. Oral-Tradition.

Nein, wir sind keine Spießer mit Voyeur-Eskapismen. Also schimpf'
nicht mit mir. Sondern. Oder? Harmlos. Oder?

Vergiss' einfach bitte jetzt so ziemlich alles, was Du bisher diesbezüglich gehört oder gelesen hast. Denk' Dir: Körperfunktionen halt, aller
Art. Gegenwelt in der Nachtstadt. Na und?

Mein Dirndl is kugelrund,	Tua ma'n eini, tua ma'n eini,
kann si nicht wenden.	tua man'n net zreissn.
D'Duttln hab'n 50 Pfund.	Steck' ma'n eini ins vordere Loch,
D'Fut wiegt an Zentn.	's hintre ghört zum Scheißn.

Die Klan san ma liaba
als wia die Großn,
sie san ja viel gschickta
zum eini lassen.

Weht Wien-Musik. Die Lieder und Couplets; zuerst mündlich tradiert.
Später hat man auch ganze Sammlungen davon hergestellt. Angeblich
kritisch edierte. Es gibt aber vernünftige Leute, die sagen, so was (das
Edieren und das Im-Druck-Verbreiten) ist von solchen seriösen Wissen-
schaftern und den angeblichen Kultur-Forschern bloß zu deren eigener
Aufgeilung gemacht worden.

Na, wenn schon.

Gar eine gute Seele
ist meine Gabriele,
die ich mir nahm zur Frau.
Sie würzt mir meine Tage,
kenn' weder Sorg noch Plage,
mein Himmel ist stets blau.
Gleich nach der Hochzeit führt sie

mir einen Freund ins Haus,
und dieser Freund verlässt uns nie,
hilft überall mir aus.
Er nennt sich Herr von Hecht
und liebt uns beide recht.
Der liebe, der gute,
der brave Herr von Hecht.

Er geht auf allen Wegen,
er geht auch d'Wäsch z'sammlegen,
er geht auch achtungsvoll
mit meiner Frau auf d'Roll.
Und stell ich mich bescheiden,
als wollt' ich das nicht leiden,
dass er sich auf der Roll'
statt meiner plagen soll,
so sagt er gleich: Ich bitte recht,
sie sein ein schwacher Mann!
Mit ihnen rollt die Frau sich schlecht,
sie tauchen z'wenig an!
No, das ist doch nicht schlecht,
vom braven Herrn von Hecht?
Vom lieben, vom guten,
vom braven Herrn von Hecht!

Er hilft ihr auch beim Waschen,
reicht ihr sei' Waschblauflaschen,
stopft ihr, so gut er kann,
die Stärk' im Weidling an.
Mei Frau kann leicht da lachen,
er geht, ihr d'Strick' aufmachen
und d'Wäschaufhängen nach
und bleibt den halben Tag
bei meiner Frau am Boden wiar
die Wacht am Posten, bis
die ganze Wäsch', die er mit ihr
hat aufg'hängt, trocken is.
Das ist doch gar nicht schlecht
vom braven Herrn von Hecht.

Einer der beiden Sänger raucht während seiner musikalischen Darbietungen, und das ununterbrochen. Der andere, eine fette Gestalt, verdreht bei den auskolorierenden Passagen in den Refrains die Augen, vor allem nach oben. Er schaut dann aus wie einer, der gerade abgemurkst wird. Die Frau, etwas über 40, gut geschminkt, aber ohne damit vordergründig fratzenhaft zu wirken, ist eine Schönheit. Eine „Wienerin" also. Der Topos von der „schönen Wienerin" mit Hüften und Hals, Busen und Bewegung, kleinem ironischem Lächeln. Andauernd. Damit die Leute (Männer) nach kurzer Zeit verunsichert sind. Sänger und Instrumentalisten trinken Weißwein. Sie schlürft aus einem hochstieligen Glas einen Vermouth nach dem anderen.

Und i und mein Bruada, mir habns schon im Brauch,
und wir gehen zu di Madeln und kratzens am Bauch.
Vom Baucherl auf's Naberl, vom Naberl in'd Haar,
und is' a wenig sauber, so pumpern ma s' gar.

Die Leute lachen. Aber selten frech. Oder aufkreischend. Wissend vielmehr. Wiedererkennend. Wohlig grunzend.

Die Wienerischen Mentscha haben weiße Strümpf an,
sie derfen's net waschn, sie brunzen's glei an.
Doch i greif dir net dran, weil du bist mir zu alt,
hast patzweiche Dutteln und a Fuderl zu kalt.

Noch einige Besucher sind hereingeschlichen. Komm! Versuchen wir enger auf der Bank zusammenzurutschen. Vertraut. Trotz der Texte. Niemals wie im Porno-Kino sitzen oder wie vor dem Hotelfernseher mit den einschlägigen Adult-Channels, strotzend voll mit später vom eigenen Körper um Nachvollzug angebettelten, jetzt nur an-begehrten Bildern. Knie an Knie. Schenkel an Schenkel. Auch oben kommen wir uns nahe. Beim Glaserheben berührst Du immer wen. Macht gar nichts. Ehrlich. Es herrscht vielmehr eine Vertrautheit wie bei einer besonders gelungenen Volksschul-Nikolo-Feier. Wir sind einfach amüsiert. Haben kleine Grenzen angeschaut und verfolgt.

Sehet her, das ist mein Leib – und das ist halt dein Leib. Hingegeben. Kostet und naschet doch einfach davon!

Mei Buberl, geh' weg   Wann's Dirndel finster schaut,
und lass mi ungheit.   Do kennt man sie aus:
Sunst mach' i di schmutzig,   Stehts rot im Kalender.
i hab heut' mei Zeit !   Bua, heut' wird nix draus!

Doch des Mensch wüll i pudern,
i hab' mi net traut,
drauf hab i mei Nudl
am Baum einig'haut!

Noch ein paar Besucher mehr. Es ist ein bisschen dumpf geworden. Die
Mäntel der Neuangekommenen sind feucht. Rechts hinten wird gelärmt.
Auch noch während der nächsten neu angespielten Musik und nachfol-
gend der Couplets.

I scheiß dir ins G'sicht,
und i brunz dir in d'Augn,
du kannst ma die Beberln
vom Arsch abaklaubn.
I leck' dir des Loch
Von hinten und vorn,
dass't glaubst …

Abbruch. Einer der beiden Instrumentalisten bittet laut um Ruhe. Ganz
kleine Stille. Dann wieder Rumoren rechts hinten im Halbdunkel.
Dann wieder Stille.

Es hat a schön's Töchterl a reicher Hausherr,
auf die schon lang spitzen die Männer so sehr.
Doch alle die kommen, ob jung oder alt,
sie achtet auf keinen, sie bleibt immer kalt.
Doch letzthin im Fasching, da war's auf …

Wieder Abbruch.
Es wird lauter.
Eine Frau und ein Mann haben zu streiten begonnen. Sie „befetzen"
einander bald. Amüsiert verfolgt ein Teil des Publikums die Auseinander-
setzung. Der andere Teil will mehr Musik. Ein neuer Mann mischt sich ein.
Er reißt den ersten von der Frau weg. Sie schreit auf. Spuckt der Num-

mer 2 ins Gesicht. Nun stehen die drei Protagonisten wie im gleich-schenkeligen Dreieck zueinander.

Wieder Stille.

Der Kontragitarrist stimmt inzwischen leise an seinem Instrument herum. Er heizt dadurch aber die Spannung im Hinterzimmer nur noch mehr auf.

Musik ist die Macht, musst Du wissen. Sie ist aber die Macht, die nicht kumulativ sein muss, um dann noch mächtiger und einflussreicher und stärker zu sein. Im Gegenteil. Oder, sagen wir, oft ist das wenigstens so. Sie stehen einander noch immer gegenüber. Schnaufend. Die Männer übrigens fast gleich gekleidet. Anzüge, grau, offene Hemden, noch dunkler. Die Frau trägt einen kurzen Rock, eine helle Bluse, eine violette Boa. Netzstrümpfe. Schwarze hohe Plateausohlen. Ohrringe. Haare: rot und sieben Mal röter als rot.

Wie vor dem Stierkampf.

Der dicke Sänger schlägt plötzlich laut und gemütlich vor, jetzt wieder was „zum Spüln".

… da war's auf ein Ball,
entzückt flog sie hin durch den glänzenden Saal,
am Arm ihres Tänzers, ein Walzer vom Strauß,
da schmolz ihr das Eis und als Loch führt er's z'Haus.
Das was nur a Weana, a weanerisches Bluat,
was a weanerischer Walzer nicht an …

Während der wiederum leicht weitergesponnenen Takte nimmt der erste Mann (der nicht-angespuckte) die Frau beinahe liebevoll und als hätte es zuvor nie einen Streit gegeben an der Hand. Er streicht ihr auch noch über die Wange.

Er zieht sie ganz langsam zuerst ein wenig zu sich hin und dann durch den Raum zum Ausgang weiter.

… Walzer nicht an Weana all's tuat.
Des Mädl wird g'schobn von ihrem Galan.
Da kommt doch a wunderbar Seligkeit an.
Und wenn er dann …

Der andere (der angespuckte) rührt sich nicht. Er dreht den beiden nur langsam seinen Kopf nach.

… wenn er dann zubi und immer mehr kommt,
dann wird bald …

So was heißt auch Wien-Musik, weißt Du. Oder? Unkonzentriert? Zu heiß? Die Mäntel rundum zu feucht?
Der Raucher schnäuzt sich. Dann steckt er sein Taschentuch weg und lässt die Hand in der Hose.

… Charlie, geh' ham …
die Frau is krank, deine Kinder schrei'n …
… bitte …
losst's mi do amoi lustig sein …

Plötzlich. Wie ein Schuss über einem Schützengraben. Der „andere" hat ein Henkelglas gepackt und es dann über die Köpfe des Publikums durch den Raum geschmissen. Die Glas-Granate landet hinter den Musikern an der Wand, neben einem kleinen Spiegel, der heil bleibt. Das Geschoss poltert in einigen großen Scherben zu Boden. Eine Art von Kellner und eine Art von Wirten haben sich sofort auf den zweiten Mann gestürzt. Er hat sich sofort und beinahe ohne Gegenwehr hinauszerren lassen.

Starr. Alle.
„Also, was zum Spüln? Jetzt endlich? Politisch. Ha."

In mein Haus hat's mich wirklich
mit den Nachbarleut' beim Frack.
Links neben mir logier'n zwa Stockböhm',
rechts neben meiner a Slowak'.
Oben wohnt a Italiener,
z'ebner Erd zwa Magyar'n,
unt' im Keller a Kroatin,
denken's da mein Stand, mein schwar'n!
Einzig nur, wenn ich in'n Hof schau',
ruf' ich öfters ganz erfreut:
„Deutsche Worte hör' ich wieder,
weil a Jud' grad' ‚Handeln!' schreit!"

Du willst schon gehen? Angst? Geh'. Woher denn. Ich bin also doch ein Spießer? Jetzt hab' keine Angst! Nicht nötig. Trotzdem?

Ein Hindurchwinden aus der Sitzbank, zwischen den Sesseln und Mänteln.

Na denn. Komm mit. Draußen. Mehr Luft. Mehr Licht. Bald.

A so tua net so langsam, a so tua net so g'schwind.
Und wenn's dir wohl tut, musst aufhörn, sonst machst mir ein Kind!

Die Pawlatschen. Der Schankraum. Die Toreinfahrt. Ganz leise kommt es noch. Irgendwo Klang.
Was wäre, sag' mir doch, wenn plötzlich überhaupt nichts wäre?

So gewiss so ein Sardellen-G'rüchel, das is mir schon s' Liabsti,
do steht er mir gleich auf, und im G'stank, jo, er grüßt di!

Ist Dir übel? Jetzt? Atmen, veratmen, wegatmen.

… und de Frau Barberl … der Graf Schleckerl … mitten in's G'sicht …
… und i schlitz di dann auf,
vom Oasch bis in's Gfrieß,
du schiache Beisel-Hur …

Schräg gegenüber stehen zwei junge Mädchen. Müssten längst zu Bett sein. Kroatinnen? Slowakei? Jugo-Frauen? Bosniakinnen? Islamisch wohl auch, den Kopftüchern nach zu schließen. Was machen die da? Zu dieser superspäten Nachtzeit?
Erinnerst Du Dich bei solchen dann überhaupt noch an die Lieder? He! Oder, willst Du schon jetzt nichts mehr wissen von Musik?

Wien ist anders.
Die meiste Musik in und aus Wien ist anders.
In Wien ist die Musik auch Körper.
Oft viel mehr noch als irgendwo.

Frag' mich nicht, was das jetzt heißt, so ein „irgendwo"? Und das Wort „Körper" kannst Du auch schon nicht mehr hören? Wieso? War's nicht für Dich doch noch allemal ein neues „Ecce agnus", mit der gesundeten Seele als Belohnung? Oder?

Sag'. Ist Dir nicht gut? Ist Dir schlecht? („Wiener Blut … voller Saft … voller Kraft … schmecket …")

Ein Kombi-Fahrzeug hält vor den beiden jungen Frauen. Ein Mann steigt hastig aus. Scheucht sie mehr oder weniger auf die Hintersitze. Schmeißt die Wagentür zu.

Frühschicht-Kollekte für stundenweis' bezahltes Reinigungspersonal.

Schubert

mit der „Unvollendeten" durch's nächtliche Wien
zum Würstelstand

… *als wenn das Sterben das Schlimmste wäre, was uns Menschen be-
gegnen könnte.*
Nussdorfer Straße Nr. 54 (damals: „Zum rothen Krebsen" in der
„Oberen Hauptstraße zur Nußdorferlinie Nr. 72").
Franz Schubert wurde also im heutigen 9. Bezirk geboren. Das Haus
steht noch. Es ist ordentlich renoviert. Man kann die schönen Räume
auch besichtigen.
Es war schon recht wüst, das familiäre Umfeld. Die Eltern hatten 1785
geheiratet. Der Sohn Franz, fast genau 12 Jahre danach zu Welt gekommen, war schon deren zwölftes Kind! Wienerisch brutal: *Gevögelt wurde
wie bei den Karnickeln. Vom Vater, dem verklemmten Schullehrer wenigstens. Zwanghaft.* (Die Mutter überlebte das alles nicht mehr lange.
Der beherrschende und bigotte Patriarch heiratete hingegen gleich wieder und zeugte weiter. Aber das ist so üblich gewesen. Franzens wich-
tigster Bruder, Ferdinand, machte es ganz ähnlich.)
Schräg gegenüber: die Säulengasse im Himmelpfortgrund, Schubert
verbrachte hier Pubertätsjahre, heute gibt es dort eine Art von Café-
Wirtshaus (?) namens „Mozart-Stüberl", und in der Nähe, ganz wenige
hundert Meter nach dem Norden, auch noch ein „Lanner-Stüberl".
Je mehr man glaubt, seine Musik zu verstehen, umso fremder, un-
heimlicher, oft sogar Grauen-voller wird sie.

Um 2 Uhr nachts. Beneidenswerther Nero! Der du so stark warst, bei Saitenspiel und Gesang ekles Volk zu verderben! Eine eigene Wohnung hat er nie gehabt (nie gewollt), oft hat er nicht einmal allein gelebt. Es war ihm (oft?) egal. Unterkünfte: in der Riesenfamilie und im Schuldienst gleich nebenan (doch den sofort wieder quittiert), bei Freunden, in der Inneren Stadt (Renngasse und Spiegelgasse vor allem), auf der Wieden, abermals in der Rossau, wieder Innere Stadt, schließlich Kettenbrückengasse an der Grenze zum heutigen 5. Bezirk. Eine luetische Krankheit bringt ihn schon als 25-Jährigen beinahe um. Seine Los-Lösung vom Vater aber auch. Und Franz Schuberts Niederschrift von *Mein Traum (Den 3. July 1822)* ist nur mehr mit Franz Kafkas *Vater-Brief* vergleichbar.

Ich war ein Bruder vieler Brüder u. Schwestern. Unser Vater, u. unsere Mutter waren gut. Ich war allen mit tiefer Liebe zugethan. – Einstmahls führte uns der Vater zu einem Lustgelage. Da wurden die Brüder sehr fröhlich. Ich aber war traurig.

Es wäre recht kompliziert, in Wien einen Schubert-Weg an- und auszuzeichnen. Es gäbe, Geburts- und Sterbehaus ausgenommen, wenig Spektakuläres oder etwas, das auch weiterhin nur ein bisschen „alte" Atmosphäre ausstrahlt. Aber das ist häufig so in Wien. Es existiert schließlich auch nur mehr ein einziges richtiges Mozart-Haus von Repräsentanz. Auch nur mehr eines für Haydn, Lanner oder Strauß Sohn. Eigentlich keines post Brahms. Auch nicht eines post Bruckner. Und so fort. Beethovens Dutzende an Wohnungen sind bloß in zwei Gedenkstätten von Interesse. Und so fort. (Jaja, die Denkmalschützer und Museums-Kustoden, die werden nun kommen und viel Gegenteiliges beweisen wollen. Sie haben recht. Sie haben akribisch recht. Atmosphärisch nicht.)

Da trat mein Vater zu mir, u. befahl mir, die köstlichen Speisen zu genießen. Ich aber konnte nicht, worüber mein Vater erzürnend mich aus seinem Angesicht verbannte. Ich wandte meine Schritte und mit einem Herzen voll unendlicher Liebe für die, welche sie verschmähten, wanderte ich in ferne Gegend. Jahre lang fühlte ich den größten Schmerz u. die größte Liebe mich zertheilen.

Die h-Moll-Symphonie, die „Unvollendete" (seine 7., 8., 9.?, je nachdem und nach Zählzulassung und Wissenschafts-Stand), sie eignet sich vielleicht besser als Wegmarkierung vom Geburtshaus in das Sterbezimmer.

Ein Vorschlag: es geschehe nachts, sagen wir: in der Zeit des *beneidenswerthen Nero*. Start: Nussdorferstraße, das kleine Haus schon hinter sich. Bergab geht es, ganz leicht hinunter, kaum Verkehr jetzt, keine donnernden Straßenbahnen. Dauer insgesamt: etwa die assoziative Länge der beiden fertigen Sätze der „Unvollendeten", im Kopf abgespielt. Wahrscheinlich die beklemmend-schönste Musik, die je geschrieben worden ist. (Doch, Ästhetiker aller Generationen einmal hergehört und zugleich um Verzeihung gebeten, was ist schon „schön"?; oder, sicherheitshalber wieder einmal die österreichische Bundeshymne befragt mit dem *Volk, begnadet für das Schöne?*)

Das Motto beginnt unten, im Bass. Streng. Unerbittlich. In sich kreisend. Ein paar Takte hindurch. Die „Unvollendete" startet im $^3/_4$-Takt. Nach dieser Quasi-Ouvertüre ein atemabschlagendes Rascheln der Streicher. Die verzweifelten Bläser gleiten drüber, in der Oboe vorneweg. Und eigentlich ist das nur eine erste Variation des Mottos. Sodann: Steigerung, Komprimierung, es klingt so, als würde man eine willfährig gemachte Ton-Figur mit beiden Händen zusammenquetschen. Einige lang angehaltene Töne bleiben über.

Da kam mir die Kunde von meiner Mutter Tode. Ich eilte sie zu sehen, u. mein Vater von Trauer erweicht, hinderte meinen Eintritt nicht. Da sah ich ihre Leiche. Thränen entflossen meinen Augen. Wie die gute alte Vergangenheit, in der wir uns nach der Verstorbenen Meinung auch bewegen sollten, wie sie sich einst, sah ich sie liegen. Und wir folgten ihrer Leiche u. die Bahre versank. –

Dann das neue Thema. Es ist vielleicht zum berühmtesten geworden, das je geschrieben ist. Zu Recht. Die Celli tragen es über Synkopen als erste vor. Und doch, es erweist sich ja wieder nur als eine Variation des Mottos. Eine liebliche, beruhigende, versöhnliche Variation? (Später wurde gerade diese Musik oft zitiert. Missbraucht. In's Witzige gezogen. Aber, locker bleiben jetzt, warum denn auch nicht? Jede gute Komposition hält das Satyr-Spiel über sie gelassen aus. Schöne, weil absurde Texte gibt es dazu, zur Cello-Kantilene Nr. 1 in der Weltmusik. „Lina, wo kommst du her, wo gehst du hin, wann kommst du wieder?") Auch jetzt, wieder, die notwendige Steigerung, die Spiegelung, eine wüste Sequenzierung, alles endend in mutigen Akkorden. Und es folgt noch ein beinahe schon liebevoller Abgesang aus und mit allem musikalisch Gewonnenen. Die Exposition ist gesagt worden, man soll sie wiederholen. So der Franz Schubert.

Von dieser Zeit an blieb ich wieder zu Hause. Da führte mich mein Vater wieder einstmahls in seinen Lieblingsgarten. Er fragte mich ob er mir gefiele. Doch mir war der Garten ganz widrig u. ich getraute mir nichts zu sagen. Da fragte er mich zum zweytenmahl erglühend: ob mir der Garten gefiele? Ich verneinte es zitternd. Da schlug mich mein Vater u. ich entfloh.

Mittelteil: Die Bässe wiederholen sich, immer leiser werdend, sacken dann ab, sacken in ein Nichts. Die anderen Streicher antworten, oben, scharf, sich immer mehr hochhantelnd, sich verzweifelt aufbauend. Nur mehr Motivabspaltungen kommen vor, sie kommen aus allen schon erkannten Variationen des Mottos. Lang-kürzer-kurz. Synkopen, Gebrüll im Choral, in und mit brutaler Hast untermalt, unterfüttert, acht Schleifer hinauf, alles sogleich unten aber stiller wiederholt, eine Abschlusskadenz wie vor einem undefinierbaren Loch. Man muss es sagen: In all dieser „Schönheit", meinetwegen auch in Erhabenheit und Strenge, im Edlen und – noch einmal meinetwegen – im Erschütternden, nein: das alles, was sich soeben ereignet hat, ist auch schrecklich, ist ganz fürchterlich!

Und zum zweytenmahl wandte ich meine Schritte, und mit einem Herzen voll unendlicher Liebe für die, welche sie verschmähten, wanderte ich abermals in ferne Gegend. Lieder sang ich nun lange lange Jahre. Wollte ich Liebe singen, ward sie mir zum Schmerz. Und wollte ich wieder Schmerz nur singen, ward er mir zur Liebe. So zertheilte mich die Liebe und der Schmerz.

Reprise. Ganz lege artis in kleinen Tonarten- und Aspekt-Verschiebungen. Coda: das ehedem Schreckliche und Fürchterliche wird noch einmal kurz anzitiert. Angst und: keine Angst. Denn. Die resignativsten Akkorde der Musik. Immer wieder. Dann lauter werdend. Laut. Schreiend. Im Beschluss wieder leiser. Mit Trotz?

(Der Weg hat zwischenzeitlich am alten Allgemeinen Krankenhaus mit seinem runden Narrenturm und der Hirn-Präparaten-Sammlung entlanggeführt. Es geht nun, hastig, an den Museen vorbei, am Tizian und Raffael linker Hand, am Schiele rechter Hand. Der Getreidemarkt winkt, hinter ihm streckt sich der Naschmarkt, der „Bauch von Wien", nein, eigentlich viel mehr der „Darm von Wien".)

Und einst bekam ich Kunde von einer frommen Jungfrau, die erst gestorben war. Und ein Kreis sich um ihr Grabmahl zog, in dem viele Jünglinge u. Greise auf ewig wie in Seligkeiten wandelten. Sie sprachen leise, die Jungfrau nicht zu wecken.

Zweiter Satz. Wieder ein Motto, wieder tief unten, tänzerisch diesmal und immer noch ein paar Stufen hinuntersteigend. Die Melodie drüber: Irgendwie bleibt sie ja doch bloß ein Ergebnis aus dem Inferno von zuvor, aber sie wurde statisch, und sie wird dann jedes Mal von einer

Phrase beantwortet und abgeschlossen, die wie ein Rad in sich zu kreisen scheint. Aber aus einer ehedem hin-verfluchten Ewigkeit im Donnerwort entlassen zu werden, das muss doch erst wieder neu zu erlernen sein. Und es muss neu zu er-spüren er-lernt werden, was es wirklich heißt, die Arme zu öffnen, langsam, ganz langsam.

Himmlische Gedanken schienen immerwährend aus der Jungfrau Grabmahl auf die Jünglinge wie lichte Funken zu sprühen, welche sanftes Geräusch erregten. Da sehnte ich mich sehr auch da zu wandeln. Doch nur ein Wunder, sagten die Leute, führt in den Kreis.

Und was darf jetzt überhaupt noch geschehen, ohne neu zu verletzen? Die Abstraktion? Sie zuerst, doch zuerst?, ja, gut, gerade noch gestattet. Lange Töne. Wieder Synkopenbegleitung. Eine tatsächlich unendliche Melodie (der Prüfstein für alle Solo-Bläser). Und am Höhepunkt: schon wieder Choral, und der wieder mit allerhöchster Heftigkeit begleitet, umspielt, umspritzt. Holz und Blech orgelnd wie von oben, wie von einem Turm zur bösen Weihnachtszeit, wie aus Wolken, wie zum finalen Gericht. Sie lassen damit die Toten aus ihrem fürchterlichen Schreien von vorhin auferstehen. Irgendwo herauskriechen. Nur – diese Apokalypse wird nun nicht bis zum Ende durchgehalten, sie soll gar nicht abgeschlossen werden. Der traurig-fröhliche Satzbeginn kriegt langsam, aber insistierend wieder die Oberhand.

Ich trat aber langsamen Schrittes, innerer Andacht u. festem Glauben, mit gesenktem Blicke auf das Grabmahl zu, u. ehe ich es wähnte, war ich in dem Kreis, der einen wunderlieblichen Ton von sich gab; und ich fühlte die ewige Seligkeit wie in einen Augenblick zusammengedrängt.

Abermals Reprise lege artis, beklommener noch, sich noch mehr dehnend. Egal. In der Gegenwelt soll man nicht mit Kategorien aus der scheinbaren Haupt- und Erst-Welt zu messen anfangen. Immer wieder die wie ein verblüffter Ruf dahingezogenen Oktav-Sprünge. Die Hauptmelodie bemüht sich voll Eifer, noch lieblicher zu antworten. Dann: eine kleine Erschöpfung. Abermals jenes Hinuntersteigen. Eine süß-manieristische Grablegung? Oder (nur?) der Beschluss einer stattgehabten Verkündigungs-Szene (mit allen körperlichen Konsequenzen)? Eines gemütvollen Orgasmus? Die Musik hat jedenfalls genug, sie bleibt stehen.

Auch meinen Vater sah ich versöhnt u. liebend. Er schloß mich in die Arme und weinte. Noch mehr aber ich. – Franz Schubert

Den Naschmarkt gequert, in das kleine Gewirr des 5. Bezirkes hinein. Abermals ein niedriges Haus. „Neue Wieden No 694 zur Stadt Ronsberg 2ter Stock. Rechts." Heute: Kettenbrückengasse. Schubert wohnte damals noch in einem Neubau, angemietet für ein damals übliches „Trocken-Wohnen" durch Ferdinand. Ein „rising star" in der Wiener Musikszene. Außerdem, er, Franz, begann gerade über Innerösterreich hinaus berühmt zu werden. Er hätte schon wohlhabend sein können. (Er wird außer seinen Noten nur etwas Wäsche hinterlassen.)

Ein bisschen Atmosphäre gibt es hier auch noch.

Es war der Herbst 1828. 14 bis 15 Wahnsinns-Monate im Komponieren liegen hinter ihm. Die Symphonik, das Kammermusik-Schreiben, das Lieder-Machen als Psychogramm-Erstellen. So kurz nach Beethoven sind sie von Schubert als einzigem neu und beinahe schon endgültig formuliert worden.

Nein, mehr noch, 14 bis 15 Wahnsinns-Jahre liegen hinter ihm.

Er verfällt plötzlich. Ein wenig versucht er sich am Lager im alten Stil des Kontrapunktes. Man spielt ihm vor.

Der letzte Brief, gerichtet an seinen ihn in diesen 14 bis 15 Jahren auch immer wieder mephistophelisch antreibenden oder verführenden Freund: *Lieber Schober! Ich bin krank. Ich habe schon 11 Tage nichts gegessen u. nichts getrunken u. wandle matt und schwankend von Sessel zu Bett u. zurück. Wenn ich auch was genieße, so muß ich es gleich wieder von mir geben. Sey also so gut, mir in dieser verzweiflungsvollen Lage durch Lectüre zu Hülfe zu kommen. Von Cooper habe ich gelesen: Den letzten der Mohikaner, den Spion, den Lootsen u. die Ansiedler. Solltest Du vielleicht noch was von ihm haben, so beschwöre ich Dich, mir solches zu depositiren. Mein Bruder, die Gewissenhaftigkeit selbst, wird solches am gewissenhaftesten mir überbringen. Oder auch etwas Anderes. Dein Freund Schubert.*

Er stirbt am 19. November. Seine letzten Tage müssen elend gewesen sein. Franz Schubert ist richtiggehend verreckt.

Ferdinand an seinen Vater: *Liebensw. Hr. Vater! Sehr Viele äußern den Wunsch, dass der Leichnam unsers guten Franz im Währinger=Gottesacker begraben werde. Unter diesen Vielen bin besonders auch ich, weil ich durch Franzen selbst dazu veranlasst zu seyn glaube. Denn am Abend vor seinem Tode noch sagte er bey halber Besinnung zu mir: Ich beschwöre Dich, mich in mein Zimmer zu schaffen, nicht da in diesem Winkel unter der Erde zu lassen; verdiene ich denn keinen Platz über der Erde?! – Ich antwortete ihm: Lieber Franz, sey ruhig, glaube doch Deinem Bruder Ferd., dem Du bisher immer geglaubt hast, u der Dich so sehr liebt. Du bist in dem Zimmer, in dem Du immer warst, u liegst in Deinem Bette! U Franz sagte: Nein, ist nicht wahr, hier liegt Beethoven nicht etc. – Sollte dieß nicht ein Fingerzeig seines innersten Wunsches seyn, an der Seite Beethovens, den er so sehr verehrte, zu ruhen?!*

Er wurde in einem damals üblichen Einsiedlergewand, ein Lorbeergewinde um die Schläfen, in einen reich bekränzten Sarg gelegt und am Währinger Ortsfriedhof beigesetzt. (Für einige Zeit zumindest.) Heute liegt dort vor allem ein eingezwängtes Baum- und Rasenstück, der „Schubert-Park" an der Währinger Straße oberhalb vom Bezirksamt, schräg gegenüber von Türkenschanzpark und Sternwarte, Blickrichtung Cottagegasse und auf ähnliche Nobelwege Wiens. Man schaut, ganz von oben, jetzt auf Wohnstätten für gediegene Bürgerlichkeit mit Kunstsinn, ohne dabei allzu große Musik-Verstörungen in sich selbst zuzulassen (und damit auch zu erdulden). Man nennt solche Menschen/BürgerInnen/BewohnerInnen aber gelegentlich so böse, wie man eben oft und gern in Wien redet, das „Musikvereins-Publikum", oder man apostrophiert sie nach den so berühmten wie appetitlichen Wiener Konditoreien als „Demel-, Gerstner- und Heiner-Klientel", man spricht von den „Genuss-Konservativen". (Und: Man „schaut" schon gar nicht mehr. Der sowieso sukzessive kaputt gemachte Park ist zu einer Dauerbaustelle für eine sukzessive zu erweiternde Tiefgarage geworden. Eine klaffende Wunde im Erdreich tut sich auf, eine, die sich nicht mehr schließen darf.)

Nachschrift (erzählend).

„Als wir dann die Schubert-Stätten besucht und uns auch in der Unvollendeten weidlich gefürchtet hatten, nachdem wir dann noch sogar die Kettenbrückengasse überstehen konnten und zu Schubert noch mehr Distanz bekamen, gingen wir nächtens an einen Würstelstand. Es gibt in dieser Wiener Institution fast alles, was ein Herz um diese Zeit begehren kann. Sie offeriert nicht nur einfach ‚Würstel' mit scharfem oder süß-saurem Senf oder gar mit klebrigem Ketchup. Nein. Es gibt auch verschiedene gebratene, balkanische, hellere, mit Käse versetzte, sehr lange schon warm gehaltene und zumeist in Scheiben geschnittene Wurstsorten. ‚A Haaße', so sagt das Nachtklientel – generalisierend – zu dem heißen Fleischbrocken. Aber wir standen vorerst nur verblüfft vor einer Palette sondergleichen. Dazu gibt es neben schlecht verpackten Süßigkeiten aber auch Brot und Biere und saure Weine und Liköre und klare Schnäpse. Wir aßen damals allerdings Leberkäsescheiben und tranken dazu ein paar ‚Spritzer', also mit Sodawasser aufgeschäumten Wein, aus Doppelliterflaschen kommend, aus so genannten ‚Dopplern'.

Es war übrigens ein Pferde-Leberkäse! Der Würstelstandler ließ im Hintergrund dauernd einen Radioapparat laufen. Deutsche Schlager aus den 60er Jahren kamen heraus. *Das Ende der Liebe* oder *Junge, geh nicht zu den Indios* oder *Pigalle, die Mausefalle von Paris*. Als wir ihn schüchtern um einen kurzfristigen Programmwechsel baten, drehte der Mann durchaus freundlich am Gerät. Nachtkonzert. Das Radio-Programm ‚Österreich Eins‘. Und. Man glaubt es kaum. Schubert, *Nachthelle*. Die Hymne auf die nasse Irratio. Impressionismus pur. Man muss aber währenddessen unheimlich auf der Hut sein, sich beim Hören der *Nachthelle* nicht unversehens warm und weich und mitten in die Kleidung hinein anzumachen und vollzupritscheln.

Klavier und ein Schein-Kastrat oben und Chor und die Jenseitslaute überhaupt und der Text dabei von so einem verrückten Spießer wie diesem Johann Gabriel Seidl.

> *Die Nacht ist heiter und ist rein,*
> *im allerhellsten Glanz.*

Und dann voll absurd weiter:

> *Die Häuser schau'n verwundert drein,*
> *steh'n übersilbert ganz.*
> *In mir ist's hell so wunderbar,*
> *so voll und übervoll,*
> *und waltet drinnen frei und klar*
> *ganz ohne Leid und Groll.*

Das begreift niemand, das macht aber nichts, es geht nämlich jetzt erst so richtig los:

> *Ich fass' in meinem Herzenshaus*
> *nicht all das reiche Licht,*
> *es muss hinaus, es will hinaus*
> *die letzte Schranke bricht.*

Huch! So ein Outing, so eine wilde Darstellung vom guten Sex und von dessen eruptiven Folgen!
Wirklich.
Unheimlich geil!"

207

Retour nach Ithaka

Alban Berg und der ver-komponierte Eros
von der Wiege bis zum Grabe

Ausgespuckt von der U-Bahn nach Westen.

Über die so genannte *Kennedy*-Brücke, den zentralen Wegeverteiler.

Über den Wien-Fluss.

Im Rücken bleibt der beinahe schon skurrile Mini-*Hofpavillon* der ehemaligen Stadtbahn (was nichts anderes ist als eine extra hingebaute kaiserliche Prunkstation zum Ein- und Aussteigen, hübscher Jugendstil, gedacht einstens für den Über-Papa Franz Joseph, von ihm nie wirklich benützt, um dergestalt vielleicht mittels der *Zug-fährt-Wiental*-Linie in sein sowieso ambivalent empfundenes *Schönbrunn* zu gelangen).

Jetzt kommt dann das opulente und nach Baden-Baden oder Semmering ausschauende *Parkhotel*.

Links geht es zum Palmenhaus und zum Tiergarten. (Sagte man in Wien „Zoo", dann würde man sich hierorts möglicherweise „etwas zuziehen".)

Gelandet im Unterstadt-Zentrum des Bezirkes Hietzing, XIII. Hieb; der Name jetzt: *Am Platz*. Dort steht erstens ein doppellebensgroßes schneidiges Denkmal für „Ferdinand Maximilian Erzherzog v. Österreich Kaiser von Mexiko", also die Erinnerung an einen der zwar seltenen, dafür aber umso kläglicher gescheiterten Österreich-Imperialismen im 19. Jahrhundert, sowie die, wie sie sich selbst nennt, „Röm. kath. Pfarr- und Wallfahrtskirche Maria Geburt". In der Kirche drinnen werden, trotz deren

Schmalheit, neben den Barock-Massen wieder einmal eine Lourdes-grotten-Madonnenkopie und eine Hochaltar-Gnadenmaria angeboten. Diese Muttergottes ist massiv in eine derartige Menge von Goldstrahlen und Silberblech eingehüllt worden, dass man solches nicht in einem vergleichsweise kleinen Wiener Nobelbezirks-Kirchlein, sondern zumindest in Tschenstochau oder in Mariazell oder in Loretto erwarten dürfte. Eine unglaubliche Frauenmacht dokumentiert sich in dieser Kirche, wie von selbst. Und – sie passt auch ganz gut hierher und rundum, die Frauenmacht, allerdings nicht immer so gemeint.

Abwarten!

Gelandet sodann beim *Dommayer*, keine 250 Meter abermals westlich, am Parallel-Platz und unterhalb des zweiten Straßen-Hauptverteilers im Bezirk. Es ist das eines der zu Recht legendären Wiener Cafés mit höchst gemütlich-anregendem Stilmischmasch-Interieur; es liegt schräg gegenüber vom Wiener Rindfleisch-Tempel des ehemaligen Hietzinger Bräu. Aber, es trägt einen musikhistorisch höchst bedeutsamen Namen. Es trägt ihn nicht ganz zu Recht, sondern vielmehr bloß als Erbteil. Das ursprüngliche *Dommayer* (*Dommayers Casino*), eines d e r Tanz-, Musik- und Vergnügungsetablissements Wiens außerhalb der Inneren Stadt und im 19. Jahrhundert, stand einige Häuserblocks davor. Er ist eine der Hauptproduktionsstätten für Joseph Lanner oder für Johann Strauß, den Vater, gewesen, also auch einer der Geburtsorte für die plötzlich aufgetretene und rapide anwachsende andere Form von Neuer Musik samt dazugehörigem Entertainment und Fan-Kult und Disco-Vorläufertum und damit für das, was später so hässlich als Unterhaltungs-Musik (als U-Musik) bezeichnet worden ist.

Vor dem heutigen und viel ruhiger gewordenen Etablissement hat man eine recht hässliche Strauß-Büste mit Tafel-Inschrift hingesetzt. „Sein Weg zum Weltruhm begann hier in Hietzing." Es geht allerdings dabei schon um den Sohn, um den Jean und den Schani. Denn auch dieser Johann, der Aufbegehrer damals gegen den strengen, eifersüchtigen, ihm die Musik kategorisch verbietenden Vater, debütierte bezeichnenderweise gerade dort, im alten *Dommayer*. Er tat dies als noch gerade erst 18-jähriger Kapellmeister und zugleich als Komponist. Es war das wohl eine der wenigen perfekten öffentlichen Inszenierungen dessen gewesen, was die Wiener Psychoanalyse ein paar Jahrzehnte später den inszenierten vorgetäuschten Vatermord nennen sollte. Es war die theatralisch ausgelebte Überwindung eines Ödipus-Komplexes. Aber, wie dann auch immer: Nach diesem 15. Oktober 1844 stand in der

Presse ein schöner und legendär gewordener Ausruf zu lesen, ein Wiener Musik-Motto für das nachfolgende halbe Jahrhundert, *Gute Nacht Lanner! Guten Abend Strauß Vater! Guten Morgen Strauß Sohn!*

Dort, wo Lanner und die Sträuße und noch ein Dutzend an anderen wichtigen Wiener Parademusikern vorgegeigt haben, stehen heute die Dependenzen des schon genannten Groß-Hotels und einige putzige Geschäfts-Läden, dazwischen breitet sich, voll im Beton, ein „moderner Einkaufsplatz" aus, würdig einer mittleren Stadt in Deutschland kurz nach dem Wiederaufbau. Früher, beim Lanner und bei den Sträußen und noch einem halben Dutzend an anderen Kapellmeistern und Komponisten und Animateuren, liefen hier rundum nur Sandstraßen. Im Sommer wehten die Staubfontänen. Im Winter war es entweder knöcheltief gatschig oder beinhart glatt gefroren, rundum dieses trotzdem fast immer ausverkauften *Dommayer*.

Aber auch im „neuen" Café ist's höchst passabel. Man bekommt neben weiterhin zu Fixzeiten offerierten kleinen Unterhaltungs-Konzerten auch eine Auswahl von Stadt-Spezialitäten angeboten. Sie sind billiger als in den Zentrums-Konditoreien und hervorragend zubereitet, aber, Wienerisch gesagt, „ohne Pflanz": Schinkenfleckerln, Erdäpfelgulasch oder Mohnnudeln, Marmorgugelhupf oder Haselnussstrudel.

Ein Rundweg. Unbedingt machen. Vom *Dommayer* hügelan, gegen den Uhrzeigersinn den *Schönbrunner* Park umkreisend, im Heute zwar, aber mit einigen Nach-Empfindungen, gar nicht unbedingt schief historizierenden, alles bloß ein wenig staunend.

Musik – Erotik – starke Frauen – und so.

Im Café ist gleich Sperrstund'. Eine letzte Melange, ein Fluchtachterl vom Zweigelt oder vom Frühroten. Dann entlanggeschlendert die Kreuzungslinien in ihrem kunterbunten Baustil.

Die verbaute Maxingstraße zieht sich beinahe schnurgerade hügelan. Auf halber Höhe fast, auf Nr. 18, wohnte seit 1870 Johann Strauß jun.

Wiener Blut ist hier komponiert worden, vielleicht auch noch manches Einschlägige für *Wein, Weib und Gesang*. Außerdem fabrizierte Strauß hier seine ersten Operetten. Und seine dritte, *Die Fledermaus* (rund heraus jetzt gesagt: überhaupt die allerbeste Operette und wahrscheinlich eines der fünf weltweit tollsten musikalischen Bühnenwerke, die insgesamt je komponiert worden sind), ist in der Maxingstraße in angeblich nur 30 Tagen konzipiert worden. Die Fama spricht sogar ehrfurchtsvollstaunend davon, dass Strauß und sein Librettist/Arrangeur/Ausarbeiter, Richard Genée, in der fraglichen Zeit eine geschlossene Fiaker-Kutsche angemietet hatten, welche dann, stets wartend vor den Kompositions-häusern (denn Genée wohnte beim Prater), die Skizzen- und die fertigen Partitur-Teile sofort und schleunigst hin und her zu transportieren hatte.

Rechts zweigt eine Gasse ab. Am Anfang ist sie schmal, niedrig, vor-städtisch und unspektakulär. Aber so nach zehn oder zwölf Häusern entwickelt sie sich nach den unvermeidlichen Gemeinde-Neubauten zu einer der schönsten in den Außenbezirken Wiens. Eine kleine Birkenallee beginnt im Labyrinth der Wege und in deren Bögen. *Trauttmansdorff-gasse.* Selbst unter Tags ist es hier still, manchmal wie ausgestorben, verwunschen. Die wenigen Menschen huschen nur wie bedrückt vorbei. Die *Trauttmansdorffgasse-Nummer 27*, ein Eckgebäude bezeichnen-derweise hin zur *Woltergasse*, erinnernd dabei an die ehemalige Thea-ter-Heroine mit dem Vornamen Charlotte, trägt eine kleine Tafel an der linken Hauswand:

ALBAN BERG KOMPONIST DER OPER WOZZECK
WOHNTE IN DIESEM HAUS

Stehen bleiben. Hier steckt (hoffentlich noch) so ein Ausgangspunkt für die Seele. Gerade jetzt und schon nach Mitternacht.

Katechismusgleich: Wer? Berg, Albano Maria Johannes (1885–1935), war einer der Größten. Großbürgersohn, aussehend wie der junge Oscar Wilde, ein bisschen Dandy, ein bisschen weich, hyperpoe-tisch, immer schon höchst musikalisch, sich verlierend, vom überstren-gen Lehrer Arnold Schönberg aufgefangen, geformt, zum Komponisten gemacht, dann zum Freund, dann zum beneideten Konkurrenten. Er war eine der zentralen Komponistenpersönlichkeiten des 20. Jahrhunderts. Wodurch? Wenige Werke. Doch die haben es in sich. Lieder, Klavier- und Kammermusik, Orchesterstücke, *Altenberg-Lieder, Der Wein, Kam-merkonzert, Lyrische Suite,* und dann die Opern, *Wozzeck* und *Lulu*, die bedeutendsten jeweils in ihrer Zeit, finaliter das Requiem-gleiche *Violin-konzert.* Und? Seit 1911 mit Helene verheiratet, geb. Nahowski, uneheli-che Tochter von Franz Joseph, dem Kaiser. Und? Eine der seltsamsten Ehen der sowieso diesbezüglich reichen Musikgeschichte überhaupt. Kennen gelernt: u. a. bei der Generalprobe zu Gustav Mahlers VI. Sym-phonie (genannt *Tragische*), erstmals gesprochen: miteinander an einem Karsamstag, näher gekommen: sodann während einer *Zauberflöten*-Auf-führung (das ist jene Oper mit dem Refrain in einem Duett „Mann und Weib, und Weib und Mann, reichen an die Gottheit an"). Und so fort. Berg schreibt über 100 schmachtende Lieder und noch mehr ähnliche Briefe, geht mit dem Mädchen (Charakterisierung Peter Altenbergs: „wie eine riesige hohe schlanke aschblonde russische Studentin … ein Königgrätz ohne Schlachtendonner") häufig in *Tristan und Isolde*. Und so fort.

Berg vertont die Dichter seiner Zeit, sieht sich in Rilke voll bestätigt (*traumgekrönt* vom *Tag der weißen Chrysanthemen* vor deren *Pracht einem bangt*, vom Verweilen *im Arm der Liebe*). Berg schreibt Musik über Hebbel, Mombert, Storm und viele andere. Er mag Kraus und Kokoschka. Er kann das alles hier in Hietzing künstlerisch in sich nachvollziehen, wenn er nur will. Er will dauernd. Die Menschen dort und damals, Innovative, Fin-de-Siècle-Typen, Wohlhabenheit, Aufbrüche ohne zu wissen: „Warum und Wohin". Wagner? Aber ja, noch immer entscheidend, für wen denn auch nicht, damals. Brahms, Nationalisten, Wedekind, Hauptmann …? Auch, natürlich, damals. Mit Freud hat man während der Kärntner Sommerfrische Garten an Garten logiert. Mahler ist Abgott und Schmerzensmann, die Spätromantik noch voll präsent. Aber dieses deutsche Bayreuth mit dem besuchten *Parsifal* ist für Berg schon ein „leerer Wahn".

Vorsicht! Über Berg gibt es viel zu erzählen, und zwar auch jenseits seiner Musik, viel, sehr viel auch im individuellen, im höchst privaten Feld des Eros. Und einiges wurde schon erzählt darüber, auch bereits viel publiziert. Spannendes, „Saftiges". Für Voyeure. Bloß – es vermittelt das schürfende Erzählen Einblicke, sogar in seine Musik.

Dennoch: Vorsicht!

(Aber es nützt sowieso nichts.)

Hier in der *Trauttmansdorffgasse*, vielleicht des Nachts, ein paar Häuserblocks von der *Fledermaus-Wiener-Blut*-Geburtsstätte entfernt, was ist da nicht alles erlaubt weiterzuerzählen? Ja, mehr noch, was vertieft damit, vielleicht oder sogar, das Hören seiner Musik?

Illustriertengleiches Ausplaudern: (Erich-Alban Berg, Neffe von Alban, Wiener Original nach dem II. Weltkrieg) „Im Herbst 1911 bezog man die Wohnung … Bergs einziges Wiener Domizil bis zu seinem Tod. … Hochzeit … die Neuvermählten verabschiedeten sich nach der Hochzeitstafel voneinander, worauf Alban mit seiner Mutter in die alte Wohnung … fuhr. Der Hausmeister dort, so Helene Berg zu mir, habe nicht schlecht gestaunt, als er Bräutigam und Mutter das Haustor öffnete! Helenens Vater wiederum war befriedigt, seiner Tochter in seiner Villa eine einsame Hochzeitsnacht bereitet zu haben. In den späteren Jahren hat sich das Verhältnis zwischen Nahowski und Berg gebessert." Berg, zeitlebens immer wieder allein bleibend auch in der Steiermark und in

Kärnten lebend und arbeitend, wird Mitwirkender des legendären Skandalkonzerts im Wiener Musikverein März 1913, wird in seiner Orchestermusik den Krieg vorausahnend beschreiben, wird während des Krieges am *Wozzeck* komponieren. Die Ehe bleibt anhimmelnd-wüst.

Von der Nummer 27, wo auch die etwas seltsame Berg-Stiftung samt Büro und Forschungsstätte untergebracht sind, geht es durch die *Gloriette-Gasse* zurück zum Hügelanstieg oberhalb der *Fledermaus*. Schade. Man wäre noch so gern zuvor in die kleine Parterre-Wohnung hineingekommen! Aber man darf selbst nach Anmeldung und mit einem ausgewiesenen und daher scheinbar doch durchaus wenigstens irgendwie berechtigten musikwissenschaftlichen Interesse kaum je hinein. Es sind zuvor Bewilligungen einzuholen, als wollte man mindestens aus Seoul nach Nord-Korea. Drinnen erwartete einen dann (zur Belohnung bloß?) eine schmale, im Grunde nur aus zwei richtigen Zimmern mit Nebenräumen bestehende Wohnung, in der Möblage des Jugendstils noch fast gänzlich erhalten. Mit Bergs Klavier, mit der Bibliothek, dem Schreibtisch, den persönlichen Gegenständen (Helene hat ihren Mann mehr als 40 Jahre dort drinnen überlebt). Allein, es darf fast niemand nachschauen, sich dort der Atmosphäre hingeben. Das ist einerseits gut so. Bergs kleines Domizil wäre bald überlaufen. Und dennoch. Eifernd, wütend, herrschsüchtig, lauernd sind die Vermächtnis-Verwalter. Angst herrscht wohl, man könnte etwas über den Alban Berg herausbringen und publizieren, etwas, was nicht der öffentlich gemachten, erlaubten und daher zu glauben anbefohlenen Meinung entspricht. Schließlich ist das ja schon so oft passiert! Ein intimes Schreiben nämlich über den Alban Berg, aber anders als das die offiziellen Wissenschafts- und Künstler-Bulletins so zuzulassen geneigt sind.

Dabei wäre es – ach, Eros auch schon vor der *Trauttmansdorffgasse* 27, tags wie nächtens – doch wirklich nicht so unschön, einfach hineinzugehen. Allemal den Duft post Alban, dem Raucher, irgendwie noch zu verspüren (auch beinahe 70 Jahre nach seinem Tod). Durch die Zimmer zu schlendern. In seinen Partituren und Büchern mit den wahnwitzig vielen und bezeichnenden Annotationen zu blättern. Vor's Klavier sich hinzustellen, vor den „Familien-Safe". Oder unter das Mahler-Bild. Oder sich gar neben Bergs Arbeitstisch zu kauern. Dabei manchen still-heftigen Produktionsprozess von einst nachzuempfinden. Erich-Alban Berg: „Wenn Onkel Alban in der Früh' aufgestanden ist … viel schwarzer Tee … die Morgenzigarette schon am Schreibtisch … drüben, noch im Schlafzimmer, durch einen leicht klaffenden Türspalt sichtbar … Helene im Negligee … sie kämmt sich die langen, blonden Haare … er holt sich dabei, beobachtend, seine Inspirationen für den anstehenden Kompositionstag … sie kämmt, sie kämmt, kämmt … und sei's auch eine halbe Stunde lang …"

Und doch war alles auch ganz anders. War es ja mehr.

Frau Helene hat posthum immer behauptet und geschrieben, mit ihrem Alban in ausschließlichen Jahren des Glückes und der absoluten Seligkeit gelebt zu haben. Sie versuchte bis ins hohe Greisinnen-Alter, jede Publikation über Berg (vor allem Analysen und Brief-Ausgaben) einer strengen und höchst einseitigen Zensur zu unterziehen. Ihr Mann trug sie tatsächlich „auf Händen". Auf seine Weise. Er umschmeichelte sie in steter Besorgtheit (so die beiden überhaupt miteinander über längere Zeitspannen lebten). Seine schöpferische Potenz zog er auch (oder vor allem?) aus geheimen, verzweifelten, hypertroph vorangetriebenen Liebschaften. Manche Frauen, so Jahre hindurch die Prager Industriellen-Gattin Hanna Fuchs-Robettin, verehrte er – von fern vor allem – als, so Berg, „ewige, unsterbliche, einzige Geliebte". Und er, der Komponist, jetzt als der Symboliker und höchst Kenntnisreiche der schon fast 1000-jährigen Geschichte der europäischen Musik-Rhetorik und -Bedeutungslehre, verbarg in jedem Takt seiner Komposition mit Ziffern- und Buchstaben- und Ton- und sonstigen Anspielungsformen, mit hintergründigen Relationen und in Augenmusik, seine Emotionen, seine Leidenschaften, vor allem aber alle Fakten des Ausgangspunktes für diese Art von Komposition selbst. Allein, wer das weiß und nachvollzieht im und vom Notenbild, der/die lernt Alban Berg erst richtig kennen und seine Musik neu zu verstehen. Weiß man aber nichts davon, dann tut das dem Kunst-Rezipieren keinen Abbruch. (Die Musikästhetik sagt dann beharrend und zu Recht: Daran erkennt man wirklich große Kunst.)

Es gibt schon Leute, immer noch, die könnten Bücher schreiben über die Voraussetzungen zwischen so einer Neuen Musik und Eros, auch von so einem kleinen, lieben, zarten, bilderbuchgleichen Eros. Anhand des Alban Berg und seiner Frau überhaupt. Oder, wie eben behauptet: „… ganz anders. War es ja mehr … " War ja noch mehr?

Sie tun es nicht, die meisten Berg-Analytiker und -Biographen. Sie tun es höchstens höchst behutsam. Sie schweigen viel. Besser so.

Weiter durch die *Gloriette-Gasse*. Schönberg hat hier während des I. Weltkriegs kurzfristig gelebt und unterrichtet. Es geht nun aber wirklich und zügig bergan (also hinführend zum inhaltlich fast nutzlosen, gleichnamigen Gipfel-Teil der *Schönbrunner* Prunk-Schlossanlage). Noch

schräg oberhalb des Strauß-Domizils preist sich ein „Zentrum für Grab-steinkunst" selbst an. Ein wenig weiter oben wirbt noch das Steinmetz-und Gräber-Bronzewaren-Zentrum namens „Schubert".
Rechts kommt der Gipfel des *Küniglberges* heraus. Wien liegt näm-lich auf Hügeln. Heute schon viel besser erkennbar als im Falle Roms. Und dieser Gipfel (261 Meter hoch) ist die Top-Erhebung jenes Rü-ckens, den man für *Schönbrunn* und den *Fasangarten* und östlich be-grenzend den ehemaligen *Tivoli* gewählt hatte. Am *Küniglberg* steht auch das Fernseh-Hauptgebäude Österreichs, das *ORF-Zentrum-Wien* (und das ist hier oben auch ein bisschen zum Leidwesen der stolzen Mit-arbeiterinnen und Mitarbeiter des modernen Medien-Zentrums situiert; der Grund des Schmerzes: der Name klinge so täppisch, so lächerlich, ja so assoziativ; dergestalt klagt man auch noch nach 30 Jahren; er, der „Berg", erinnere an die Wienerischen „Künigln", an die blöden Hasen). Trotzdem, der „Berg", so die assoziativ und sicherheitshalber gewählte, damit bewusst den Spott einschränkende Bezeichnung, war und ist so etwas wie ein kleiner Musik-Hauptplatz für die ganze Welt. Österreich

galt ehedem zu Recht bei der Entwicklung von neu komponierten Fern-seh-Opern als weltweit führend. Wien war einst auch ein Zentrum für Innovationen bei der TV-Produktion oder -Aufzeichnung von Musikbüh-nen-Ereignissen, von Konzerten, von verfilmter Musik. All das ist im Zeit-alter der Video-Clips weitgehend uninteressant geworden. Und in Wien hat man daraufhin überhaupt gleich seine ganze diesbezügliche Kreati-vität weggeschmissen und die einschlägigen Kreativen mehr oder weni-ger aus dem Land vertrieben. Was blieb, das ist die jährliche Übertra-gung des Neujahrs-Konzertes der Wiener Philharmoniker aus dem Großen Saal des Wiener Musikvereins (und dadurch eben auch auf-grund der Leitungen und der Satelliten-Schüsseln ein ausgestrahltes Ereignis vom und durch den „Berg"). Man schmeichelt sich, somit und jeweils am 1. Jänner jeden Jahres das meistgesehene Musikprogramm dieser Erde anzubieten und verkaufen zu können (trotz *Madonna* oder Herrn *Jackson* oder den *Rolling Stones* oder täppischem Europa-ge-und-vereintes-Volksmusik-Glück). Ja, noch etwas, auch wieder die Na-men, Orte, Bezeichnungen betreffend. Das *ORF-Zentrum-Wien* erhielt seinerzeit, bei der Baufestlegung, zufällig als Adresse eine aus den mehr oder weniger willkürlich dort existierenden Straßen. Die Wahl fiel damals auf die recht unscheinbare und zu Missverständnissen Anlass gebende *Würzburggasse* (was die Wiener Medien-Anstalt dann gern als An-hängsel Deutschlands vermuten lässt). Man hat sich nicht um die wie eine Achse vorbeiziehende *Elisabethallee* gekümmert und damit bezeichnenderweise (und im Endeffekt nicht so unrichtig) kein *Sisi*-Medienzentrum ermöglicht. Denn die weiland ermordete vorletzte Kaiserin Österreichs und der damals größten Monarchie der Welt, gern und falsch und gefördert vom Romy-Schneider-Film als *Sissi* tradiert, spielt noch immer eine Hauptrolle in Wien und Österreich. Es wäre aber tatsächlich eine wahrhaft kulturelle Höchstleistung gewesen, die Postadresse (der Bedeutung des Gebäudes nach ein Prominenz-Platz für schätzungsweise jährlich Millionen an Brief- oder Mail- oder sonstigen -Stücken) an ein nahe vorbeiführendes Sträßchen (Wienerisch ausgedrückt: an ein „schäbiges Wegerl") zu vergeben, an den *Alban-Berg-Weg* knapp drunter. Man hätte so, stadtplanerisch, der Bedeutung des Komponisten endlich einmal entsprochen. Es sollte nicht sein. Weil? – Wien ist überhaupt anders. Besonders deutlich wird das beim so genannten Verkehrsflächen-Benennen. Politiker, Bezirkskaiser und Gemeindefunktionäre erhielten fast generell Repräsentativeres. Mozart bekam nur einen verpflasterten Platz, nachdem man dort ein Theatergebäude abgerissen hatte. Freud erhielt erst weit mehr als 100 Jahre nach seiner Geburt einen Beserlpark zugesprochen. Nach Johann Strauß hat man gerade noch eine schmale Straße benannt, weil dort sein – ebenfalls abgerissenes – letztes Logis gestanden war. Beethoven bekam einen Steig; Schönberg überhaupt nichts von Bedeutung; Webern dann einen winzigen Vorhof, als man, kurz vor 2000 erst, dort (im 3. Bezirk) und in den Gebäuden der aufgelassenen Veterinärmedizinischen Hochschule die Wiener Musikuniversität (immerhin die weltweit größte diesbezügliche Akademie) einquartiert hatte. Nur Franz Schubert durfte im Wiener Haupt- und Staats- und Prachtboulevard, der *Ringstraße*, ein Stückerl abbekommen. Er teilt sich so etwas aber mit einem ganz nahen *Robert-Stolz-Platz* und dann (wie schon anderwärtig beklagt) mit einem, etwas zum antisemitischen Rechtsextremismus hin liebäugelnden, Wiener Star-Bürgermeister, dem noch allemal höchstverehrten *Dr. Karl Lueger*, auch er übrigens aus dem Fin de Siècle der Stadt.

Dem *Küniglberg* gegenüber liegt einer der vielen Wiener „Gottesacker" von Prominenz, der *Hietzinger Friedhof*.

Oben hinaufgekommen schaut man von hier schon hinüber in die südlichen Weinberge rundum, auf einen Teil des Wienerwaldes und bei Föhn bis nahe Mödling und auf den *Anninger*, auch einen der Wiener Hausberge (übrigens mit einer streckenweise für Mitteleuropa noch einmaligen Orchideenblüten-Vegetation). Des Nachts, wie jetzt vielleicht, steht hier oft und gern der Erdtrabant über den sonstigen flachen Wiener Stadt-Bergerln. Man darf sich einreden, er vermittelte gerade hier mehr Poesie-Gefühle und Zitier-Anlässe als sonst wo.

Schau', der Mond.
Ausgeliehen vom
Caspar und vom
David und vom
Friedrich.

Der Besuch der Hietzinger Totenstätte lohnt aber auch für Nicht-Friedhof-Freaks und sicher allemal. Sie, die Stätte, reicht zwar nicht an die musikalisch weltweit einmalige Prominenz des *Zentralfriedhofes* heran, aber immerhin. Sie hat es in sich.

Nächtens, so wie jetzt vielleicht, beherbergt sie sogar ein wenig den Klangzauber aus dem Umliegenden (wenn man das sich bloß wunschvoll einbildet, aber das ist nicht schwer hierorts). Am Tag sollte drinnen spazieren gegangen werden, um zu beobachten, zu betrachten, vielleicht ein wenig über die feudalen Parks hin und zwischen den Ästen nach Wien hineinzuschauen.

In der höchst freundlichen Verwaltung gibt es gratis ein Gräber-Verzeichnis für „berühmte und bekannte Verstorbene". Die über 150 Personen umfassende Liste ist überaus vielfältig, bunt, ein Spiegel der österreichischen Vergangenheit und aufgrund der Wirkungsweise der dorten Liegenden auch der österreichischen Seele. In Auswahl: Heinz Conrads (Wiener Bühnen- und Kabarett-Star der sentimentalen Abteilung), Ernst Zwilling (Afrika-Forscher), Robert Hochner (Fernseh-Legende), Engelbert Dollfuss (Ständestaat-Bundeskanzler), Alexander Lernet-Holenia (Schriftsteller), Mitzi Zwerenz (Operettensoubrette), Gerhard Hanappi (Fußball-Legende), Wladyslaw Dziunius Rath (angegeben als: „Schindlers Liste Nr. 231"!?), Franz Grillparzer (Dichter, einschließlich seiner „ewigen" Braut/Geliebten, Kathi Fröhlich, und einschließlich wiederum deren vor allem weiblichem Familienanhang), Katharina Schratt (Schauspielerin und Kaiser-Busenfreundin) und so weiter. Aufgrund aber der Tatsache, dass auch einige Prominente jüdischer Abstammung hier liegen, finden es sukzessive die Antisemitismus-Rowdys Wiens für angebracht, auf das Trottoir vor dem Friedhof Hakenkreuze hinzusprayen. Die bestatteten Musiker stehen sodann an Masse und Wichtigkeit nicht nach: Persönlichkeiten aus der Strauß-, Hellmesberger- und Marischka-

Familie, Gottfried von Einem, Bruno Granichstädten, Ex-Theater- und Ex-Operndirektoren und so weiter. Der Hauptweg, als Kurz-Radius durch das elliptische Gebiet, zieht sich noch ein wenig den kleinen Hügel hinauf. Dann sind wie durch ein Tor einerseits die Familiengruft derer von Karczag (Schriftsteller, Bühnenkünstler, Theater-an-der-Wien-Leiter) und gegenüber der wuchtige und geradezu niederhauende Stein für den österreichischen Feldmarschall und einzigen Seeschlacht-Sieger seiner Geschichte, Franz Conrad von Hötzendorf, zu passieren. Schlussendlich: links; beinahe zur Mauer hin; abermals links; Nummer *49-24F*. Ein schlichtes rotbraunes Holzkreuz, nur Efeu und wilde Erika, Marmoreinfassung, das Grab sehr schmal, nicht einmal so breit wie ein Doppelbett, seine „Schausicht" über den Park hinweg, die Aufschrift am Kreuz dargestellt in der vom Verstorbenen einstens entwickelten so genannten „Bretzenschrift": *Helene Berg Alban Berg.*

Katechismusgleich: Alban Berg verstarb am 23. Dezember 1935 kurz vor Mitternacht. Die „23" war seine Lebens- und Angstzahl. Die Wissenschaft irrt, wenn sie ihn – vielleicht liebenswürdigerweise – erst am 24. ableben lässt. Zuvor ist er eine europäische Berühmtheit gewesen. Nach dem *Wozzeck*-Triumph, nach 1925, war er einer der Gefragtesten in der Neuen Musik überhaupt. Er konnte sich vom Komponieren sogar ein Anwesen am Wörthersee kaufen. Nach 1933 verlor er seinen Hauptmarkt, das Deutsche Reich. Er galt, auch ohne Jude zu sein, als entartet und „würdig" verfemt zu werden. Der angeblich noch liberale und heimatliche Ständestaat ließ „seinen" Berg aber „seiner"-seits sofort fallen. Freunde hielten ihn noch für einige Zeit über Wasser. Er komponierte weiter. Das *Violinkonzert*, ein Auftragswerk, aber nicht von/aus der Heimat, genauso wie auch das Riesenprojekt der *Lulu*, wurde, obwohl scheinbar nur in der Erschütterung über den plötzlichen Tod Alma Mahler-Werfels Tochter, Manon, geschrieben (*Dem Andenken eines Engels*), zur eigenen Trauermusik mit voll hineinkomponierter Biographie. Berg verbrachte seinen letzten Sommer im Kärntner Haus (es war dort billiger zum Über-Leben, Helene war nicht dabei, sie kurte viel in diesen Jahren). Er zog sich Infektionen zu. Er hatte kein Geld für Behandlungen, kam nach Wien zurück, man ließ ihn offiziellerseits mehr oder weniger verrecken.

Schluss aus Bergs letztem Brief aus dem Süden, an Helene, scheinbar voll Übermut (er hat seiner Frau, bei eigener Abwesenheit, oft mehrmals täglich geschrieben): „… gestern noch circa zwei Stunden an der Partitur geschrieben … herrlich genachtmahlt (Resteln), Requiem von Mozart gehört … Wetter trüb, kein Nebel! Der See geht verkehrt! …"

Am 28. Dezember wird er hier oben am Hietzinger Friedhof beigesetzt. Viel Prominenz aus der Neuen Musik ist dabei. Keine Kinder stehen am Grab. Seine (je vollzogene?) Ehe war ohne Nachkommen geblieben. Und Helene blieb damals überhaupt gleich daheim. Offizielles Bulletin: allzu große Erschöpfung. Andere Beurteilung (Erich-Alban Berg): „Die Tant' Helen' hat ausgenützt, dass alle seine Kollegen am Grab sein mussten. Sie konnte die Wohnung durchsuchen, sie schaute nach, ob sie Liebesbriefe Bergs an andere Frauen finden würde. Und! Plötzlich läutet es. Vor der Tür steht eine junge Frau mit den Worten, ,Ich möchte gar nichts. Ich will nur schauen, wo er gelebt hatte und ob er es gut gehabt hat bei Ihnen.'"

Sie war ein uneheliches Kind von Alban Berg, von ihm gezeugt, noch als Heranwachsender, mit einer Hausangestellten, auf Sommerfrische. Marie Scheuchl (das „Miazale") hieß die junge Frau. Berg hat ihr im eben biographisch nachzeichnenden *Violinkonzert* ein Denkmal gesetzt. Er zitiert in der Komposition nämlich nicht nur Bach („O Ewigkeit, du Donnerwort") oder strukturiert jeden Takt mit Geheimzahlen-Proportionen oder Buchstaben-Tonkombinationen aus H-A-nna F-uch-S oder A-lban B-er-G oder H-E-lene und so fort, sondern er verwendet discantus-firmus-gleich auch ein Volkslied, wo etwa die Text-Zeile vorkommt: „… sist (= beinahe) hiatt i (hätte ich) verschlafn in der Miazale ihrn Bett …" In Anwesenheit von Frau Helene ist später niemals darüber geredet worden.

Aber das war, jenseits von Helene oder den Adoranten, bloß ein Beginn im Neu-Analysieren. Die Musikwissenschaft besitzt beispielsweise auch zur Komposition *Lyrische Suite* (ein sechsteiliges Streichquartett, vielleicht das beste des 20. Jahrhunderts überhaupt) ein Wort-Programm, von Alban Berg selbst verfasst. Plötzlich wurde es „gefunden". Posthum gezielt bekannt gemacht. Hierin erzählt er detailliert die in der Partitur nur in Tönen geschilderte Geschichte seiner Liebe zu Hanna, sein Verzichten, die Delirien nachher, seine *de-profundis*-Klagen.

Helene hingegen hat später bloß oft und gern und detailliert und sogar vor Mikrophonen einen anderen Teil aus ihrer Familien-Geschichte referiert. Sie erzählte vom Kaiser, von ihrem leiblichen Vater also, dem Vater auch ihres suiziden Bruders, Franz Joseph oder Franz/Frank/Franzl, schilderte auch gern und voll Genuss die Umstände, welche jedes Mal gemacht werden mussten, damit der Kaiser die im Anschluss-Garten zu *Schönbrunn* lebende und verheiratete Frau, ihre Mutter, im Freien oder im Salettl und in aller Frühe treffen und körperlich lieben konnte. 16 Jahre hindurch angeblich.

Weiter im Bogen um die Kaiser- und Toten-Stätte. In diesem *Schön-brunn* gibt es nicht nur Palast und Gloriette und riesige gezähmt-beschnittene Parkanlagen und Teiche und künstliche Ruinen und ein kleines, witziges Rokoko-Schloss-Theater, sondern auch einige Wirtshäuser (bezeichnenderweise einen *Tirolerhof*), sowie den ältesten Tiergarten der Welt mit zum Teil noch erhaltenen barocken Gehegen. In seiner Grausamkeit der Fauna gegenüber aber voll mit Tieren aller Art (zwischen Affen und Zebras) ist er noch immer einer d e r Anziehungspunkte im Wien-Vergnügen.

Es geht an der *Klimtgasse* vorbei. Ein „schäbiges Gasserl" auch das. Und die Außerordentlichkeit des Trägers bestätigt wieder einmal mehr nur jenes zuvor durchschaute, allein schon bei der Verkehrsflächen-Benennung gar so „andere und sehr seltsam gewichtende Wien". Oder, härter gesagt: Die Stadt fand/findet es noch immer nicht der Mühe wert, ihren „Heroen" à la Klimt und Schiele und Zemlinsky auch, oder Krenek oder Schnitzler oder Doderer (und, und …), eine anständige Allee oder gar etwas Boulevard-artiges zu widmen. Man stelle sich so etwas in Frankreich oder Spanien oder in Südamerika vor!

Glückliche naive und überaus lächerlich-großartige Stadt!

Die Groß-Kaserne folgt, benannt nach der Über-Kaiserin *Maria-Theresia*. Noch in den 50er und 60er Jahren des 20. Jahrhunderts gab's hier ein Militär-Gefängnis, in dem man auch drei Tage lang ohne Anhörung festgehalten werden konnte.

Die Nacht gibt viele Gedanken während so einer Wanderung. Und ihr Bogen reicht nun schon über die 300 Grad hinaus.

Rundum die Profan- und Be-Wohn-Bauten. Kaum mehr mit erleuchteten Fenstern. Dahinter Kinder und Haustiere. Vor allem aber angstvoll-verkrampfte Männer, bedacht ihre zugedachten Macho- und Kämpfer-und Trinker-Rollen auszufüllen, beinahe auch noch im Schlaf. Und angst-voll-entspannte Frauen, sich wie stets gespiegelt erlebend, beinahe auch im Schlaf, in ihrer Vertrocknung, im Blut, von Samen strotzend voll. Traumgekrönt. Es sind Lager und Verstecke für die Betten des Vollzuges, des Bruchs und der Verbrechen, der Empfängnis und der Geburt, für Müdigkeit und Tod.

Musik immer noch allüberall. Auch die ganz stille.

Vielleicht singt man in solchen Situationen einander ein bisschen und leise vor:

Sindbad der Seefahrer und
Rindbad der Reefahrer und
Windbad der Wehfahrer ...
Wohin ...

Ja, übrigens: Und im großen Abschluss-Bogen nämlich ist die Anhöhe des ehemaligen *Tivoli* zu erreichen. Von hier führt eine vielspurige Schnellstraße steil wieder hinunter und zu den Ost-Toren von *Schönbrunn* und den Grenz-Bereichen Hietzings.

Aber oben, am *Tivoli*, bezeichnenderweise unterhalb der *Stranitzkygasse,* gab es vor allem nach 1830 den wichtigsten Vergnügungspark am Wiener Stadtrand. Die Konzertproduktionen und die Belustigungs-Möglichkeiten dort sind legendär geworden sowie als solche auch tradiert. Und die Musiker der Zeit komponierten natürlich neue Stücke für den *Tivoli* und seine Etablissements. Von allerhöchster Prominenz dabei: Johann Strauß, der Vater, sein Opus 45, *Tivoli-Freudenfest-Tänze*, besonders aber zuvor noch das Opus 39, *Tivoli-Rutsch-Walzer.*

Hintergründe dafür, katechismusgleich: Es gab am *Tivoli* nicht nur Kasperliaden und Gasballone, Feuerwerke und Galanteriegeschäfte, Karussellbauten und Konzertpodien. Die Sensation 1831: Schlittenwägen, eigentlich bemalte Holzrollwagerln! Auf einer befestigten Bahn konnte man in mehreren Kurven mittels kleiner 2-Personen-Gefährte sich „mutig und im Gegenwind hinunterlassen". Der Andrang und der Erfolg sind nur mehr mit späteren Hyperraketen-Todeskreisel-etc.-Belustigungen vergleichbar. Mann und Weib (und Weib und Mann) nahmen also Platz, festgehalten aneinander!, die Angst unterdrückt!, ein bisschen aufgeschrieen, und ab ging die Post. Der gewitzte Strauß hat das alles ein wenig nachkomponiert. Vor allem jene Rutsch-Punkte mit notwendig sich dabei einstellenden höchst delikaten Vorfällen (wegen denen – nebenbei gesagt – die Rutschbahn ja vor allem und auch in Zuschauerkreisen so einen nachhaltigen Erfolg erzielte): Der Fahrtwind, ach, der Fahrtwind, er machte natürlich vor den bodenlangen Röcken der jungen Frauen nicht halt, was aber wirklich respektlos gewesen ist!, und er entblößte die Damen doch dergestalt, dass gelegentlich schon ihr Wadenbein-Ansatz oder ein zartes Fuß-Knöchelchen sichtbar wurden!

223

Ungeküsst
soll
man
nicht
schlafen
geh'n

eine Nacherzählung während einiger Musikfilme, erlebt im Kino

Wir sind noch im *Hawelka* gewesen. Ein Wiener Kaffeehaus nur mehr im Stadium der verehrungswürdigen Legenden. Weit nach Mitternacht gab's die frischen Buchteln (und sie wurden trotz der Gier der sonst rundum Harrenden in gefügiger Anzahl ergattert). Dazu saurer Rotwein. Ein bisschen was anderes, schales, auch noch konsumiert. Egal. Erzählt bekommen. Von früher und hier. Wie immer. Über's beste Künstler-Treff Mitteleuropas, also der ganzen Welt. Von der Chefin für Sekundenbruchteile mit individueller Aufmerksamkeit bedacht: eine Auszeichnung, höher anzusetzen als die Zuerkennung der Wiener Ehrenmedaille in Gold oder Silber.

Der Graben bleibt diesmal im Rücken. Durch die Dorotheergasse geht's hinaus. Am *Doblinger* vorbei, an einer d e r Wiener Musik-Institutionen: Verlag für 2/3 der „Modernen" der Stadt, zugleich das größte Musik-Antiquariat Österreichs und überhaupt das einschlägige Noten- und Schallträger-Geschäft; aber ach, was heißt da noch „Geschäft"?, ein Spezereien-Laden für den Klang ist das, eine Offizin für den sinnlichen Geist, ein Comptoir für alle wichtigen Stimmen und Partituren dieser Welt.

Und?

Jetzt?

Jazz? (Wien ist doch keine Jazz-Stadt und hat gerade deswegen seine diesbezüglichen Festivals, sogar im heiligen Staatsopernhaus. Aber die Sache bleibt sonst jeweils ein Geheimtipp. Die Wiener Spitzen-

Jazzer spielen außerdem so völlig anders als diejenigen in den Metropolen sonst. Es ist die Form des „grantigen" Jazz. So wie der Wiener Hip-Hop oder Ähnliches auch eher „mühevoll-grantig" heißen muss. Jetzt wäre es von Vorteil, sich von irgendwoher gute Tageszeitungen schnappen, Anzeigen- und Watchlist-Abschnitte lesen. *WUK, Arena, Chelsea, U4, Metropol* sogar, *Volksgarten* – dort übrigens, wo Strauß und Lanner die Disco erfunden haben? Oder: In's *Porgy & Bess* rennen – die Gegend, wo vor dem befreienden 1968 und der Beate Uhse das softigste Quasi-Porno-Kino war.)

Stille.

Augustinerkirche (da haben immer die Kaiser geheiratet), wieder Albertina, Stadtpark, Museumsquartier (bei Nacht schaut der Riesenplatz davor aus wie ein unbenützter Rangierbahnhof oder eine stillgelegte Formel-1-Boxenstraße), Volkstheater (baulich Mutter für und Parodie zugleich auf alle Provinztheater), viele Straßen-Kreuzungen, dahinter leicht abstürzend:

Zwischen barockisiertem Ringstraßen-Glück, Ministerium-Teilen im Zuckerbäckerstil und Bürgerprotz finden wir fast eingezwängt und beinahe am Boden kauernd ein Kino. Nein, wiederum nicht „ein" Kino, sondern d a s Kino, voll existent und „im Schuss", trotz des Sterbens von Lichtspieltheatern allüberall. Und auch „das" ist eine Wiener Musik-Institution, das *Bellaria-Kino*.

Klein. Ein paar Stufen hinein. Stehen gebliebene Zeit. Verschlafen und zugleich voll mit dem Eros des Verschlafenen. Erinnerungen und Nostalgie. Und dabei wieder noch ganz anders. Tatsächlich. Wir sollten diesen Punkt nicht verkennen und bloß mit liebevollen Epitheta verzeihend voll stopfen. Es wird hier ein Schatz der Wiener Musikgeschichte gehütet und gepflegt, ja gleich einem Gral be-hütet, sozusagen (vgl. den Gral und sein Monsalvat und so weiter) auf Dauer „im Amte bereitet und in Abständen zur Erbauung und Lebenserneuerung einer großen Schar von Eingeweihten enthüllt".

Das *Bellaria-Kino* offeriert vor allem Filme aus der „guten alten Zeit", die Gegenwelten und Familiensagas, die Blödelstreifen, die Österreich- und Wien-Dramen, alle kaum realistisch geschweige denn naturalistisch in Inhalt, Aussage und Fabel.

Aber, das macht nichts. (Die entsprechend riesigeren etwa Amerika-Schinken zwischen ihren Sternenkriegen und jedes Jahr mehrmals die Erde rettenden Agenten sind ganz ähnlich gebaut und dramaturgisch gefasst.)

Nur: Diese Filme (von Wiener, österreichischer, gemixt deutscher und vielfach NS-Provenienz aus etwa 1935–1960) haben oft eines gemeinsam, was sie von jeglichen Produkten sonst in der Welt unterscheidet. Es sind Filme mit Musik, eingebettet in Musik, Operetten mit scheinbar aktuellen Handlungen, gerafft dargestellte Geschehen, wo es gestattet ist, alle rund 6 bis 8 Minuten quasi stehen zu bleiben, innezuhalten mit der Handlung, in Musik (in Gesang, in Ensembles) abzuheben, und das alles ohne damit den Gang dieser Handlung zu kommentieren, infrage zu stellen, voranzutreiben oder die sonstigen Mitwirkenden irgendwie zu verwirren. Einfach so. (Einwurf: Ja, natürlich, aber das machten andere, vom Herrn Minelli bis zum Herrn Astaire etc., doch auch so. Und dann gibt/gab es doch noch Frankreich mit Resnais oder dem *Regenschirme*-Film oder gar die deutschen Spaß-Verordnungen bis zu den Herren Erhardt und Alexander und Bertelmann im deutsch-postfaschistischen Jux? Ja, trotzdem. Solch auskomponierte Filme aus der österreichisch-Wienerischen Musiktradition der Volkskomödien oder der Operetten sind vergleichslos – ohne Wertigkeit gesagt.)

Wir gehen hinein. Schlüpfen gleichsam unter die vorgewärmte Decke im Alt-Eros. Im Saal ist's wie in einer abgestandenen Auster. Die Plätze sind unbequem. Doch die Aufmerksamkeit steigert sich so nur mehr. Rundum beinahe ausschließlich Alte, Aufgetakelte, Abgetrackelte, man denkt, die spielen jetzt alle gleich mit. Die lieben Lemuren und Faust'-schen Todesgefährten um uns herum.

Licht. Filmregen. Die Bühne wird frei. Der Zauber ist wieder da!

Der Schritt hinüber, er ist so leicht!

Die Deutschmeister, 1955, Ernst Marischka/Robert Stolz (nach dem Film *Frühjahrsparade*, 1935, Geza von Bolvary). Wir sollen ja abheben. Ein Märchen erleben. Eine Operette ohne Bühne und Schmisse. Wüster Kitsch das alles nur, verlogene „gute alte Zeit", Typisierung, Militär-Verherrlichung, ein Chargieren.

Alles wirkt mit, spielt kaum und wenn dann sich selber. Romy Schneider und Mutter Magda, Moser, Hörbiger, Imhoff, Nicoletti, Philipp, Conrads, Breuer, Gessner, Meinrad …

Ganz egal. Wir mögen so was meinetwegen auch ideologisch-fundiert hassen oder uns währenddessen wie ein Kind in diese Gegenwelt hineintreiben lassen. Wir werden dennoch bald wie bösartige alte Hofratswitwen und Rentner an den Lippen und den Gesten der Gefeierten aus deren eigener Jugend hängen. Ganz egal, ob dann plötzlich die beiden Kasperl-Kaiser, Franz Joseph und Wilhelm II., Salzstangerln essen und dabei den *Hoch- und Deutschmeister-Marsch* des Wilhelm Jurek entdecken, ob es ungewollt zugeht wie beim *Schwejk*, ob Burgtheaterstars Deppen mimen und spätere Weltstars süße Mädeln, ob Wien so gezeigt wird, wie viele Besucher noch heute vermuten, hoffen oder oft auch verlangen, es noch genau so vorfinden zu können. Ob Alkoholismus als Tageserlebnisziel vorherrscht. Ob es zugeht wie im Herz-Schmerz-Heftel. Ob sich die Stadt selbst zuerst parodiert, dann verhunzt. Der Bau der Handlung mit mehreren und sich erst später verwebenden Strängen ist kunstvoller als in 95 % aller Theaterstücke weltweit, der Musikeinsatz für die Ruhepunkte kann nur mehr mit der Handvoll an Spitzenoperetten Wiens verglichen werden, die Zentralszene in der Film-Mitte im wechselweisen Gesangsauftritt fast aller wichtiger Protagonisten mit einem stretta-gleichen Anrollen hin zu einem brechenden Höhepunkt dauert über 20 Minuten, ist durchkomponiert und damit länger als beinahe jede einschlägig vergleichbare Opernszene. Kaum einmal sonst noch mit diesem oder in einem ähnlichen Genre beweist sich dergestalt die Wien-Musik als zu jeder sonstigen Musikform weltweit in neuen Relationen zwischen Form und Inhalt stehend, als so etwas mit anderen Kompositionen je auch nur angedacht werden könnte.

Ästhetisierender Schwachsinn, so ein Gerede und Gefolgere?

Ach was, sagen wir, imaginär schwebend oder auch tatsächlich hingeflegelt im Kino, im Halbdunkel jetzt, vielleicht schon kurz vor dem ersten Morgen-Grauen (haha, der ewige Witz vom „Grauen"), ach was, na und? Und wenn, draußen, ein Fernsehprogramm den Film doch wieder einmal ansetzt, so schnalzen die Einschaltquoten über jene von Krimis oder gar Schirennen hinauf. Ach was.

Der Dritte Mann, die Weltkrieg-Bewältigung und -Reinwaschung. Ach was, genau so. Imaginär oder auch tatsächlich. Wir hören hinein. Wieder so eine durchkomponierte Sache. Nur jetzt schon eine ohne Noten. Reed/Wells ließen Anton Karas einfach auf seiner Zither spielen und spielen und spielen und immer dasselbe Motiv aus der Irratio von abgehackten Triolen variieren. Vergesst Minimal, vergesst Klangflächen, vergesst vor allem post-Donaueschingen und post-Darmstadt und post-Francisco, die Kultstätten für die Neue Musik. Und wir versprechen einander: Einmal gehen wir noch in's Kino, in den *Dritten Mann*, und halten dann vom ersten bis zum letzten Kader die Augen geschlossen, lauschen in die Musikvariationen hinein, gelegentlich unterbrochen von auf der Leinwand fassungslos gestammelten oder herausbrechenden Wiener Worthülsen. Ach ja.

Weiter, wie in einer Blaubart-Burg von einem Zimmer ins nächste, von einem Klang, von einer scheinbar süß-verlogen-schematischen Komposition in die nächste. Weiter. Der Eros des Naiv-Eingeschnürten. Zuckerwerk im Mund. Limonaden, nur mehr hier erhältlich. Alte Flaschenformen, angegilbte Verpackung in rosa und hellgrün. Der Duft aus den Zimmer-frisch-Tannennadeln-Spray-Dosen vermischt mit einem Hauch von Toilett-Flair. (Und, „Toilett"? Nun ja, solch eines als Duftschmuck um sich gelegt, vor einem Schminktisch vielleicht oder einer Psyche, und solch eines aus den Plätzen, Kacheln und Löchern für ein Aus-sich-selber-Verbreiten nach jedem Aus-sich-selber-Gleiten mit dem und im Flimmern, Regnen und Erstrahlen eben auf der unbefleckten Leinwand, da vorne.)

Wieder. (Blaubart hat neu geöffnet.) Beinahe dasselbe. Angesetzt in einem Fabel-Wien, diesmal: Wiener Kongress (ohne auf irgendeine historische Treue in Bild oder Ton zu achten). *Der Kongreß tanzt*, 1931, Charell/Gilbert/Heymann, mit Prominenz von Dagover bis Harvey, Sandrock bis Veidt, Fritsch und Hörbiger, Musik aber vor allem nach Josef Strauß'ens Walzer op. 263 *Mein Lebenslauf ist Lieb' und Lust!* Die radikale Verdummung mit Geschichte, die radikale Geschichts-Verdummung. Macht aber nix.

Gäbe es plötzlich so ein Guckloch, durch das man ganz kurz, im Schwarzweiß, dann im Grau, irritiert, ohne festen Punkt, wie mit fliegendem Auge und geworfener Kamera einmal in die Vergangenheit blicken kann oder darf, es sähe dort für uns wohl auch so aus.

Die Weltgeschichte wird jetzt unter Zuhilfenahme des musikalisch Besten folgendermaßen auf österreichisch, auf Wienerisch gemacht und gelenkt (und, wie man ja aus dem nachfolgenden Real-Geschichtsverlauf, sich herleitend aus dem Wiener Kongress, weiß, zurechtgemodelt mindestens bis zum I. Weltkrieg, wahrscheinlich aber, grundsätzlich, in die bleibende Aufteilung Europas, bis in's 3. Jahrtausend):

Das muß ein Stück vom Himmel sein,
Wien und der Wein! Wien und der Wein!
Das ward auf Erden nicht erdacht,
denn das ist so himmlisch gemacht!

Und dann noch lebenskundig-antimoralisierend:

Wenn du verliebt bist und weißt nicht wohin,
dann gibt's nur eine Stadt, die hat, was keine hat!
Die liegt im Herzen der Welt mittendrin;
Hast du an Rausch mal dort, weißt du's sofort:
Das muß ein Stück vom Himmel sein, …

Oder? Noch mehr Wirklichkeit?
Was ist Wirklichkeit?

Was „ist", wie das die ganzen Philosophen von Heidegger hinauf und hinunter gerade während der Zeit der Fabrikation solcher Filme gedacht und zu formulieren sich gemüht haben, was ist „Wahrheit und Geschichtlichkeit", was ist „Sein und Zeit", was ist „Deutsche Metaphysik und Transzendenz" gegen solche Luftballons in Handlung und Musik, zentnerschwer alle, nur ungleich im Maß?

Oder, noch besser und sich zerkugelt: „Was i s t?"

Sitzen bleiben! Nicht hinauslaufen! Draußen sind die leeren Straßen. Draußen lockt nur der leere Spittelberg, das Ex-Huren-Viertel. Draußen
gibt's heute sowieso nur mehr anderes. Etwa eine Riesen-Reklametafel, *Islamische Union – SAHABA MOSCHEE.*

Noch ein dritter Raum öffnet sich, noch eine dritte flache Welt auf der Leinwand. Noch einmal wird unser Selbst ins Jenseits getaucht oder wenigstens der Kopf durch die scheinbar limitierende und einzäunende Blasenhaut unseres Realuniversums gesteckt.

Wirklich warm ist es inzwischen schon geworden im *Bellaria-Kino,* wie unter einer Bettdecke. Ein wenig dampfend. Und.

Und nachher? Einschlafen? Ein Morgentrunk? Das erste Bier? Das zweite Viertel? Schuld(en) und Sühne? Enttaucht dann. Wieder unter den schlimmen Denk-Menschen? Ins dritte Jahrtausend zurück, dieser oberflächliche, konservative Nachfolger eines wortreich in's Nichts geführten zweiten?

Du machst die Augen zu und findest doch keine Ruh,
weil dir die Liebe fehlt,
und abends die schönsten Märchen erzählt.

1935/1936: Natürlich ist es schon wieder ein Märchen im fabulösen Ambiente (nicht anders gebaut und ausstaffiert als etwa das für die „ernsten" Filme der Zeit bis hinein so etwa in die *Maskerade*). Heinz Rühmann bricht als geübter junger Depp die Herzen aller stolzesten Frauen.

Liane Haid singt. Theo Lingen schusselt. Hans Moser streitet mit Annie Rosar. Susi Lanner ist das wunderschöne Bürgerkind. Ivan Petrovich hält sich für einen verführerischen Fürsten.

Verwechslungen. Pseudonyme. Suff. Die Frauen: Mondän, naiv aber entwicklungsfähig, alte Schreckschraube. Der Anlass: Kuss-Versteigerung. Verblüffungen. Nacht und Morgen.

E. W. Emo machte Regie, Robert Stolz die Musik. Nach 1945 wird alles als *Liebe, Küsse, Hindernisse* wieder hervorgeholt.

Zuschauen, ja. Aber: Zuhören! Viele Passagen, auch wenn dort nicht gesungen oder geträllert oder leitmotivisch herumgeschaut und gestikuliert wird, sind durchkomponiert, über ganze Szenenfolgen hinweg. Die „Operette" läuft in einer höchst gekonnten Verschlingung von drei Paaren mit wichtigen, aber höchst dummen Handlungs-Vorantreibern. In Einheit von Ort, Handlung und Zeit.

Wien-Musik, wo also tatsächlich alle klassischen Forderungen an Dramaturgie und Fabel-Gerüst übererfüllt sind? Wo dennoch ganz etwas anderes herauskommt. Auch hier eine spätabendliche Tanz-Musizier-Ballszene im Mittelpunkt. Wechselnd zwischen den einzelnen kleinen Hauptschauplätzen, aber durch stete Variationen derselben Musik ineinander gehalten und miteinander verbunden, auslaufend überlaufend, weitertragend noch in die Folgeabschnitte hinein. Außerdem treten quasi als Verbindungsketten immer wieder zwei junge und singende Frauen auf, Nummerngirls oder Kesslerzwillingen gleich, nur zeitbedingt etwas draller, von Tisch zu Tisch im Saal gehend, vor allem die älteren Männer ansingend, singend von Absichten nämlich, beiderseitig, von den Möglichkeiten, die sich so anböten miteinander, was aber im Endeffekt dann *leider ihre Mutti nicht erlauben* würde.

(1935/36 wäre so etwas im Musical-Film der USA unmöglich durch die Hollywood-Kontrollen gegangen. Vom höchst verklemmten, aber blühenden Nazi-Deutschland erst gar nicht zu reden. Lösung. Hier verlegte man die ganze Sache halt in die baldige, sonst aber sowieso leicht verrückte Ostmark und schaffte damit eine Zensurumgehung.)

Das alles auslösende Grundlied:

Ungeküsst sollst Du nicht schlafen geh'n,
man schläft so wunderschön nach einem Kuß,
von dem man träumen muß.

Das Kuddelmuddel im Geiste macht überhaupt nichts mehr. Alles ist nur eine große Suite aus Wünschen, ohne Mühen, ohne Plagen, selbst ein kurzer Schmerz wird zum aufgelösten Dreiklang. Das Scheitern ist nicht einmal für die Verwirrten vorprogrammiert.

Auch wir blinzeln nur mehr ein bisschen. Müde geworden von so einer geballten Wiener Musik aus einer anderen, aus einer suggerierten Welt.

Zum Schlafengehen verführt. Nachhängend den Eindrücken. Die seichte Musik bleibt stets am meisten hängen. Bleibt drinnen. Ja, damals, vor kurzem, das Herz schlug wie verrückt. *Doch ungeküsst kannst du nicht ruhig sein.* Aber an so viel angestoßen denken müssen. Jetzt nachdem schon wieder alles vorbei. Nie wird es wieder so etwas geben, es kommt nur einmal und nie wieder. Auch nicht wie damals. In den Gärten oder wo. In den riesigen Ballsälen, alles wackelnder Pappendeckel. Aber auch anders. Die Blumen im Haar. Mitten im Winter. *Und schlummerst gar nicht ein und fühlst dich so allein.* Immer dasselbe, dort auf der Leinwand. Mit den Augen fragen sie einander. Ja. Und sie nennen sich wie die Blumen im Haar. Legen die Arme einander um den Hals. Ein Tanzen. Der Raum hebt sich in sich auf. Der Raum wird hier zur Zeit. Sie drücken sich aneinander, dass sie mehr fühlen können, als sie je im eigenen Körper ertasten durften. Einfach ja gesagt. *Ungeküsst sollst Du nicht schlafen geh'n, dein Mund ist viel zu schön, um so allein zu sein.* Und sie haben ja gesagt zueinander miteinander ja ich will Ja.

233

Ausbegleitung

Das waren 18 Kapitel, 18 Wege, 18 Umwege.

Eine weiche Odyssee durch Wien. So etwa 18 Stunden hindurch.

N. B. der Ravel-*Bolero* wiederholt sich zufällig auch 18 Mal,
und im Nachvollzug erleben Leopold Bloom und Stephen Daedalus
auch 18 Stationen.

D i e Musik, d e r Eros und d a s *Wiener Blut.*

(*Wiener Blut:* Übrigens, neben Walzer- und Operettenglück sowie verschiedenen nach ihm benannten Wiener Künstlergruppen, neben den
Avantgarde-Selbstbestimmten oder Maler-Verbindungen mit dem Wiener Blut im Titel, setzt sich auch ein Tee dieses Namens wie folgt zusammen: Früchte von der Hagebutte, etwas Hibiskus und Apfelstück-
chen, Zitrusschale und Zitrusblüten und eine Handvoll an blumigen
Aromen.)

Abbildungsnachweis:

Textnachweis

Ernst Jandl, duft
aus: Ernst Jandl, poetische werke, hrsg. von Klaus Siblewski
© 1997 by Luchterhand Literaturverlag, München, einem Unternehmen
der Verlagsgruppe Random House GmbH

böhlau Wien

Otto Brusatti
Joseph Lanner
Compositeur, Entertainer & Musikgenie
2001. 17 x 24 cm. 208 S. 39 schw.-w. u.
16 S. farb. Abb. Gb.
ISBN 3-205-99081-1

Wer war Joseph Lanner? Er hat die „Schönbrunner" komponiert, „Die Werber", „Die Mozartisten", die Rasanz-Galoppe, die „Steyrischen Tänze". Er hat Kapellen geleitet und Parallel-Ensembles begründet; er war mit Strauß (Vater) Partner und Konkurrent, Reisemusiker, eine Wiener Institution. 1801–1843, ein Leben voll Hektik, oft schubweiser Produktivität, ein Leben in Sich-selbst-Ausbeutung, wie „eine Kerze, an beiden Enden angezündet und sich verbrennend".

Joseph Lanner war neben der Komposition von rund 250 zum Teil genialen, Mozart und Schubert nachfolgenden Werken, aber auch der Mitbegründer der U-Musik, deren Einsatzmöglichkeiten, des Aufhebens von Klassenschranken durch Musik, des neuen, bedürfnisweckenden Geschäftszweiges. Und – er ist (und bleibt auch in vielem) ein Fremder. Begeisterte zeitgenössische Berichte existieren, über seine Musik, sein Spiel, seine immer prächtiger werdenden Performances; über seine Person, über den Privatmann Lanner, ist fast nichts erhalten.

„Das hitzige Gesamtleben – beruflich, privat – das einem geschwächten Körper vermutlich den Angriff von Thypus erleichterte, lässt Brusatti in seinem gescheiten, lebhaften in der wissenschaftlichen Analyse leicht fassbar bleibenden Buch Revue passieren." (OÖ. Nachrichten, April 2001)

www.boehlau.at

böhlau Wien

Brusatti, Otto
Alles schon wegkomponiert
1997. 13,5 x 21 cm. 200 Seiten. 18 schw.-w. Abb. Gb.
ISBN 3-205-98734-9

Von einem Land und seiner Musk erzählt dieses Buch. Von Österreich und dem Österreichischen dieser Kunst, ihrer Träger, ihrer Vermittler, ihres Umfelds, wie es aus den Quellen immer wieder durchschimmert. Weit gesteckt ist der zeitliche Rahmen. Von Walther von der Vogelweide bis Arnold Schönberg, vom Minnesang bis zur Zwölftonmusik spannt sich also der Bogen – ein buntes Bild verschiedenartigster Kompositionen und kontrastierender Künstlerschicksale. Alban Bergs Violinkonzert zum Beispiel, Biographie und Bekenntnis zugleich; das apokalyptische Ende Weberns in Mittersill; Gustav Mahlers naturtrunkene Dritte Symphonie, in Klänge gefasste Atterseelandschaft, bloß vordergründig. Auch die Anekdote, sofern gesichert, kommt zum Zug, als Schlaglicht, als Schlagschatten sparsam eingesetzt, je nachdem. Und frei Assoziiertes fließt mit ein; mit an Thomas Bernhard gemahnenden Zorn in den Spaziergängen durch die Innenstadt von Wien; dialektisch in den nachtschwarzen Gedanken zum Wienerlied; voll von heller Ironie dann im Schlusskapitel; das Ansinnen des Buches, Musik zur Sprache zu bringen, (scheinbar) ad absurdum führend.

www.boehlau.at

Otto Brusatti (Text)

Luis Casero (Fotos)

Apropos Cáceres	2001. 127 Seiten mit
Eine poetische	34 s/w-Abbildungen.
Reise in die	Gebunden.
Extremadura	ISBN 3-412-13400-7

Dieses Buch ist eine Liebeserklärung an eine Landschaft, die man nicht auf diesem Kontinent erwarten würde: Reisebeschreibung, Historie, Bericht und geographische Annäherung in einem. Das Gemälde einer Landschaft, über der Störche wie Tiefflieger kreisen und die eine gnadenlos brennende Sonne in ein strenges Licht taucht. Ein Buch über Europas äußersten Westen, über die Landschaft Extremadura in Kastilien, wo noch Machismo und Armut herrschen, wo die Gottesmutter und die Stierhatzen lebendig sind, wo die Dämonen wohnen und wohin die künstlerische Moderne sich zurückzog.
Otto Brusatti durchstreift die Stadt und die Provinz Cáceres wie im Roman. Er führt uns nach Trujillo, in die Stadt, aus der die Conquistadoren stammen; nach Yuste, dem selbstgewählten Sterbeort Kaiser Karls V.; in die kilometerlangen Menhire-Steinstädte, in die weiten Ebenen, die leeren Berge und zur Guadalupe-Madonna, die für die halbe Welt die Allerheiligste ist.
Eine Reise an die westlichen Ränder Europas, eine faszinierende Begegnung mit einer zugleich nahen und fremden Welt.

Ursulaplatz 1, D-50668 Köln, Tel. (0221) 913900, Fax 9139011

KÖLN WEIMAR